凉山州非物质文化遗产名录丛书（第五辑）

阿牛木支 马燕春 主编

中国社会科学出版社

图书在版编目（CIP）数据

凉山州非物质文化遗产名录丛书. 第五辑／阿牛木支，马燕春主编.
—北京：中国社会科学出版社，2021.6
ISBN 978 - 7 - 5203 - 8526 - 8

Ⅰ.①凉…　Ⅱ.①阿…②马…　Ⅲ.①非物质文化遗产—凉山彝族
自治州—名录　Ⅳ.①G127.712 - 62

中国版本图书馆 CIP 数据核字（2021）第 095153 号

出 版 人	赵剑英
责任编辑	安　芳
责任校对	张爱华
责任印制	李寡寡

出　　版	中国社会科学出版社
社　　址	北京鼓楼西大街甲 158 号
邮　　编	100720
网　　址	http://www.csspw.cn
发 行 部	010 - 84083685
门 市 部	010 - 84029450
经　　销	新华书店及其他书店

印　　刷	北京君升印刷有限公司
装　　订	廊坊市广阳区广增装订厂
版　　次	2021 年 6 月第 1 版
印　　次	2021 年 6 月第 1 次印刷

开　　本	787×1092　1/16
印　　张	14.5
字　　数	239 千字
定　　价	89.00 元

图 1 黄酒

图 2 猪膘肉

图 3 团年晚餐上的部分美食

图 4 迎接贵客

图 5　敬老活动中年青人向老人敬献酥油茶

图 6　转山

图 7　笛子舞

图 8　"嘎卓"舞

图 9 "固定式" 摔跤

图 10 毕摩收藏的《勒俄特依》

图 11 民间收藏的《勒俄特依》

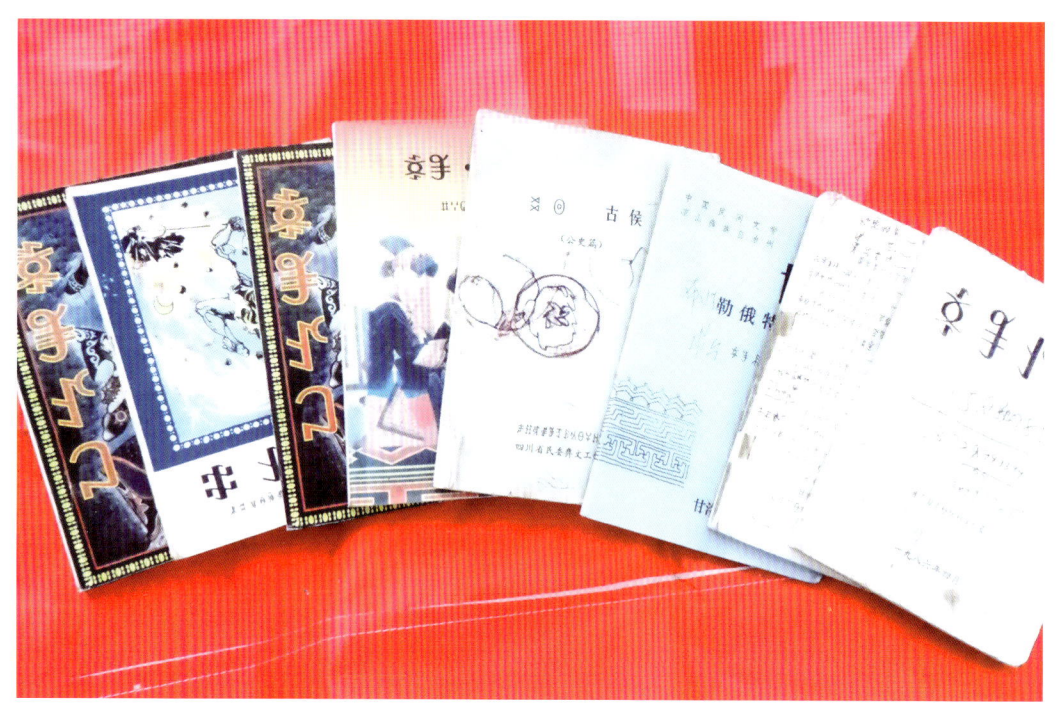

图 12 内部刊印的《勒俄特依》

图 13 搜集整理翻译出版的部分《支格阿龙》史诗

《凉山州非物质文化遗产名录丛书》编委会

主任委员： 马燕春

副主任委员： 阿牛木支

委员：

马燕春	安 图	吉伍依作	巴莫曲布嫫	何万敏
景志明	俁伍拉且	沙玛瓦特	沙马打各	马尔子
鲁绒日丁	克惹丹夫	何 刚	吉则利布	洛边木果
嘎哈史者	阿余铁日	安启祥	吉克曲布	曾令士
俄木沙马	吉日洛戈	汤文钰	罗果果	彭 蓉
伍兴明	李明康	安纹忠	吉郎伍野	沙马木乌
莫色阿沙	南正才	阿来果铁	克惹晓夫	阿苏越尔
叶 峰	列索阿格	卢德富	杨德隆	龙劲波
巴且日火	阿牛木支	阿牛史日	阿吉拉则	俄比解放
时长日黑	杨 庆	米伍作	李达珠	郝应芬
沙学忠	马曲博	马海日古	阿余呷呷	骆木甲
李 平	火补舍日	瓦渣克基	罗布合机	曲毕卧龙
阿克鸠射	老板萨龙	马加也	孙子拉约	

统筹： 姚永梅

《凉山州非物质文化遗产名录丛书·第五辑》
编写委员会

主编： 阿牛木支　马燕春

编写： 李达珠　　鲁绒日丁　米伍作　汤　娟

　　　　吉则利布　阿牛木支　马燕春　俄木沙马

摄影： 游小军　吉则利布　苗　杰　刘仁勇　次尔扎西

编务： 姚永梅　马海五牛

让承载祖先智慧和情感的非物质
文化遗产永久存续（代序）

凉山不仅是全国最大的彝族聚居区，也是四川省民族类别最多、少数民族人口最多的地区。境内居住着彝、汉、藏、蒙古、纳西、傈僳、苗、布依、回、满等 14 个世居民族。一直以来，是"藏彝民族走廊"的核心区域。

特殊的地理环境使凉山形成了一个天然的独特区域整体，不仅为千百年来繁衍生息于其间的各个民族提供了生存空间与活动舞台，而且使各兄弟民族在这片土地上共同创造的多元共生文明完好地存续下来。诸如充满神性的彝族毕摩与苏尼文化、色彩亮丽的彝族漆器文化、矜持内敛的彝族服饰文化、飘逸婉转的彝族民歌文化、激情昂扬的彝族火把节庆文化、洋溢阴柔之美的摩梭人母系文化、深深镌刻山地特质的傈僳族文化、神秘莫测的藏族尔苏人图画文字等地域性特色文化都绽放着独特的文化光芒，并因其内涵底蕴厚重，表现形式丰富多样，风情浓郁古朴，在国内外都具有较大的影响力。这些非物质文化遗产是凉山各族儿女长期生产生活实践中形成的智慧与文明的结晶，也是民族传统文化艺术的杰出代表。它完整地凝聚着凉山各族人民千百年来形成的文学、美学、艺术、宗教、政治、哲学、习俗及传统知识等方面的传统观念和思维方式，在民间有广泛的影响力和较高的认同度。

近年来，在中共凉山州委、州政府的正确领导下，在州文化广电新闻出版局的努力下，凉山的非遗保护工作取得了不菲的成绩，始终保持引领四川省非遗保护的第一方阵。早在 2010 年就颁布了《凉山彝族自治州非物质文化遗产保护条例》，成为全省乃至全国首个专门为非物质文化遗产实施立法保护的地区；率先创办了"凉山非遗"网站和《凉山非遗》内部性资料，启动了《凉山州非物质文化遗产名录丛书》的编纂工作和"中国首张彝族非物质文化遗产音乐专辑"编录工作；以整体性保护的思路率先评审公布了州本级"文化生态保护实验区"；创新性提出非遗保护"四个一"工作思路，即以国家级非物质文化遗产代表性项目名录为试点，每项非遗项目出版一本图书、一部画册，拍摄一部抢救式人文电视纪录片，创建一个传承传习基地；在新时代背景下，凉山州非常重视物质文化遗产的传承和保护工作，大力开展非遗进校园、进社区等系列展演活动；全州现有国家级非遗代表性项目名录18项，省级非遗代表性项目名录113项，国家级非遗项目代表性传承人12名，省级非遗项目代表性传承人104名，国家级非遗生产性保护示范基地1个，省级非遗生产性保护示范基地3个，省级非遗传习基地2个。

当前，随着全球化趋势的加强和现代化进程的加快，凉山非物质文化遗产受到越来越大的冲击，一些依靠口传心授，并高度融入人们生产生活才能得以传承的文化遗产正在不断消失，许多传统技艺濒临消亡，大量有历史价值、文化价值的珍贵实物与资料，遭到毁弃或丢失。各地区农村外出务工青年人数与日俱增，人口流动性增强。加之各地文化生态环境急剧恶化，非物质文化遗产保护基础理论和实践研究滞后，不能适应非物质文化遗产保护与利用、继承与发展的需要。这些问题在一定程度上影响着非遗保护工作的开拓性和持续性，因此，凉山州非物质文化遗产工作任重道远。

非物质文化遗产是一个民族古老的生命记忆和活态的文化基因，只有在相对系统的文化空间里，才能得到有效的保护和传承。为了传承非物质文化遗产，永久留存人类的共同记忆，使民族的血脉和精神的家园得以永久延续并充满活力，凉山州抢先谋划分期编写出版《凉山州非物质文化遗产名录丛书》，这是非遗保护又一实实在在的基础性工作。它无疑将成为凉山州文化建设的一个重要支撑点及一批文化遗产抢救与保护的重要成果。借此我向为此而付出辛勤劳作和提供智力支撑的所有凉山文化工作者和文化遗产传承人表示感谢，希望这一创举性的工作能为凉山州非物质文化遗产保护增添原动力，庶几不辜负时代赋予我们的神圣使命和职责！

泽波（原四川省文化厅副厅长）

2018年11月10日

目　　录

第一章　泸沽湖摩梭人母系氏族习俗

摩梭人，自称"纳"或"纳日"，是以"纳"自称的纳族群分支。纳族群分布在川、滇、康、藏交界的广袤区域，人口众多，包括纳日、纳木依、纳亨、纳惹等，源于远古时期从西北甘青高原河湟流域南迁的古羌人。五帝时期称牦牛羌或越嶲羌，先秦至两汉时期称笮人，汉末以来，"昔笮夷"被改称"摩沙""么西""麽些""摩挲""摩梭"等多种同音异写的称呼。

昔日牦牛羌、笮人因何改称"摩梭"，其意为何？有以下几种观点：著名学者方国瑜认为是摩梭语"放牦牛人"的转音；李绍明则认为是"牦牛羌"的转音；而付于尧认为，是不懂该民族语言的史官问不习汉语的摩梭人何族，答曰："么些"，即摩梭语"不懂""不知道"之意。史官以为"么些"（麽些、摩梭等）就是他们的族称，故以讹传讹，摩梭人便一直被称为"不懂""不知道"。摩梭人达巴口诵经《创世纪》史诗中说，摩梭人是纳木阿佳若和纳木阿佳咪的后裔，末日洪灾时只剩男始祖一人，繁衍了后代。

摩梭人并非石器时代就生活在泸沽湖地区的原住民，而是在汉晋时期，"麽些蛮祖尼月乌"从摩梭人聚居地古定笮，即今盐源率领其中的几个氏族西迁（征）泸沽湖，"绥靖吐蕃，在他们领土上定居"，尔后又有毕纳氏族（即白狼）从古盐源迁至宁蒗后又进入泸沽湖，一共有七大氏族（美国学者洛克称八大姓氏），因而，摩梭人在泸沽湖的历史，迄今共一千多年。

古摩梭人"昔极繁"，如今由于民族内部对族称认同分歧和民族识别等原因，摩梭人有的被划为"蒙古族"，有的被定为"纳西族"，有的被划为"藏族"，只有少部分保留了"摩梭"这一族称，他们虽然认同自己是"纳"，却成了说纳语的不同民族。

居住在泸沽湖地区的三万多摩梭人至今盛行在人类社会中,以十分奇特的走婚及其母系大家庭为主要形态的母系氏族习俗,并保留着种种古老的习俗而广受外界关注。

第一节 摩梭人母系氏族习俗概述

一 母系氏族习俗的起源与变迁

有关泸沽湖摩梭人母系氏族习俗的起源或形成,学界有以下几种不同的观点。

（一）原始母系社会的遗俗

有学者认为泸沽湖地区地理环境封闭,生产力落后等原因,使摩梭人母系社会的遗俗存续了下来。但有几点难圆其说:一是摩梭人并非石器时代以来就生活在泸沽湖的原住民,而是汉末才迁居泸沽湖的;二是泸沽湖周围环境更封闭、生产力更落后的其他民族早已进入父系社会,而摩梭人早已进入农耕文明,且已进入封建土司制;三是元忽必烈南征大理,泸沽湖摩梭主迎降,其时尼月乌的父系世系子孙已有 31 代,这在古籍中有明确记载;四是摩梭先民古羌人早在五帝时期之前就已进入父系社会;五是清代中晚期之前凡记载摩梭人历史的汉文古籍都是父系社会的内容;六是摩梭人《创世纪》史诗记述了摩梭男始祖初志尼月俄和女始祖天神之女泽翁矣几咪创立"仕布突"婚礼的形式内容,并保留至今,凡实行娶嫁婚者必须举行这一古老的婚礼仪式;七是泸沽湖摩梭人虽然以走婚和母系家庭为主,保留着浓厚的母系观念,但有相当部分的泸沽湖摩梭人和泸沽湖以外的摩梭人仍然实行娶嫁婚,并有一整套娶嫁婚的程序、规则、彩礼等级和父系制称谓制度等,因而,源于原始母系社会遗俗之说,难以立足。

泸沽湖摩梭人的母系习俗是人类社会历史上非常奇特的社会现象。摩梭人的"母系制"与原始母系社会的"母权制",虽有一字之差,却有本质上的区别。

表 1-1　人类早期的母系社会与泸沽湖摩梭人母系氏族习俗的区别

分类	人类早期的母系社会	泸沽湖摩梭人母系氏族习俗
产生年代	石器时代，人类早期的母系社会时代	有争议，更多证据指向土司时代，多重压力综合作用，由娶嫁婚父系制变异
生产力、生活状况	完全使用石器、狩猎、茹毛饮血	进入农耕文明，普遍使用铁农具，生产力、生活水平相当高
社会形态	母权制社会，女人统治社会	母系制习俗，兼多元婚姻家庭并存，男人统治社会
婚姻家庭形态	1. 乱婚：即性交不受任何限制 2. 群婚：即一群男子与一群女子互为大妻 3. 对偶婚：即几个个体化家庭居住在一栋房子里构成一个共同家庭的复合交叉婚姻现象的对偶婚，母亲包办，只知其母不知其父	实行走婚制，与乱婚、群婚，对偶婚形式、性质完全不一样 主要特征： 1. 形式：男不娶，女不嫁，走婚男女各居母家由男子夜间到女方家上门走婚，次晨返回自家，暮合晨离，一对一的走婚配偶关系 2. 规则： ①条件：以情为主，人品好、聪明能干 ②禁忌：血缘禁忌（母系父系血缘均忌）、伦理禁忌（兄妹、父女、母子、舅甥、叔侄等）、道德禁忌（不能同时与多个男女建立走婚关系） ③程序：必须由男方请媒人履行"佐佐嘎"调换定情物。并有首次上门走婚规则，走婚亲家"比子则嘿"规则、拜节规则、互帮规则等 10 项规则和离异规则等 3. 家庭形态：母系血缘成员为纽带的母系大家庭 4. 父亲与子女关系十分明确
财产继承	母系血缘成员继承，无论是否在一家或分家都有继承权	母系家庭成员共继共享，一旦分家或离开原有家庭便无权继承
称谓制度	只有母系称谓	母系、父系两种称谓制度都完整严格

（二）人类社会的"返祖"现象

一些学者认为，泸沽湖摩梭人走婚及母系家庭并非他们婚姻家庭的原态，而是后来出现的一种"返祖"现象。

（三）土司的"五畜租税制"

王德祥、罗仁贵认为土司繁杂的苛捐杂税，甚至结婚也收税，促成了摩梭人的走婚及其母系氏族习俗的产生，但结婚收税之说并无充分依据。

（四）源于摩梭达巴文化的母系崇拜和母系伦理思想

1. 源于摩梭人达巴文化之达巴教的女神崇拜、女祖先崇拜思想

摩梭人至今崇拜格姆女神和巴顶纳木女神，每到农历七月二十五日和十月二十五日都要自发到格姆女神山和周围各山朝拜女神。而在重大祭祀活动时，对族人女祖先和氏族女祖先都要祭祀。

2. 源于达巴文化中的女性生殖崇拜

达巴祭师用32个原始图画文字书写的12篇卜书，即算日子天书中，凡有女性生殖器和男女交媾图画文字的日子都作为大吉日。而泸沽湖格姆女神洞（格姆尼柯）、拖洛尼柯、盐源公母山的母山又都是他们崇拜的女山神，不孕妇女常去祭拜。

3. 源于达巴浓厚的母系伦理思想观念

认为万物皆出自母体，以母为大，感恩母德，尊母崇母，视女为根。

（五）源于逃避彩礼、施媒礼和土司对百姓过重的税赋贡

摩梭老人普遍认为他们的婚姻原态为娶嫁婚。当年尼月乌率部进入泸沽湖也不是"走婚"走进泸沽湖的。而摩梭达巴口诵史诗《创世纪》则记述了始祖初志尼月俄和天神之女泽翁矣几咪举行"仕布突"礼的详细过程，并为后人定下了这一婚礼规矩，摩梭人凡有要娶嫁婚者须举行这一古老的仪式。道光《盐源县志》也记载了摩梭人娶嫁婚及其以"金银、牛马布帛为聘礼"等内容。摩梭人的婚俗虽然以走婚为主，但仍然部分保留娶嫁婚习俗礼仪。

摩梭人彩礼分五个等级：

一等彩礼：9头牛、9匹马、9个银锭、9件布，为土司阶层的彩礼；

二等彩礼：7头牛、7匹马、7个银锭、7件布，为大头人等级的彩礼；

三等彩礼：5头牛、5匹马、5个银锭、5件布，为一般贵族的彩礼；

四等彩礼：3头牛、3匹马、3个银锭、3件布，为百姓的彩礼；

五等彩礼：1头牛、1匹马、1个银锭、1件布，为贫民等级的彩礼；

对于百姓和贫民而言，这些彩礼是相当重的，加之要反复说媒，婚礼仪式

又复杂隆重，更是加重负担。与此同时，前所土司少爷加收施媒礼，即媒人每说合一桩婚事，从说成—订婚—娶嫁等每个环节都要收媒人的礼，而媒人则把这些负担统统摊在男方头上，更加重了男方的负担。再者，土司在百姓头上收的税赋更多如牛毛，据说结婚也要收税，因此，老百姓不堪重负，有情人难成眷属，只好暗中往来，形成了后来的"走婚"制，并很快成为新型的婚姻模式，土司也只好认可。走婚制是摩梭人在重重压力下的一种独创的婚姻制度，而这种男不娶女不嫁的走婚制的产生也促成了母系家庭的形成，由于走婚制避免了过重的彩礼、施媒礼和隆重复杂的"仕布突"婚礼，进而减轻了种种负担，同时也避免了娶嫁婚带来的种种矛盾。而走婚结交自由，离异方便，彼此合则聚，不合则分，但又不失规矩，并充分兼顾了亲情与爱情，因在当时而受到广大摩梭人的普遍欢迎，甚至延续至今。

（六）达巴文化

达巴文化中的母系崇拜、女神崇拜和母系伦理道德思想，以及女神走婚的传说反作用于摩梭人母系氏族习俗，使其更加稳固。

达巴文化是摩梭文化的源头和摩梭文化之根，是摩梭人的精神支柱，其理念和伦理观念对摩梭人有着根深蒂固的影响，当这些深入灵魂的母系观念遇上摩梭人因彩礼、施媒礼、土司苛捐杂税等环境压力而出现走婚及其母系家庭时，不仅促成了母系氏族习俗的产生，反过来又进一步加强、巩固了这一习俗的存续，并让摩梭人创造了格姆女神也走婚的传说，而这个传说同样反作用于摩梭母系氏族习俗。长久以来，综合这些因素的作用和反作用，摩梭人走婚仍能以顽强的生命力存续到今天，是从单一的娶嫁婚、父系家庭到走婚等多元的婚姻家庭变异。

二　母系氏族习俗的分布区域

摩梭人口约为5万人，分布在川西南滇西北数县。川滇交界的泸沽湖地区两省三县四乡镇为摩梭人的主要聚居区，包括四川盐源泸沽湖镇、前所乡、木里县乌脚乡、云南宁蒗县永宁乡，形成集中的交汇区域，是全球罕有的摩梭文化及其母系氏族习俗、达巴文化保留地和遗产地，具有典型性、完整性和系统性，形成独特的摩梭文化体系，是人类弥足珍贵的非物质文化遗产。

三　母系氏族习俗传承人的存续状况

泸沽湖地区两省三县四乡镇共 3 万多摩梭人当为母系氏族习俗主体及传承人。作为一个民族有共同的习俗，以社会性、群体性的传承方式而存续。四川泸沽湖镇 18 个母系自然村约有 5000 摩梭人。1992 年，笔者与华西医科大学公共卫生学院组织的卫生经济、遗传性疾病、各类精神病、妇科病等多位专家共同对摩梭人与当地汉族、纳西族、彝族三种民族进行相关学科方面的比较研究，并就摩梭人母系氏族习俗的走婚及其母系家庭状况，对四川泸沽湖镇的摩梭成年男女进行问卷调查，有 90% 的成年男女实行走婚制，而其中有 91% 的女性认为走婚更好，70% 的男子认为走婚更好。有 56% 的摩梭家庭为母系家庭，36% 的家庭为母系父系并存家庭，即在一家之内，以走婚和母系血缘成员为主，同时兼有娶妻或入赘的成员，因而形成在一家之内融合不同的婚姻形式，不同血缘成员为一家而不悖的人类婚姻家庭奇观。纯粹实行娶嫁婚的父系家庭不足 10%。在随后数年的跟踪调查中，至 2000 年，基本保持上述状况，但随着开发开放的深入，上述情形已经出现迅猛变化，当年的调查对象，不少走婚男女走上同居之路，母系家庭被逐渐瓦解。目前泸沽湖镇仅有一户省级代表性传承人。

第二节　摩梭人母系氏族习俗的表形形式与文化内涵

一　母系氏族习俗的表现形式

泸沽湖地区摩梭人的母系氏族习俗的表现形式，主要体现在以下几个方面：一是男不娶、女不嫁的走婚制和以母系血缘为轴心的母系氏族大家庭，以及母系父系血缘成员并存家庭；二是以女性为本位的母系血缘组织"斯日""尔"和"依杜"；三是浓厚的母系氏族观念和母系伦理道德思想，包括女性生殖崇拜、女神崇拜、女祖先崇拜，以母为大，尊母崇母，以及凡自然界大的物体均以代表女性和大的"咪"命名等。

（一）走婚制

"走婚"，摩梭人称"肖波吉"或"著乌著咪吉"，是摩梭男女按照习俗制度和规则建立"走婚"关系后，女方原居母家，以男方半原居母家到女方家半上门方式实现的婚姻，或称以男子的"走"来实现的婚姻，是一对一的走婚配偶关系。男子在与自己建立走婚关系的女方家上门的时间通常达60%以上。走婚的形式是男不娶，女不嫁，由男子夜间到女方家，次日清晨回自己家中，男女彼此各居母家，不共同组建家庭，彼此也不是对方的家庭成员，但双方家庭因有走婚关系建立了姻亲"比子则嘿"或"夸志乌则"而有紧密关系，并按相应规则履行权利和义务。

建有走婚关系的男女配偶互称"肖波"或"阿肖"，有的称"阿夏"，是音译的差别。"肖波"或"阿肖"只是在非正式场合下使用的昵称，为"走婚配偶"或"情侣"之意，一般不用，平时多以"处咪罕处巴"（妻和夫）代替。

正规的"走婚"制并非杂乱无章，更不是朝秦暮楚，而是有它自己的规矩和一套较为严密的制度。这些程序和规则从走婚形成之初持续至今，是严格遵循的规则。走婚的规则包括建立走婚关系的程序、条件、禁忌、平时生产生活、生老病死等过程中彼此应遵循的守则、姻亲称谓制度等。解除走婚关系也有各种不同的方式。现分别介绍如下。

1. "佐佐嘎"程序

"佐佐嘎"是建立走婚关系必须履行的手续和首要条件，是建立走婚关系的代称，其意为调换定情物，即首先由男方请媒人带上礼物到心仪的女方家中调换东西的程序，而非男女私下交换定情物。当男女在生产劳动、聚会、公共祭庆礼仪、跳舞等过程中相互接触认识而相互倾慕，或经人介绍等，由男方请一媒人（通常是女性）带上给女方的衣服、裙子、头帕和给对方家里敬火铺神的茶、酒等礼物到女方家中，并跟女方母亲说明来意，介绍男方情况。但女方的母亲不会擅自决定，而是先征求女儿的意见，如果女儿同意便收下礼物，并拿男方带来的礼物敬火神。女方也要送一件衣服、一条花腰带、一双鞋垫和一条麻布裤子，让媒人转赠男方，如此，关系才算确立，成为被社会认可的走婚的公认条件。也有少数男女会先私下交换定情物，秘密走访，如果合得来便找人行正规的"佐佐嘎"手续，如果合不来便不再往来，但这种情况比较罕见。

2. 建立走婚的条件

建立走婚关系以情为主，主要看男女双方的意愿，女方的意愿更得到尊重。走婚不收彩礼、不办婚礼，无包办、无买卖，不看门第，不看钱财，但要看人品、才貌。彼此年龄相当，年龄悬殊多在3—5岁，很少超过10岁的。另外，双方家中是否有家族遗传的恶疾，在选择上也有重要影响。

当然，在摩梭人中，也存在部分风流男女，假借"走婚"之名，不经过"佐佐嘎"手续便私下幽会，秘密走访，如有些学者所称的"临时阿肖""短期阿肖"之类。但需要指出的是，未经任何手续、违背摩梭约定俗成的制度规则而进行的秘密走访属于不被社会认可的"走婚"，属于婚外情或逢场作戏的私情，大多不敢公开。摩梭人不会承认他们的"婚姻"，也没有正式的称谓关系，双方家庭没有姻亲关系（"比子则嘿"或"夸志乌则"），所生子女也只能称"潮若潮木"，即私生子女等。因此，两者有着本质的区别，不能混为一谈。

3. 男方的首次走访

男女一经建立走婚关系，男方在首次上门走访女方的当晚，通常要带上一个要好的朋友或媒人，并带上给女方家中的见面礼物，如茶、酒、糖之类的东西，或带点给女方的衣物。女方家中要盛情款待，同时要把男方带来的茶或糖果分成若干份，给村内每户送一份，以此委婉地宣告她家某个女儿有了"肖波"，这也是习俗社会认可的条件之一。临睡前，由女方的母亲或姐妹将男子送到女子卧室。

男方走访女方的起始阶段，由于摩梭人的"害羞文化"，通常回避女方家的男性，如女方的弟兄、舅舅或父亲，所以晚出早归，以免见面时尴尬，随着时间推移，可逐渐随便起来，但也有一开始就不回避者。

在履行"佐佐嘎"手续时，如果女方母亲未经女儿许可自行做主收下礼物，而男方又非女儿心仪之人，当男方走访时，女儿都会逃到要好的女友家或亲戚家，以示拒绝和反抗。经过几次，母亲只好让媒人把男方的礼物带走，并以好言致歉。

经过"佐佐嘎"建立的走婚关系大都稳定，较少离异。

4. 走婚男女双方家庭的称谓和平时的规则

男女一经建立走婚关系，双方家庭因有走婚关系而成"比子则嘿"即姻亲家庭（走婚亲家），故在红白喜事、生产劳作、修房建屋等方面都要互相帮忙，一方有困难时对方要帮助，逢年过节要相互拜节，生病时要看望等，尽应尽之责。"比子则嘿"随走婚关系的建立而建立，也随走婚关系的解除而解除。

5. 走婚生育中的规则

（1）女方孕期时男方应尽之责

走婚女方怀孕后，尤其到了临产期，男方家的女人要不时前来看望，并为孕妇生产煮甜酒备用。对于劳力单薄的女方家来说，还会受到男方家的倾力照顾。

（2）小孩出生后女方家的守则

摩梭人在小孩出生时和出生后的第三日（摩梭人称"所哈莫斯"）要举行两个重要仪式，也就是诞生礼及起名仪式和"所哈莫斯"仪式（祈祝仪式），都由达巴或喇嘛主持。在这两个仪式中都要祭祀神灵和祖先。女方家在每次举行仪式后，都要及时分一部分祭祀神灵后的祭品（摩梭人称"巴舍巴哈"）带到男方家，主要有两层意思：一是给孩子的父亲及其家人道喜共贺；二是为了祭祀男方家的神灵和祖先。

（3）女方在产褥期间男方家的守则

一是送一坛甜酒和若干鸡蛋，招待女方村内每家一名年老的妇女。二是送鸡、蛋、腊猪腿、猪肘或宰羊等给产妇提供营养食品。三是男方的母亲或姐妹不时到女方家看望产妇，并做些需要帮忙的事情。

（4）男方举办满月酒庆贺礼

满月酒，摩梭人称"若哈舍"，小孩满月时，男方家必须举行的庆贺宴。第一个小孩的满月酒相当隆重，届时，男方家宰猪、羊或牛，驮上丰盛的食物前往女方家中，举行盛大的宴会，招待女方全村老少和别处的亲朋好友。女方家则当日一早请达巴或喇嘛念经祈祷、祭祀神灵和祖先，并在宴会结束后，给男方家馈赠礼物致谢。第二胎及之后的小孩满月时，除请达巴、喇嘛念经外，只是以甜酒、鸡蛋招待村内妇女。满月酒是对小孩满月的庆祝，绝非"认子仪式"。

6. 小孩成人礼规则

小孩年届 13 岁举行成人礼时，女方家除派人带上拜年的礼物外，外加一份为小孩举行成人礼时祭神祭祖用的祭祀物，并携行过成人礼的孩子到男方家拜节拜礼，给男方家神灵和长辈磕头施礼。男方家则将带来的祭祀物一部分祭祀自己家中的神灵和祖先，一部分由家庭成员分享。男方家还会给行过成人礼的孩子一份贵重礼物，如具有纪念意义的金银铜器，或送一头母畜供女方家庭发展畜牧。

除了有父子关系的孩子举行成人礼时要拜礼外，双方家庭的其他孩子举行成人礼时，也同样要拜礼，只是送的礼物略少一些。

7. 走婚生子女的规则

走婚生子女一律随母姓，从母而居，由母家抚养，但父亲对子女要尽应尽之责。对女方及其子女、家庭漠不关心的男子，其走婚关系难以持久。

8. 生老病死中的规则

只要双方走婚关系存续，一方家庭只要有妇女生小孩或有病人时要看望；一方家庭有人去世，另一方家庭要去帮忙、奔丧。请达巴、喇嘛念经安抚亡魂和超度"打绕棺"，并给达巴、喇嘛和参与丧事的人送"份子"（钱、酒、肉和粑粑等）。

如果双方解除了走婚关系，双方家庭其他成员去世不再奔丧，对于男方而言，其去世后，子女必定要去奔丧超度亡灵和协助对方家庭。和男方感情深的子女，如果父亲家庭的其他成员去世也要去帮忙奔丧和超度。

9. 走婚禁忌规则

摩梭人走婚不是任意乱"走"的。各种程序、规则约束的走婚制度，无论血缘关系、亲属称谓关系等都清清楚楚，因而在建立走婚关系时都有相应的禁忌，以免矛盾纠纷和乱伦等。走婚有三大禁忌：血缘禁忌、乱伦禁忌和走婚道德禁忌。

（1）血缘禁忌

姨表、叔伯弟兄姊妹间严禁建立走婚关系和其他婚配，即禁止同一母系血缘成员、父系成员之间的任何婚配或私通。否则，同样会被人谴责和耻笑。

（2）乱伦禁忌

走婚的乱伦禁忌包括弟兄姊妹、父女、舅父与甥女、伯叔父与侄女、姑母与侄子、同父异母子女等之间的任何婚配或私通，否则违反摩梭伦理道德，被人斥之为"亨乌了托久"（乱伦）或"盘夸洪玉亨"（脸上长毛的，引申为畜生）或"务波"（牲口）。达巴经典则认为，出现乱伦是鬼作祟，并立下乱伦必死的咒语，很难生存下去。

（3）走婚道德禁忌

经过"佐佐嘎"建立走婚关系的男女，不能同时与另一人再有"佐佐嘎"而与之走婚，或建立多重的走婚关系，更不能朝秦暮楚，今天"走"这个，明天"走"那个，否则有违走婚规则，会受众人谴责，社会也不承认他们的这种"非法关系"。那些明知故犯者只能秘密进行，一旦被发现则关系破裂而分离。

正因为摩梭人无论走婚还是娶嫁婚都有一整套严格的规则和禁忌约束，所以总体人口健康素质普遍高于当地其他民族，根据1993年华西医科大学对四川泸沽湖镇近4000名摩梭人健康素质的调查，没有一例或因近亲婚配带来的遗传性疾病，健康素质高于对照组其他三个民族。

10. 走婚关系的解除方式

影响走婚关系的稳定和导致走婚关系破裂的因素有以下几点：

（1）感情淡漠，发现人品不良，关系疏远，脾性不和，举止不良，对对方失去兴趣。

（2）有第三者插足，即在和自己建立走婚关系后，发现或听说对方另有他人。

（3）男方没有本事，或女方冷淡，彼此照顾不周。

（4）男方对女方和子女不能尽必要的义务，漠不关心，或不能想女方所想，急女方所急等。

（5）没有生育能力。

（6）走婚距离过远，交往过少。

（7）男方好吃懒做，经常酗酒并与女方家人吵闹，在社会上名声不好，让女方觉得失去脸面。

一旦出现上述某个因素或综合原因而影响走婚关系时，便成为解除关系的理由。解除走婚关系比较简单，有口头式解除、回避式解除、警告式解除（如女方以鸡毛、木炭、辣椒用麻布包裹后装箧盒内，请媒人或朋友转交男方，以示警告或绝交）、退礼式解除、免除拜节式解除等多种方式，由男女自行解决，无须双方家庭参与。解除关系后无子女抚养和老人赡养的问题，也无财产纠纷。

（二）母系大家庭

母系大家庭是泸沽湖摩梭人的主要家庭形态，其成员由一个或多个外祖母后裔组成，人口少则10人左右，多达几十人，一般多在十几二十人，都以母系血缘为中心，家庭成员男不娶，女不嫁，一律实行走婚，一到晚上，自家的男人走出去，别家的男人走进来，与其建立的"阿肖"走婚，次晨归家。所生子女皆属女方，血缘按母系算，财产由家庭成员共继共享，成员一旦离开这个家庭，便无权继承财产。

家中"舅掌礼仪，母掌财"，由一个能干公道的女人当管家，摩梭人称其为"达布"，为自然产生，无须选举。称谓上，称外祖母为"阿依"，舅公为"阿普"，母亲为"阿巴"或"阿咪"，姨母为"阿咪"，舅舅为"阿乌"，外甥为"惹乌"，外甥女为"惹咪"，子女为"若母"，孙男为"汝乌"，孙女为"汝咪"，称兄和姐为"阿木"，弟称"格日"，妹称"果咪"；走婚子女称父为"阿达"或"阿波"，称姨母走婚男为"阿波"（叔父）。姨母生子女均视为一母所出。

母系家庭房屋与其婚姻家庭相适应，为母系四合院，分母屋、经堂、花楼和畜圈楼（草楼），母屋是全家议事、用炊、举行各种家庭礼仪待客的中心，夜间供老年男女和小孩睡；经堂作为念经烧香之地；花楼为成年女性卧室，每人一间；畜圈楼，上堆草，或可作为男子卧室，下关牲畜，院门嵌草楼中间。

母系家庭温馨和睦和谐团结，尊老爱幼，成员间亲密无间，共同为"依杜"的发展壮大无私奉献，无歧视、虐待、遗弃，无粗话、脏话等，并有一整套人性化的制度文化。

（三）母系父系并存家庭

母系父系并存家庭是指一家之内既有走婚成员，又有娶嫁或入赘而出现母系血缘成员和父系血缘成员并存的家庭，如走婚父母根据需要同居建立家庭而共同抚养子女，形成父系家庭后，子女又实行走婚；或有男无女家庭，为延续家庭香火，其中一男娶妻，其他男子走婚；或有女无男家庭，因劳力需要，让其中一女之走婚男上门，其他女子仍走婚。成员间和睦共处，平等相待，不分彼此。这种家庭约占36%，家中同样由一位能干的"达布"当家，称谓上有母系称谓和父系称谓。家屋庭院亦如母系家庭。

此外，泸沽湖摩梭人当中还有少部分完全实行娶嫁婚而形成的父系家庭，过去仅发生于长子世袭土司职位的土司家庭。根据1993年的统计，有男无女的百姓家庭以及坚持娶嫁婚的少数人群约占10%。摩梭人的娶嫁婚需要经过说媒，"秋多企"即祭锅庄神、定亲、送彩礼、迎亲，举办隆重复杂的"仕布突"婚礼、回门等多种程序和仪式。根据摩梭古老的达巴经史诗、汉代至清代以来有关摩梭人的记载，民间老人的说法和至今保留的古代摩梭婚礼"仕布突"礼等，表明娶嫁婚才是摩梭人的婚姻原态，只因彩礼过重等原因才出现了变异。

（四）以女性为本位的母系血缘组织"斯日""尔"和"依杜"

1. "斯日"：是对摩梭人血缘组织或血缘关系的称谓。摩梭人母系血缘组织都源于一个始祖母或多个外祖母的后裔，大到一个氏族部落，小到一个外祖母或母亲的后代。多个"斯日"可以形成更大的"斯日"，而一个"斯日"又可以繁衍出多个小的"斯日"。

2. "尔"：为摩梭语"家"之意，也是摩梭人一种血缘组织，由一个"斯日"或多个"斯日"共同组成一个"尔"。"尔"小到一个家庭，大到一个或多个氏族部落，甚至一个王国，但通常是指这家或那家。

3. "依杜"：是摩梭人最小的母系血缘组织，既表示家，也会延伸到制度、家规、礼仪、教养、家政和经济建设等。

（五）浓厚的母系氏族观念与母系伦理思想

1. 女性生殖崇拜

相关学者认为，产生于石器时代并传承至今的300多个摩梭达巴原始图文符号和图画文字，是迄今为止人类发现的最早最原始的文字符号，比纳西东巴文、甲骨文，甚至可能比玛雅文字更古老。至今，摩梭达巴和受其影响的苯教喇嘛在举行原始祭仪时，都需要使用这些"文字"来引导、制作面偶，并按其字义要求完成仪式各环节，其中包含着丰富的远古文明信息，是活态的原始文字。达巴用其中的32个原始图画文字书写的12篇《算日子天书》，即达巴卜书中，凡有女性生殖器符号和男女交媾符号的日子都表示大吉大利的日子。这些原始图文符号既见证了人类最早的文字发明，又反映了人类早期的女石祖崇拜，并传承至今。

摩梭人对女生殖崇拜的另一类表现形式在于他们把泸沽湖西岸的格姆女神山溶洞（格姆尼柯）和泸沽湖以北十余公里处的"麼些蛮洞"即拖洛山溶洞（拖洛尼柯），以及盐源公母山母山溶洞缝都视为生殖灵洞加以崇拜，但凡有不孕不育妇女都要进洞朝拜，至今仍有不公开的个别情况存在。

2. 女神崇拜

泸沽湖摩梭人至今崇拜的女神主要有两个：一个是区域性女神，即泸沽湖格姆女神；另一个是族人女神：巴顶纳木女神。在摩梭人的心目中，这两位女神是他们的庇佑之神、爱神、美神和生育之神，主宰着当地的兴盛，因而摩梭人对女神的崇拜是十分虔诚而敬畏的。平时每天清晨都要在家或上山在自家固定祭祀点烧香磕头，祭周围山神的同时祭两位女神，农历每月初一、初五、十五和二十五，则必须上山祭祀。农历七月二十五和十月二十五，分别是祭格姆女神和巴顶纳木女神的盛大节日，尤其是七月二十五那天，人们身着节日盛装，从四面八方来到格姆女神山的西南面念经、烧香磕头、转山、野餐、娱乐等，与女神同欢共庆。而每月四次，每年四十八次的转湖节，也是摩梭人在转湖转山的同时，祭湖神、山神和女神，以及泸沽湖形成传说中幸免于难的女祖先。因为每月初一、初五、十五和二十五被认为是女神和周围自然诸神下凡的日子，他们要以节日的方式祭神的同时，与自然诸神、与周围山水同欢共乐，至今盛行。

3. 女祖先崇拜

摩梭人除了有专门的祭祖节外，平时每个节日，每次举行重大礼仪时都要祭祖，十分频繁。而祭祖时，不仅祭男祖先，更要祭女祖先，即使是家中去世的年轻女人，死后同样进入祖先之列，每逢家中祭祖时，必念其名，每个氏族都要祭本氏族的女祖先。

摩梭人的男女始祖有两对：一对是最早的始祖纳木阿佳若及其配偶纳木阿佳咪；另一对是人类末日洪灾后仅存的男始祖初志月宇俄及其后来娶的天神女儿泽翁矣几咪（有的音译为柴红吉吉美）。达巴在重大礼仪为每个氏族祭祖时必先念族人的这两对男女始祖，而且先念女始祖，后念男始祖。在全族人的重要祖先名列中，有两个男始祖，多达五个女祖先，即除了上述两个女始祖外，还有阿几朵洛咪，是一个挽救部落危亡的女战神；另一个是泸沽湖形成的传说中，死里逃生的女祖先，是她繁衍了后代，转湖节中祭拜的湖神；再者，分别是汉初在古定笮盐源塔尔山下发现盐泉的牧羊女和元代重新发现盐泉的牧羊女。据达巴称，两者被上升到神的地位，合二为一，称为"测嘎啦"，即盐神。

虽然全球各地都有祭祖的习俗，但都是祭的男祖先，而男女祖先同祭，且让女祖先的地位高于男祖先的女祖先崇拜，恐怕仅见于泸沽湖摩梭人社会，充分反映了摩梭人浓厚的母系氏族观念。

4. 以母为大，尊母崇母

在母系家庭中，母亲的地位很高，一方面以母为大，视母亲为一家的精神支柱，不能违背母亲的训导；另一方面感恩于母亲的养育和操劳，对母亲十分崇敬；再一方面家中一旦没有了女性，家庭就会崩溃，断了"香火"，家屋就难以维持下去。当母亲去世时，葬礼中还有专门为母亲哭灵的"哼呜"仪式，以十分哀婉动人的词曲歌颂母恩母德和失去母亲、失去尽孝机会的哀痛，令人肝肠寸断，充分表达对母亲的敬仰。

5. 以代表女性的"咪"命名自然界大的物体

"咪"在摩梭语中，表示"母性""大"的意思，摩梭人对自然界大的物体通常以"咪"来命名，如"谢纳咪"，即泸沽湖，表示母海、大海；"尼咪"，即太阳，表示白天的母亲；"嘿咪"，即月亮，表示晚上的母亲；"窝咪"，即部落首领、族长，当今各级领导都被称为"窝咪"，等等。

6. 民间文学、诗歌、民歌民谣等都包含着浓厚的母系崇拜色彩

摩梭人母系氏族习俗的思想理念、观念等还体现在他们的艺术创作中，大量而丰富多彩的摩梭民间文学、神话故事、民间传说、诗歌、舞蹈、民歌民谣都是以歌颂女神、女祖先和母亲等女性为主题，塑造的女性形象比男性更聪

明、智慧、能干、美丽动人、更富有创造力等，如在摩梭人达巴《创世纪》史诗中，男始祖显得愚钝，只能听命于女始祖的旨意，而女始祖不仅美丽动人，且聪慧过人，无所不能，开创了人类世纪，带来了万物生机，创立了礼仪规矩等；在歌颂格姆女神的诗歌中，则以生动的比喻，塑造女神的伟大，如用星星作女神的彩珠，用云彩作头帕，用薄雾作面纱，用花木作衣裳，用绿色的大地作铺毯，用泸沽湖作镜子等，甲措舞和达巴祭祀舞还有专门歌舞歌颂女神，为其献舞，如《格姆措》等，又如摩梭人祭母挽歌《哼乌》，以无比哀婉动人的词曲歌颂母亲恩德，无以报答的愧疚和生离死别的哀痛等，摩梭人把母系氏族习俗的理念充分融入文学、诗歌、歌舞等艺术创作中，反映出女人创造世界的观念，使其升华而长盛不衰。

二 母系氏族习俗的文化内涵

（一）母系"依杜"制度文化的特点

摩梭人母系氏族习俗有着内容丰富、内涵深厚、以人为本、充满人性化的制度文化，并涉及母系氏族习俗的方方面面，包括他们的思想理念、传统观念、伦理道德、价值体系、行为模式、行为规范、个人与群体、群体与社会、人与自然环境、母系"依杜"成员关系、习俗、礼仪、禁忌，以及走婚制的各种规范、制度等，并成为习惯法的重要组成部分，深刻地影响着摩梭人的物质生活和精神生活。

走婚与母系家庭的制度文化设计上，有以下特点，一是建立走婚关系的血缘禁忌，伦理禁忌避免了近亲婚配带来的严重后果，因而让摩梭人口的身体素质普遍优于当地其他民族。二是没有彩礼和隆重复杂的婚礼等娶嫁婚，在一定程度上减轻了经济负担，以及或因离异而产生的经济纠纷；三是可以减少变相的买卖婚、包办婚；四是亲情与爱情可以兼顾；五是通过"佐佐嘎"程序、男子首次到女方家上门走婚带的礼物分送村内各户长辈委婉宣布走婚关系、彼此家庭从此建立的"比子则嘿"或"夸志乌则"，即走婚亲家平时相互照应、拜节等，以及有了孩子后，男子在自家为舅舅、在女方家为父亲的角色转换，孩子诞生礼、满月酒、成人礼时到父亲家的拜礼、平时对父亲的称谓等，让男女的走婚关系、彼此家庭的亲家关系、父亲与子女的关系更加明确；六是较少发生因娶嫁婚建立的家庭关系破裂离异而带来的一系列问题，男女双方及其子女都因在稳定的母系家庭而避免精神和经济负担等；七是让走婚保持距离美有种"小别如新婚"的新鲜感，同时又显示出神秘、潇洒浪漫；八是在一定程度上避免了婆媳、翁婿、妯娌之类的矛盾，以及对娶来的媳妇说重了伤感情、说轻了不到位等言语表达中的小心谨慎心理负担等；九是可解决部分老年人和妇女儿童的赡养问题，让老年人和妇女儿童得到多重的、共同的母系亲族的照顾，即使没有生育的老年妇女也一样得到照顾；十是财产共继共享，不分彼此；十一是通过他们丰富的祭庆典礼、仪式活动及其达巴优美而富有感染力的口诵经、诗歌熏陶、长辈们的言传身教等，对后代进行礼仪道德的教育。

母系"依杜"制度文化以摩梭人达巴的母系观念、伦理道德、和谐理念、价值观和崇高的德本思想为核心，以维护稳定、发展壮大母系"依杜"，形成规范的秩序，让人生活得舒适、惬意、无愧良心为深层内涵等，是摩梭人制度体系和价值体系的重要组成部分。

（二）走婚制的文化内涵

1. 以感情为主，女方的意愿更得到尊重。2. 建立走婚关系，简约而不简单，简便而不随变，自由而不失规矩，不失庄重，不是杂乱无章。3. 建立走婚关系有相应的条件和一大程序、三大禁忌、十项规则，让走婚制既简便自由又不乱套。4. 建立无彩礼、无包办、无买卖、无婚礼、纯属自愿的走婚关系，避免了双方经济负担。5. 亲情与爱情兼顾：母系氏族习俗实行走婚的男女一方面因男女各居母家而与家人一起照顾老小；另一方面男子夜间到女方家上门走婚与爱侣一起在专属的爱情空间充分享受爱情，因而亲情和爱情都能兼顾，同时避免了娶嫁婚带来的种种矛盾。6. 彼此合则聚，不合则散。7. 一旦感情破裂而离异，解除关系简单，无财产纠纷，无抚养赡养之争。离异后的男女都因生活在母系大家庭而不会出现婚姻破裂后的孤单寂寞和精神、经济负担等。

（三）母系家庭以母系血缘成员为纽带，并一律实行走婚。

（四）舅掌礼仪母掌财。母系家庭内部由舅舅掌管，主持重大礼仪，母亲（达布）掌管家庭财产。

（五）由一名能干的女性担任家中"达布"，即管家，或一家之主，安排生产生活，管理家中一切事务。

（六）以母为大，尊母崇母，感恩母德。

（七）有全世界最动人的祭母挽歌，即摩梭《哼呜》，每当家中有母亲去世，达巴、子女、亲人都在灵前跪着哭唱《祭母挽歌》，歌曲哀婉动人，曾有一位大学者听过摩梭葬礼上的《祭母挽歌》后，发出感叹，称其为全世界最动人的挽歌，其中有一段挽歌是这样边哭边唱的：

当我还在襁褓中，睁眼认识世界时，首先映入我眼帘的是母亲的面容；

当我还在襁褓中，饥渴啼哭时，首先塞入我嘴里的是母亲的奶头；

当我还在襁褓中，昏昏欲睡时，首先听到的是母亲的催眠曲。

尊敬的母亲之神啊，世间万物离不开您的养育；

尊敬的母亲之神啊，您的恩德比山高，比水长；

尊敬的母亲之神啊，您的神灵注视着我们，谁要是违背您的古规，就要受到患麻风病的惩罚……

《祭母挽歌》很长，从母亲怀孕对腹中胎儿的小心翼翼，百般的呵护、出生时的痛苦到养育时含辛茹苦、长大后时时刻刻的牵挂等，以及对母亲去世的无比哀痛和无以报答母恩母德的无比愧疚的痛苦心情。打动心灵的词语，无比哀婉的曲调，闻者无不动容。

（八）性别平等，更尊重女性。家中重女不轻男，女性地位高，尤其是老年女性。祭祖时男女祖先都要一起祭拜，哪怕年轻去世的女性也被列为女祖先而祭祀；家中一切粗笨重活，如修房造家、砍伐木料、耕地、马帮运输、搬运东西等，都由家中男子承担，对女性，从无施暴、辱骂、歧视之类的行为。

（九）母系家庭温馨和睦，尊老爱幼，宽容包容，各成员亲密无间，相互关爱，老幼病残会得到特殊照顾，无歧视、无虐待、无遗弃，否则会被人谴责、唾弃、耻笑，更没有婆媳、翁婿、妯娌等矛盾。

（十）达巴文化中万物源于母体等伦理、思想理念和核心价值观，在母系氏族习俗中得以充分体现。

千百年来，摩梭达巴文化推崇的崇拜自然、敬畏自然、感恩自然、与自然环境和谐共存、崇拜神灵、感恩神灵、崇拜祖先、感恩祖先、尊母崇母、感恩母德，与自然万物与神灵、与祖先同欢共乐的思想理念，以传统习俗节庆礼仪的形式付诸行动。如摩梭人的转湖节，在转湖的同时转山，祭湖神、山神、女神和女祖先，更重要的是这个节日，每至农历每月初一、初五、十五、二十五都要举行，并认为这些日子是神灵下凡日，所以，以节日的形式与自然万物、与神灵和祖先同欢共乐。祭祀敬拜。摩梭人频繁的祭祀、祭火铺神，同样体现了这一思想和观念。而达巴文化训导的感恩敬孝、厚道仁爱、崇德行善、尊老爱幼、宽容包容、团结友善、邻里和睦、助人为乐、热情好客、崇尚礼仪等的德本思想和核心价值观，对摩梭人社会和人的精神思想观念等方面有着深刻的影响，成为摩梭人的行为准则。甚至连《盐源县旧志》中，也盛赞摩梭人"其人如天"，并以大量篇幅记载，歌颂了摩梭人美德，这在史志体例上是罕有的。这些思想理念和价值观至今也有重要的借鉴意义。

第三节　摩梭人母系氏族习俗的特征

一　地域性

摩梭人母系氏族习俗，具有鲜明的地域特征，仅存在于川西南盐源、木里两县的泸沽湖镇、前所乡和乌脚乡，与云南产蒗县的永宁乡交角区域，面积约1000平方公里，也是现存仅有的母系氏族习俗保留地。

二　民族性

母系氏族习俗是泸沽湖地区，即川滇两省三县四乡镇交汇区域的摩梭人特有的习俗，具有很强的民族性，但受摩梭人的影响，当地云南与摩梭人杂居的普米族也有相当部分人保留着母系氏族习俗。

摩梭母系氏族习俗从产生、发展到存续至今，伴随摩梭人走过了相当长的历史时期，与摩梭人生产生活、习俗礼仪、原始信仰、伦理观念等息息相关，与摩梭人生死相依，体现着摩梭人的情趣、智慧、思维和价值观，以及植根于灵魂深处的母系观念。

三　活态性

虽然世界上不同地方仍不同程度地存在母系文化，但泸沽湖地区的摩梭人却是以典型性、完整性、系统性和活态化的方式存在着，其活态性主要体现在以下几方面。

一是当地摩梭人社会仍以男不娶，女不嫁的走婚和以母系血缘成员为轴心的母系大家庭习俗为主；二是保留着以女人为本位的母系血缘组织"斯日""尔"和"依杜"；三是保留着女神崇拜、女祖先崇拜、女石祖崇拜的原始信仰；四是有着浓厚的母系氏族和以母为大、尊母崇母的观念，仍然保持着对女神的膜拜和对女祖先的祭祀活动；五是当地以阡陌纵横的走婚小道相互联结的每个母系自然村落及其无数个母系庭院都是活态的摩梭母系氏族习俗博物馆，以鲜活的形态集中了母系氏族习俗的方方面面，并同周围山水一起成为摩梭母系习俗的文化空间和文化载体。同样也是极为珍贵的活态的母系氏族人文研究基地。

泸沽湖摩梭人的母系氏族习俗，以其鲜活而生动的形式展现了摩梭人母系氏族习俗的生活方式，行为习惯、思维、心理结构，以及伦理观念、家庭和谐的血缘纽带等，在人类历史上极为罕见，作为摩梭文化的重要组成部分，摩梭人母系习俗是人类极为珍贵的、唯一的活态文化遗产。

四　流变性

泸沽湖摩梭人母系氏族习俗的缘起、传承，随着社会发展、时代变革出现演变、变异等流变过程是难以改变的自然规律。其流变性体现在以下几方面。

1. 因过重的彩礼、施媒礼、税赋等环境压力下，并在达巴母系崇拜、母系伦理思想的长期影响下，综合性的作用催生了走婚制出现。

2. 摩梭达巴文化的母系伦理思想和母系观念，以及摩梭人后来创造的女神故事的反作用下，使摩梭人的母系氏族习俗得以巩固和发展。

3. 为避免过重的彩礼、施媒礼、减轻土司的税赋等，以及隆重繁杂的婆嫁婚"仕布突"礼等的庞杂开支，让更多的摩梭人纷纷响应和欢迎这一新型婚姻家庭，成为摩梭人重要的习俗。

4. 而社会的进步，时代的变迁，过去以母系血缘形成的劳动合作关系出现弱化，逐渐改变了母系氏族习俗的生产方式，对母系氏族习俗产生了一定的影响。

5. 以走婚及其母系家庭为主要形态，与娶嫁婚、走婚男女同居婚、男子入赘等多元并存的婚姻家庭形态，有着相互的影响，并根据家屋的需要交互转化、演变、彼此包容、吸纳的局面，形成不同婚姻家庭并存的多元化婚姻家庭形态。

6. 随着全球化、商业化、旅游开发，在一定程度上影响着母系氏族观念和伦理道德思想根基。从量变到演变、变异、变味的流变。比如走婚，为了适应社会发展，现在需领结婚证，以法律保障走婚关系的存续。而在建立走婚关系的程序上，过去由男子只请一名女子带上一条裙、一件上衣、一条围巾、一封砖茶、一包糖果等"佐佐嘎"礼物（即建立走婚关系的交换礼物，通常不超过百元）到女方家交换。如今，需请一帮媒人，礼物也远远超过过去的百倍以上，与过去的走婚形式有较大改变。同时，更多母系大家庭出现小型化，异居的走婚男女更多趋于同居形式。

第四节　摩梭人母系氏族习俗的价值

一　历史价值

（一）活态而弥足珍贵的史学、史料价值和意义

泸沽湖摩梭人母系氏族习俗，肇始于古代，并以活态的形式存续至今，把一个活生生的古代社会形态呈现在当今世人面前，是人类社会发展史上极为罕见的现象或事件，在人类社会发展史、演变史、民族史、习俗史等史学和史料方面有着十分特殊的价值和意义。

（二）文化人类学、历史学、社会学、民族学、民俗学意义和学术价值

泸沽湖摩梭人母系氏族习俗是摩梭文化之魂，其源于摩梭人深厚的母系氏族观念和母系伦理道德思想，源于他们的原始信仰，源于他们对环境的压力和资源的利用，并伴随着摩梭人度过了相当长的历史时期，且以活态的形式保存至今，蕴含着深厚的历史文化内涵和信息，体现着摩梭人传统和民族情感，影响着他们的思维和行为。有着深刻的文化意义和重要的学术价值，是这一文化

类型的典型代表，也是本民族现存文传统习俗礼仪的重要组成部分，从中既能看到古老文明形态，又能看到人类社会在历史进程中的演变、异变的轨迹及其对摩梭人的深刻影响，与摩梭人民族史、文化史息息相关，与摩梭人生死相依，并生动地体现着深远的文化意义和这个民族的精神，并为学术研究提供了有力的凭证。

（三）古为今用的借鉴意义

催生和维护母系氏族习俗的达巴母系伦理思想、理念和核心价值观和和谐价值，在促进人与人、人与社会、人与自然的和谐共存，保护环境，崇尚德、孝、善、厚道、仁、爱等，以及在性别平等、和睦、团结、互助等社会文明方面有着积极的意义和借鉴意义。

二　文化价值

（一）广泛的影响力和关注度

古今中外，从司马迁到美国学者洛克等，历代学者对摩梭人及其文化的研究是相当多的，尤其从 20 世纪前期发现泸沽湖摩梭人的母系氏族习俗以来，前来泸沽湖研究摩梭人的国内外专家学者络绎不绝，媒体、影视界、文学艺术界等也参与其中，发表了非常丰厚的成果、作品，广泛影响着国内外社会、学界、影视界、艺术界、旅游界等，并受人瞩目，有着很高的关注度和广泛的影响力。

（二）足够的吸引力、感染力、诱惑力和好奇心，满足人们的文化需求

摩梭人母系氏族习俗的走婚制、母系家庭等绝无仅有且奇特的习俗，深深地吸引着研究者，对外界充满了吸引力、诱惑力。国内外游客前来泸沽湖观光体验，每年达百万人次以上，充分展示着这一独特习俗文化的魅力，并能满足人们领略一种独特的民族文化和强烈的求知欲、探秘等文化需求。

（三）文化旅游价值

以母系文化为核心的摩梭文化是泸沽湖旅游的最大特色，是泸沽湖旅游赖以生存和可持续发展之本，是珍稀奇特的文化旅游资源，更是创建泸沽湖世界级旅游目的地和世界级泸沽湖旅游品牌，让泸沽湖走向世界的资源基础。

泸沽湖每个摩梭母系自然古村落、母系庭院及其保留的母系氏族习俗礼仪

都是一个个活态的母系氏族习俗博物馆，集中了母系文化的方方面面，是游客观光体验、访古寻幽探秘、母系家访等最佳去处。并通过物化、活化、景观化等转化为旅游珍品、精品、特品、绝品和稀缺品让游客观光体验，同时更能强化摩梭文化内涵，突出特色，提升旅游形象。泸沽湖每年百万人次以上的游客，无不冲着古老神秘的摩梭文化及其母系氏族习俗而来，文化旅游价值得到充分体现，在文旅融合发展，促进旅游产业、社会经济发展等方面都有着极高的价值和深远的意义。

（四）文化创新价值

摩梭母系氏族习俗以其独特而丰富多彩的内容和深厚的文化内涵，为创意、创新为舞台表演、实景演出、文学艺术创作、影视创作等提供了丰富而鲜活的素材、题材。比如 20 世纪 80 年代发生在摩梭民间真实版的"梁祝化蝶"。这些都为文化创新发展，让摩梭母系文化连同摩梭其他类别的文化一起，形成业态化、产业化，为人类创造出更多更宝贵的精神财富，以满足泸沽湖度假休闲游客和社会人群的文化需求。

三 和谐价值

摩梭人母系氏族习俗源于摩梭达巴文化的崇拜大自然、敬畏大自然、感恩大自然，人与自然、人与社会、人与人的和谐共存理念，源于达巴文化浓厚的母系伦理观念和核发价值观，以及以女为大，尊母崇母，性别平等的思想，其和谐价值体现在以下几方面：

（一）与自然环境和谐共存

摩梭人信仰万物有神，万物有灵，天地赐万物的思想，因而对自然和周围环境的敬畏意识、感恩意识、保护意识都很强，避免人为的破坏，与自然环境和谐共存，并以频繁的转湖转山节日祭拜自然诸神，表达他们对大自然的敬仰，和自然同欢共乐的心情。

（二）与社会、与人的和谐共处

母系氏族习俗的伦理思想、崇高的"德本"灵魂、和谐理念和核心价值观对当地人与社会、人与人的和谐和睦共处方面产生着积极的作用和深远的影响，母系家庭成员因都来自"一根母系血管"，家庭成员之间亲密无间，真诚关爱与无私奉献，有着最合天理、最自然的人际关系。他们为人厚道，宽容包容，待人友爱，乐善好施，文明礼貌，邻里团结互助互帮，热情好客等，为古今文人称颂。所以，摩梭人社会在历史上几乎没有偷盗、抢劫、强奸、仇杀、奸杀，以及与土匪为伍者等，因而摩梭人区域被联合国教科文组织评为全球50 个和谐社区之一。

（三）母系氏族家庭温馨和睦

母系家庭实行走婚制，男女各居母家，因而基本没有婆媳、翁婿、妯娌之类的矛盾，走婚离异也无财产分割、老人赡养、孩子抚养等纠纷，一家人团结和睦，尊老爱幼，孝敬长辈，关爱老人、小孩和残疾人等，家中没有暴力、粗口，无歧视、虐待、遗弃，没有老年人和妇女儿童问题，家庭成员都视为一母所出，来自一根母系血管，相互间无比亲切而温馨和睦。

泸沽湖地区摩梭人社会，长期以来因受母系氏族习俗的理念和价值观深刻影响而呈现出人与自然，人与社会，人与人及其家庭的和谐之美。

第五节　摩梭人母系氏族习俗的状况及其影响

一　母系氏族习俗的传承情况

（一）出现极度濒危状况

1. 势不可挡的全球化、商品经济潮流的冲击

自 20 世纪末以来，随着全球化进程和泸沽湖的对外开放和开发的深入，摩梭母系氏族习俗受到商品经济浪潮的前所未有的冲击，20 世纪 90 年代还保持比较完好的母系氏族习俗已受到挑战，大量年轻人外出打工，或与外地人结婚，母系大家庭因分家，或走婚男女同居等原因，已经越来越呈现小型化，大量年轻人改变传统的走婚习俗而实行娶嫁婚，走婚人数及其母系氏族大家庭户数锐减，与 90 年代的调查相比，如今大约下降了 50%。母系氏族习俗文化生态已越来越现代化。

2. 个别区域违背母系氏族习俗特性的规划及其开发建设，加速母系氏族习俗的土崩瓦解

泸沽湖摩梭人的母系氏族习俗及其文化载体和文化空间母系村落、母系家庭都被列入省级非遗名录，受到国家非遗保护法规的保护。泸沽湖每个母系自然村落和每户母系家庭都是极为珍贵的母系文化载体和文化空间，摩梭人母系氏族习俗有个非常重要的特性就是每个母系自然村落与各村落间、每户母系家庭与多个村落间，相互依存，紧密相连，"一损俱损、一荣俱荣"，彼此形成固定严密的走婚网络和走婚链条，一旦其中的某个村或数个村因开发而失去保护，整个走婚网络就会破裂，走婚链条断离，进而造成母系氏族习俗的分崩离析的毁灭性破坏。

3. 当地摩梭人人口比例倒置，大量外来非摩梭人迁居泸沽湖，摩梭母系传统习俗受到一定影响

21 世纪初之前，泸沽湖摩梭人，在当地常住居民中占十之八九，如今因大量非摩梭人的外来人口迁居泸沽湖，一方面让摩梭文化主体摩梭人口比例出现倒置；另一方面，来自不同区域、不同民族形形色色的人等定居泸沽湖后，他们的文化、行为、观念等，不断与摩梭文化母系氏族习俗相融合。

4. 现行的"非遗"代表性传承人传承方式形式单一，影响传承效果

非物质文化遗产的传承，因不同的文化种类、文化特性不同而有其自身的传承规律和传承方式，比如某些技艺、世传世袭的特定文化、艺术等，多以个体性传承；而民族习俗礼仪、歌舞等，则以社会性、群体性、整体性传承，摩梭人母系氏族习俗，世世代代都是以摩梭人的民族性、社会性、群体性的传承而沿袭下来。但在泸沽镇上千户数摩梭人中，仅有一户为代表性传承人，这是很不利于传承的，应当按照民俗传承规律和传承方式制定传承制度和方式，让所有母系氏族习俗主体都成为传承人，采取挂牌保护，政策鼓励，扩大范围，让全球仅存的母系氏族习俗遗产得到更广泛的保护传承。

5. 缺乏科学的保护传承与开发利用共赢模式

个别地区一是没有处理好保护与开发的关系，开发重于保护的情形严重。只讲保护，不讲开发，或只讲开发，不讲保护都不利于保护与发展；二是不知道保护什么？怎样保护？因而在保护上存在盲目性。这是两个首先要解决的问

题；三是家庭式接待，即为了发展旅游，将传统个别地区母系庭院改造为客栈餐饮接待商业性用房，对摩梭人的生活，对摩梭母系氏族习俗的文化空间和文化载体在一定程度上存在影响，也在一定程度影响了母系氏族习俗的保护和传承。如何避免家庭式接待带来的负面影响，又让老百姓通过旅游致富，建立起一个科学的保护与开发模式，这是需要认真思考的问题。

二 母系氏族习俗的影响

摩梭人母系氏族习俗的影响主要体现在以下几方面：

（一）对摩梭人的影响

摩梭人母系氏族浓厚的母系氏族观念、理念、母系伦理道德观和核心价值观，以及他们以人为本、充满人性的母系"依杜"制度文化等，深刻地影响着他们的思想、信仰、思维方式、情趣，成为他们行为准则、价值取向、生活方式等，并体现在方方面面，无论是家庭成员之间、人与人之间、人与社会、人与环境、家与家之间等，都以礼仪道德为最高准则，在心理上十分注重"良心上的无愧"，竭力使自己的行为符合长辈的言传身教及自己理解的道德规范，因而，民国《川康边政资料辑要·盐源志》一书中说摩梭人："一村人中颇能亲诚仁爱，而无强凌弱众暴寡及打冤家之事"，"大抵能知礼守法，待人也颇厚道，无刻薄寡恩、尔虞我诈，供给一宿一饭，殆属寻常，帮助用人用物多有"，从细小的日常生活中常表现出一种"大气"，让人舒心。并在传统礼仪习俗中，处处体现着敬老爱幼、礼让谦恭、好客尊客、邻里相助、礼尚往来等良好风气等，不一而足。

（二）对区域和当地社会的影响——全球50个和谐社区之一

摩梭人母系伦理观念、和谐理念和核心价值观对摩梭人及其社会有着深远的影响，而母系氏族习俗的制度文化在一定程度上又避免了常见的而不可调和的矛盾。无论是摩梭人的母系大家庭，还是摩梭人社区，长期以来一直处于文明和谐、和睦、稳定状态，没有危害社会的现象，因而在1998年，联合国教科文组织将摩梭人区域评为全球50个和谐社区之一。

（三）受到全球的瞩目

罕有的古老而独特的母系氏族习俗自20世纪中叶以来，随着国内外学者对摩梭人研究成果的对外发表，越来越多的学界学者、各类媒体、影视创作、文学艺术创作、旅游业者等把目光投向泸沽湖摩梭人，尤其是近年来，每年达百万以上的国内外游客、学者、媒体人、创作人员等，前来泸沽湖观光体验、休闲度假学术研究等宣传报道、创作拍摄等，成为全球的一大焦点。

（四）母系氏族习俗的核心价值观具有共享性、普世性与对外交际和开放能力

泸沽湖摩梭人母系氏族具有很强的民族性。"越是民族的就越是世界的"，而支撑这一习俗、家庭社会结构和家族价值观的便是摩梭人的和谐和睦团结、亲诚仁爱、感恩敬孝、包容宽容、友善、礼仪道德等，以及人与人、人与社会、人与自然和谐共处的理念和核心价值观，而这样的价值观普遍适用于人类社会，因而具有世界性、共享性。

第二章　木里藏历年

第一节　藏历年概述

一　藏历年的含义

　　木里藏历年，是木里藏族古老的节日，也是当地最隆重的节日，藏语称"俄西""木里益萨"。木里藏历年过去受封建统治制度的等级约束，时间有先有后，每年从农历十二月初一至十二月初十五不等。首先是土司衙门过年，藏语称为"亚马俄西"；其次是世袭贵族阿楚八尔家过年，藏语称"八尔俄西"，普通老百姓再依次过年，藏语称"冲米俄西"。

　　1980 年 12 月 13 日，当时的木里藏族自治县革命委员会代行人大常务委员会职权，召开会议通过了恢复木里藏历年，并统一时间为农历腊月初七（藏历十二月初七）的决定。2006 年 5 月 26 日颁布的《木里藏族自治县自治条例》第 27 条规定："藏历新年，休假三天。"自此每年农历腊月初七为木里藏历年。

　　木里藏历年是一个娱神、娱人、祈祷与庆祝兼备的民族节日。节日期间，要举行撵鬼驱邪、烧香敬神、赛马摔跤、歌咏舞蹈等宗教仪式和娱乐活动。按照传统，过年从农历十二月初六至初十五各村举行转山烧香仪式后结束。

　　2007 年 3 月 1 日，"木里藏历年"被列入第一批省级非物质文化遗产名录。

二　藏历年的由来

（一）藏历年的传说之一

　　关于木里藏历年的由来，当地民间传说颇多，其中最为家喻户晓的是载入

《木里藏族自治县志》的传说。相传在很久以前，西藏、云南等地八个藏族支系迁徙到木里一带富庶的地方，分别定居在木里的白碉、卡拉、宁朗、桃巴等地。他们定居当天，正是藏历腊月初七。宁静的夜晚，明月当空，七姊妹星闪闪发亮，四周景色宜人，令人神往，大家聚集起来，唱歌跳舞，纵情欢乐，展望美好的未来。以后每逢农历腊月初七，这些地区的藏族人民分别聚集歌舞，欢庆一年来的丰收，世代相传，就变成了今天的"俄喜节"——木里藏历年。

（二）藏历年的传说之二

相传西藏的历法约始于公元前 100 年，由前藏雅隆地方的一个名叫噶莫帕玛的人，根据月亮的圆缺，初步推算出了日、月、年，那时候的新年初一，相当于现在的藏历十二月初一，人们称其为《噶莫帕玛历算法》。后来雅隆地区农业逐渐发展，每当庄稼成熟并收获一次后，农民们便要举行一次聚会，庆祝丰收，年复一年，这种活动就慢慢形成了定期的庆祝，后被定为"以麦熟为岁首"的物候历。据说木里藏历年就是藏地古时"以麦熟为岁首"和《噶莫帕玛历算法》的延续。

（三）藏历年的传说之三

木里藏历年的另一种说法是为了过年时宰杀的牲口不瘦。由木里第一代大喇嘛（土司）第二世活佛降央桑布所规定。降央桑布凭其对佛典的学识渊博，游说四方，大力传播格鲁教，受到百姓拥戴，取得了政教大权。他致力于拓展疆土，发展经济，关心民众疾苦，当时木里的百姓过的是西藏的藏历年，而藏历年的算法和汉族的农历算法是一样的。只是因为藏族人对日子多有忌讳，在造历书的时候将占卜所得的大凶之日删去，而选一个比较吉利的日子重复一日。这样每年与春节有时相差一天，如 2016 年藏历新年是 2 月 9 日，春节是 2 月 8 日；有时是同一天，如 2008 年、2015 年藏历新年和春节是同一天；有时相差一个月，如 2009 年藏历新年是 2 月 25 日，而春节是 1 月 26 日，较春节晚一个月。

当时的生产条件下，猪牛羊都是"秋肥冬瘦"，降央桑布觉得应该让老百姓提前过年，于是他宣布腊月初七为最吉祥、最殊胜的日子，作为新的一年的开始。

三 藏历年的分布区域

木里藏历年分布于木里藏族自治县境内。木里藏族自治县位于四川省西南边缘，地跨东经 100°03′—101°40′，北纬 27°40′—29°10′之间，东邻冕宁、九龙 2 县，南连盐源、宁蒗、丽江 3 县，西接稻城、中甸 2 县，北连理塘、雅江、康定 3 县。全境东西最大横距约宽 160 公里，南北长约 170 公里，总面积 13246.38 平方公里。全县辖区 3 个镇、26 个乡（其中 5 个民族乡）和 9 个国有牧场。藏族为主体民族，有彝、汉、苗、蒙古、纳西、壮、布依、傈僳、回、白、羌、土家、锡伯、傣等 18 个民族，2008 年底总人口 131726 人，其中藏族人口为 42000 多人，占全县总人口的 33%。人口密度为每平方公里 9.7人。木里藏族自治县是全国仅有的两个藏族自治县之一。

木里地处青藏高原和云贵高原结合部，是横断山脉在四川境内最典型的地带。地质、地貌复杂，地势西北高、东南低，地形为沟谷纷繁、切蚀深刻的残余高原。境内三大山脉：太阳山脉、宁朗山脉、贡嘎山脉，是沙鲁里山南延的一支，南北走向，略作平行。三大河流：雅砻江、木里河（又称理塘河）、水洛河（又称冲天河）奔流激荡，蜿蜒曲折，自北向南，纵贯全境，将境内土地切割成四大块。境内最高处是水洛乡西北恰朗多吉峰（又称夏诺多季）海拔 5958 米；最低处是俄亚纳西族乡的三江口，海拔 1470 米，其落差 4488 米。全境平均海拔 3000 米，气候、土壤、植被呈垂直变化，山岭与河谷、高山与矮山之间、气候、雨量、湿度差别极大，形成"一山有四季，十里不同天"的立体气候。年平均气温 11.5℃，年平均降水量 818.2 毫米，多集中在 6—9月。境内大部分居民居住地是冬无严寒，夏无酷暑，四季如春，和煦宜人的河谷地带。

地广人稀、山高林密的"绿色木里"名声远扬，是我国重要的林业基地和长江中上游水源涵养地之一。木里独特的自然景观与人文习俗，像一朵璀璨的宝石花，盛开在祖国西南边陲崇山峻岭之中。

木里藏历年传统习俗保留比较完整的当属木里土司家乡——白碉乡，还有县城所在地乔瓦镇，以及瓦厂镇、查布朗镇、牦牛坪乡、博科乡、依吉乡、宁朗乡、卡拉乡、三角垭乡、倮波乡、麦地龙乡等地方。这些乡及周边牧场都是木里藏历年的重点分布区域。

四　藏历年传承人的存续状况

木里藏历年作为地域广阔、参与人数众多的民俗节日，没有特定的单一传承人。参与各乡镇村落节庆活动的民众和每家每户主持各家仪式的家长都是木里藏历年的传承人。另外，主持过年期间宗教祭祀仪式的僧人、开展娱乐活动中的说唱艺人、民间舞蹈的领舞人、摔跤比赛的摔跤手、服饰表演选美比赛中的男女青年、赛马比赛中的骑手等都是传承人群体。

木里藏历年作为古老而重要的节庆，在木里藏族群众的生活中有着不可替代的重要位置。节日期间，人们在参与各种活动中，巩固了相关的知识和操作技能，使该项遗产的传统知识和民俗技能得以存续，时代传承。

第二节　藏历年的程式及内容

一　藏历年的程式

（一）节前准备

新年前，家家户户都要为过年做各种准备。

一是准备新年画和祭品，在厨房正中墙上用面粉画上"八宝图"，在大门上用石灰粉画上象征吉祥的"雍仲""卐"符号，悬挂"陇达"（印有经文和马图案的各色布条）。更换"达得"（装有五谷宝物的木盒子）上各色布条和哈达。

二是准备过年所用的柴火、松明以及烧香用的松枝或柏香枝，过年期间不得劈柴火，否则认为来年大小牲畜就有跛脚、断腿等不吉利的事情发生。

三是各家都要用可装 50 斤粮食的名叫"达鲁"的大土陶坛酿造用大麦、青稞、稻子、小麦四种粮或纯青稞蒸煮的黄酒；主妇们要准备酥油和白面，制作形状各异的"卡赛"（各种油炸的糕点）；要准备许多在过年期间食用的用小麦、大米、玉米煮制的饭团；还要准备敬神和招待客人的糖果、核桃、干果、奶渣等食品。每家每户还要准备一个彩色的五谷斗，名为"竹素琪玛"，五谷斗一分为二，一边装满五谷杂粮，另一边装满"卡赛"（瓜子、苹果、糖、酒、饮料等）和干果，上面插上染成各种颜色的青稞穗或是小麦穗，两面的顶端各贴上用彩色染制的酥油塑造的太阳、月亮及八瑞相图案，周围绘上吉祥图案，要在初一之前供于正屋供桌上。男主人们要在节前杀猪、宰牛、宰羊，制作猪膘肉、香肠、牛肉干等节日食品。还要准备节日穿的盛装，要给家人缝制新衣、添置饰品，赛马用的鞍具等。

（二）举行"固朵"（撵鬼）仪式

藏历十二月初五相当于农历年腊月二十九，要举行"固朵"（意为初二十九撵鬼）仪式，所有在外地的家人都要在这之前赶回家，参加撵鬼仪式。"固朵"仪式要在天黑后举行，白天需打扫庭院，室内外墙壁粉刷白色泥土。家具、炊具需洗刷干净，地上铺满松叶，伐松树枝数株，一株放在屋脊正中与"达得"相并，一株置于屋后平时烧香处，四小株捆扎在摆设贡品的方桌四脚。屋后各树间用细绳拴挂印有藏经文和四周印有虎、大鹏鸟、龙、狮中间印有马图案的"陇达"，微风吹来，五颜六色的"陇达"飘动摇曳，犹如大轮船上的万国旗一般，十分赏心悦目。天黑后，撵鬼仪式开始。撵鬼仪式一般由老年男长者主持（家中如有出家人，则由出家人主持），主持人用盆搅拌糌粑后给每人发一坨拳头大的糌粑。得糌粑者手捏糌粑分九次于自身从头到脚触摸它，并口诵"魔鬼出来，我心中的苦难和病痛出来，一切邪气和晦气出来"，然后捏成九小坨放在垃圾筐里，由一人捧着，跑步扔到倒垃圾处，同时要高喊"哎嘿嘿"，鸣放火枪或鞭炮，表示驱走恶魔和一切不洁之物，迎来吉祥的新年。

"固朵"仪式结束后，全家人要吃"八娄"，一种有小麦面、肉、菜的面块。会特意制作几个包有石子、木炭、辣椒、毛线、硬币等不同的面团，每一夹心都有一种说法，石子表示心肠硬，木炭表示心黑，辣椒表示嘴如刀，毛线表示脾气好，吃到硬币表示财运好。这是一种饮食娱乐活动，无论谁吃到什么，都必须当场吐出，这往往会引起哄堂大笑。一家人其乐融融，洋溢着欢声笑语，快快乐乐地准备迎接新年的到来。

（三）藏历十二月初六除夕（吃团年饭）

藏历初六（农历年三十）这天，在屋顶或周围要挂"陇达"（经幡），堂屋里要贴年画，灶台上要用白粉画"雍仲""卍"符号，在堂屋里要铺松针和卡垫（藏式地毯），摆"卡赛"，在经堂里要点酥油灯、摆放敬水和供品；在灶台上要摆放"达得"、酥油饼、奶饼、猪膘肉、藏砖茶等。

主妇要准备好晚上的团年饭和藏历初七（农历初一）的食品。还要准备"琪玛"，用糖、黄酒拌成的糌粑面，放在"竹素琪玛"里（农历初一家人都要尝一口，农历初二以后有客人来也要抓一点先敬神，然后再尝一口，象征吉祥如意）。

年饭前，先要在大盘子里放置松枝、五谷、肉食等祭品供奉祖先。然后，家庭主妇揭开"达楼"坛口，先舀一瓢黄酒，口中念诵祝福词语，将酒倒在火塘内燃烧，然后才是家中按辈分长幼，依次饮用。

木里藏族团年晚餐实行的是分餐制，在设有火塘的堂屋里，全家老小按辈分大小、年龄长幼依次排列席地而坐，家庭主妇在每人面前放一盘猪肉（猪各个部位和内脏），汤一碗，包子、饭团几个，其余菜品、点心、饮料各自按需取用。席间又依次斟满上品黄酒。饭后一般喝酥油茶、青稞酒、吃零食聊天守夜，除夕之夜，一家老小边吃边乐，谈笑畅叙，等待新年零点的到来，期待着新的一年吉祥如意。

（四）藏历十二月初七家庭聚会

藏历初七晨，鸡鸣头遍，村中各家男长者即起床燃烧松柏，吹响海螺祭祖。祭祖时要在进屋道路上排放十多把松明火把，为历代祖先英灵回来与家庭团聚指路照明。在祭祖的同时还会举办一场"抢水比赛"，每户要出一名青年人到河边、山泉下"抢"头道水。按藏族传统，藏历初七谁抢到第一桶水，就是"金水"；第二桶水被称为"银水"，预示着吉祥、幸运、财源滚滚。村中最先抢到者则预示着该家当年十分吉利。天亮了，全家穿上新衣服，洗漱完毕，按老少辈分坐下，长辈端来"竹素琪玛"，每人先抓上几粒麦粒抛向空中，表示敬神，接着依次抓一撮糖拌着糌粑吃。之后，晚辈就开始向长辈恭喜新年，互道"益萨扎西得勒"（新年吉祥如意），而后大家便开始一起吃早餐，一般吃包子、猪膘肉、酥油茶、酥油拌人参果等，再互敬青稞酒。这一天，一般都闭门谢客，互不走访，都在家里与家人进行娱乐活动或佛事活动。

（五）藏历十二月初八走亲访友、拜年

按传统习俗，藏历初八开始，亲朋好友串门、拜年。

当太阳升起后，人们穿着最漂亮的衣服、戴着最珍贵的首饰（相传过年穿新衣打扮是为了愉悦神灵）按长幼次序挨户到邻居家串门、拜年，敬"琪玛"、敬青稞酒，高诵沿传已久的"扎西德勒品松初"（愿吉祥如意美满）、"艾玛帕卓贡康桑"（愿女主人健康长寿），"登多德瓦托巴学"（愿岁岁平安吉祥）、"朗央总几拥巴学"（愿年年这样欢聚）等表示吉祥、健康、幸福、和睦的祝词开始拜年。长辈顺次祝"扎西德勒"，晚辈总要回贺"祝你身体健康，永远幸福，预祝明年新年又如此团聚欢庆"。

拜年时男主人双手捧着"琪玛"到门口迎接客人，客人先用拇指、食指、中指拈起一撮"琪玛"扔向空中，表示敬神，再拈起一撮"琪玛"送进自己嘴里，祝贺道："益萨尔桑（新年好）！扎西德勒（吉祥如意）！"接着女主人提着挂有哈达的铜壶频频向客人敬酒，客人双手接过酒碗，喝酒前用无名指蘸酒向空中弹三次，供奉天地诸神，然后分三口喝光，感谢主人的盛情，然后主人请客人进屋入座饮酒聊天。

（六）藏历初九敬老活动

藏历十二月初九是村中老人的节日，有如敬老节。尊老、爱老、敬老是中华民族的传统美德，敬老活动体现了孝亲敬老的传统文化，增进了全体村民的亲和力和凝聚力。这一天村上凑出各种食品，由一户村民承办，招待本村男女长者。餐宴仍然如藏历初六吃年饭一样实行分餐制，不同的是要专门制作一种木里藏族特有的美食——"夏楼"（一种用酥油、奶渣和小麦面制作的面食），请老人们品尝。敬老宴还特供青稞黄酒，由蜂蜜、酥油制作的高级"强丁"，青稞糌粑加酥油或猪板油制作的糌粑坨。赴宴人面前所剩食物可自行带走。活动中，德高望重的老年长者，要给大家讲传统习俗和家乡的历史，年轻人要说唱歌颂老年人功绩的祝词，频频向席上的长辈们敬酥油茶和青稞酒。最后年轻人还邀请长辈跳上一曲欢乐的吉祥舞，活动在欢歌笑语中结束。

（七）藏历十二月初十牧童节

藏历初十是村中牧童们的郊游野餐日。当天，全村牧童要在放牧时集中在一起，燃上篝火，各自拿出家中为其准备的各种好吃的食品，大家共享，事后尽兴玩耍。该天放牧时间不长，可早早回家。晚上，孩子们燃放鞭炮，大家喝青稞酒、酥油茶，相互祝酒，尽情欢乐。大人们则点燃熊熊篝火，跳起锅庄舞，通宵达旦，尽情歌舞。

（八）藏历十二月初十一集体聚餐娱乐

藏历初十一是村民举行聚餐和举行娱乐会的日子，费用一部分来自村中平时凑份子的公共粮仓，该仓的粮食平常可借贷，收回的盈利粮专作过年煮黄酒用。其余每户要出五斤猪膘、十斤大米的份子，由村里伙头承办。每户人家从长者起至少三人赴宴，赴会者要穿着打扮一新。中华人民共和国成立之前，回家过年的衙门官人、寺庙喇嘛，也要赴会出席，并在尊贵席上就座。席间，负责招待的人员，一人端黄酒桶，一人手执用牦牛角染色上漆、做工精细的酒具依次斟到黄酒，受饮者必须一口气喝下。

进餐仍然实行分餐制，散席时各自面前要略留一小点食物，由一人将所有剩下的食物集中起来，待大家念诵祈祷后送到路外，其意义在于表示每家每人的秽气倒霉厄运连同残汤剩饭都远远离开，不再作祟了。席间，有数名能说会道的人，手执牦牛角酒器，站在中间，边饮酒边说古论今，摆故事、讲笑话，此起彼落，不得停顿，以助兴致。每讲到兴趣处，听者捧腹大笑，前仰后合，相互嬉笑打闹，彼此逗趣，这一天通常是不醉不归。

聚餐结束时，总有几个酩酊大醉、步履蹒跚、由家人搀扶着跌跌撞撞回去的人。醉酒的人越多越被看作十分吉祥的预兆，寓意来年收成好，五谷丰登。

（九）藏历十二月初十二、十三相互请客

这两天是村民间相互邀请做客的日子。按藏族过年的规矩，一是不杀鸡不吃鲜肉；二是饮黄酒，不喝烈性酒。而过了初十后，家中宴饮，款待亲朋，可破例用自己酿制的俗称土酒的低度白酒。待客一般都用猪膘肉、各种腌制肉、奶渣等制作的食品。

（十）藏历十二月初十四素食一天

全天不吃肉食和饭，而吃用小麦粒和火麻子炒熟混合的干颗颗。据传说，该天吃这种特殊食物，可保六畜兴旺，故尤以牧童们特别讲究，无论当天在家中或在野外放牧，全都只吃炒麦粒、火麻子。

（十一）藏历十二月初十五转山烧香

过年的最后一天，每村都要举行转山烧香仪式。每个村子都有一处或几处祭祀烧香敬神的山梁，俗称"烧香梁子"。每年轮流由三户村民提前上山打扫场地，铺撒松叶，准备饮水。

这天一大早，村民们穿上华丽的节日盛装，给马备上漂亮的鞍具，各家各户携带酒肉饭菜，跟随着两名骑大马、吹唢呐的先导，扶老携幼到山梁烧香敬神。在"香台"周围，大家要在树上悬挂"陇达"，呈献干鲜水果、贴饰酥油花的糌粑团，遍撒炒熟的黄豆、小麦、青稞。吹海螺、高声呼喊各路神灵，祈求保佑全村一年风调雨顺、人畜平安、没有灾害战乱、万事顺遂。僧人们在山上高声诵读经书，祈祷新的一年平安吉祥，仪式结束后，将供品分散给众人，作为吉祥的稀罕神物，拿回家供在各自经堂里。

在转山烧香日，还要举行赛马、射箭等具有木里藏族特色的民间体育活动。射箭是射活靶，将圆木锯为菜墩状的小段，从山上滚下，射中者当即得一碗"强丁"的奖赏。凡参加者，黄酒任其喝够。傍晚，转山者们手扛旗面长约一尺五寸的五色绸缎彩旗回家，一路要高声呼叫"央可约！央可约！"表示把财神恭迎到家中。

二 藏历年的内容

（一）歌舞

木里藏历年除初六除夕团年，初七不出门外，过年期间都有歌舞活动。藏族歌舞是节日期间人们最喜爱、最受欢迎，男女老幼都会参加的娱乐活动。节日里，场地上烧着篝火，摆放着一缸青稞酒，人们身着盛装围着篝火，围着酒坛拉圈起舞，分班歌唱，也有独唱和"当些"（说词），沉浸在欢乐喜庆、祥和的节日气氛中，有时跳到天亮。

各地在节日期间开展的丰富多彩的歌舞活动主要有：

1. "锅庄舞"，又叫"笛子舞"。围绕场外篝火或室内灯火，在一名吹竹笛乐手的带领下，大家手拉手围成圆圈，跳起节奏欢快的"锅庄"集体舞。舞步开始舒缓平和，继而"三脚不落地""对脚"等激荡欢快的舞步。当众人舞至高潮时，人们往往会伴着口哨、击掌和欢呼的声音，引吭高歌，一唱众和，气氛更加热烈欢腾，令人陶醉。把舞的气氛带入高潮，其间也穿插对歌。

2. "嘎卓"舞。"嘎卓"是藏语圆圈歌舞的意思。男女手牵手围成圈按唱腔节奏踏步，一般以地域或男女分两组轮换唱跳，每组中有一人为"卓本"

（"卓"意为舞蹈，"本"意为官）领唱，众人随声相和，一问一答，反复对唱。歌词即兴编排，叙事叙物，褒贬不一，句式优美，内容丰富，双方相互比赛，通宵达旦。"嘎卓"的腿部动作较多，主要体现在踏步、跺步、跨腿、踹腿等方面，上身的动作要简单些，主要是胸前甩手，身体后仰，随着腿部的步伐而舞动，手臂以撩、甩、晃为主来变换舞姿，队形按顺时针行进，人员可多可少，圆圈有大有小，"嘎卓"除了圆圈形状外，有时也会摆出其他形状，偶尔变换成"龙摆尾"图案。舞蹈时，无乐器伴奏，全靠唱腔节奏来踏步。

3. "麻羌"舞（跳神舞）。"麻羌"舞是木里各寺庙的宗教舞蹈。"麻羌"有单人舞、双人舞和集体舞三种形式。跳舞时要戴上面具，手持各种法器，如刀、剑、戟、铃、钵等，身着色彩各异的法衣。伴奏的乐器有长号、唢呐、海螺、钹、鼓等。

跳神开始前要念经文。念完经之后开始跳神，这时场上鼓、钹、长号齐鸣，先由寺庙"格古"（铁棒喇嘛）手举一束藏香带领乐队和仪仗队出场，然后是黑冒舞官首领、黑冒金刚、各护法神、神鹿等依次鱼贯而行，缓缓起舞，绕场一周，集中展示各护法形象。然后分段表演"护法神舞""鹿神舞""牛神舞""金刚力士舞"等。跳神舞一般跟着乐器的节奏跳动，舞蹈动作比较缓慢，但中间也穿插有翻跟斗捡拾哈达的高难度动作，引起观众阵阵喝彩。

跳神结束之前，全体合跳，绕场周旋，黑冒舞官在正中领跳，神鹿再次出场，威猛狂舞，用宝刀解剖"林嘎"（魔鬼俑像）至粉身碎骨，以表示降服超度鬼怪邪魔。

最后，全体演出人员戴上各种面具，在敲打、吹奏强烈的法乐声中，粗犷奔放激烈的勇士跳神舞宣告结束。

另外，场内自始至终有两个"阿自若（游方僧）"戴着面具，穿上特别的小丑服装穿插、摔跤、打斗、搞怪等表演，活跃气氛，逗得观众发出阵阵喝彩声。

（二）赛马

赛马，藏语称"达九"。这是过年期间必不可少的传统项目，也是藏族群众最为喜爱、最持久、最普遍的群众性的体育比赛项目。

木里藏历年赛马方式主要有三种，大跑、小走、马术。

1. 大跑：主要比的是马的耐力和速度。赛程有两三公里的短跑，也有5

公里左右的长跑，一般都有一个起点和终点。为了不影响马的速度，骑手大多为年轻人和少年，赛马都无马鞍，但是要将马头和马尾挽上五色彩绸，精心打扮。骑手们身着盛装，精神抖擞，威风凛凛。

比赛开始，骑手们在起点线整齐排列，听到号令立即驱马风驰电掣般冲向终点，一路的两边都有身着节日盛装的人们为骑手呐喊鼓劲，谁先到达终点谁获胜，其余按参赛选手的多少而定名次，一般排前3、5或前7名。

2. 小走：小走不但讲速度，还要看马的走势步伐。比赛小走的骑手往往是善于策马精于骑术的成年人，骑手要着盛装，参赛马也要配上漂亮的鞍具，鞍上要铺上颜色鲜艳的褥子，马头、马尾都要挽上五色彩带，马脖子要挂上悦耳动听的铜铃。小走赛的场地一般不太大，1—2公里不等。比赛过程中，不能让马儿以大跑跨跃的方式奔跑，只能以碎步疾驰的方式奔跑。排名次不仅要看谁先到达终点，还要看选手和参赛马之间的配合，选手不能有"冲海椒"（比喻颠簸厉害得像冲海椒）现象。参赛马的"走手"（遗传或训练后的标准走步方式）功夫要好，不能出现像"兔子跑步"一样一跳一跳的现象。裁判最终根据平稳度和速度排出名次。

3. 马术：主要比的是骑手在马背上表演的特殊技能。场地要选在比较平整的耕地或草地上，要方圆一公里左右的面积，骑手们要穿上能活动自如的特殊的马术表演服装，参赛马的鞍具也要特别坚固和整洁。场地上要摆放足够多的哈达，每隔几米放一条哈达。

骑手们跨上赛马整装待发，一切准备就绪，主持人一声号令。骑手们个个身轻如燕，忽而像雄鹰展翅飞翔，忽而似猎豹伸展自如，忽而弯腰侧身抓起跑道上一条条排列着的洁白哈达，并举过头顶，回眸一笑，胜利的喜悦尽情荡漾在脸上。每抓起一条哈达，观众则高喊"扎西德勒"以示祝贺。骑手们高难度的精彩表演给节庆增添了欢乐、吉祥的浓浓气氛。名次以拾得的哈达数量来决定。

木里藏历年赛马，夺得冠军和获得名次的骑手和马，都要依次敬献哈达和青稞酒表示祝贺和敬佩，还要给予大小不等的物质奖励。最后获得冠军和名次的选手要站在赛马侧边向鼓掌欢呼的父老乡亲们答礼致谢。

赛马活动是整个过年期间参与人数最多、最热闹的娱乐活动，因为木里藏族人认为，新年观看赛马，将会给自己带来好运气，新的一年里会顺顺利利、吉祥如意。

（三）摔跤

摔跤藏语称"则加"。摔跤作为一种角力运动，很受木里藏族群众的喜爱，摔跤不仅是节日集会或收获后的庆祝活动上不可或缺的项目，在日常生活中也随处可见，儿童更以摔跤为日常功课，摔跤在小女孩和中年妇女中也十分普及。

木里藏族摔跤主要分"自由式"和"固定式"两种。两种摔跤都不分选手的体重级别，也不分长幼，只要有一位选手上场，挑战者自愿上场就可以比赛了，但一般还是少年对少年，中青年对中青年，代表村子或部落的选手除外。木里藏族摔跤还有一个特点是选手上场要做大雁飞翔的舞蹈动作，并双手合十相互致敬，然后才开始比赛。

"自由式"摔跤是力量和技巧的角逐。要求参赛者不仅要有爆发力，还要有耐力和智谋方能取胜。自由式摔跤没有过多的规则，双方系好羊毛制的腰带，按要求抓住对方的腰带（一手在前，一手在后），可用脚勾绊，也可用闪、挪、跳等技巧动作，将对方摔倒在地即为赢。

"固定式"摔跤是力量和意志的角逐。固定式摔跤规定，不准用脚勾、绊，不准抓对方腰带，也不准用闪、挪、跳等技巧动作。双方选手必须按要求双手抱住对方整个腰部，仅靠腰臂之力提起对方将其旋转摔倒，使对方的整个躯干着地即赢。比赛一般采取三局两胜制。

木里藏历年摔跤比赛每对选手的优胜者除主持人要献上哈达和一碗青稞酒，并给予适当的物质奖励外，输家和许多敬慕优胜者的少男少女都要向优胜者敬献哈达。

（四）藏式拔河（撒线天）

藏式拔河，藏语"撒线天"（"撒"意为公牦牛，"线"意为力量，"天"意为拉），是一种两人套索对拉的拔河比赛。

比赛前，选一块平地，先在地上画两条平行线作界线，中间划一条作中界，准备一条长约4米的绳子或布带并两端打结。

比赛由两人进行，选手各方面条件大体相等（一般青年对青年，少年对少年，体重大体相等），双方各自把绳子套在脖子上，两人相背，将赛绳经过胸腹部从裆下穿过，然后趴下，双脚双手着地，赛绳拉直，绳子中间系一条红布垂直对齐中界线，听到比赛开始的口令后，两人用力往前爬（拉爬动作模拟公牦牛），将红布标志拉过自己的界线者为胜。因拉的过程有趣、逗笑引起观众的阵阵笑声。

由于木里地域宽广，再加上交通闭塞，各乡各村的活动内容不尽相同，除了以上介绍的几项活动外，还有射箭、抱石头（举重）、甩石比赛等。

第三节　藏历年的基本特征

木里藏历年是木里藏族参与人数最多、影响面最广、最为重要的传统文化传承与传播的盛大节日。它具有民族性、地域性、娱乐性、综合性、差异性、活态性等特性。

一　民族性

木里藏族是唐朝初、中期年间从西藏青海一带迁入，一部分自称"甲冬巴"的自云南迪庆州迁入。从地域分布来分，属"康巴"（居住在西藏昌都以东和四川西部藏族）。地处青藏高原东南缘，横断山脉中段东侧，是青藏高原与云贵高原的过渡地带，境内有四大山脉，三大河流，沟壑纵深，地质地形极为复杂，由于地理条件的限制，同外界的联系相当困难，但从代代相传的木里藏历年民俗活动来看，大山大河没有能阻挡承载着厚重传统文化基因的藏历年民风民俗。木里藏历年除了具有木里特色的独特风俗外，和其他藏区过年活动大同小异。这说明虽然地域不同但藏历年为整个藏族所有，风俗一旦形成，就成为一个民族的一种习惯，成为千百年来日常生活中的一部分。具有表现于共同文化特点上的共同心理素质的族群，通过节日活动，不断强化了民族情感，凝聚了民族向心力，传承了民族文化特质，弘扬了民族精神，从而形成了对藏族文化的归属感、认同感和亲密感。

木里藏历年期间，不管男女老幼人人参与各种活动，传承实践节日文化，展示自我，感受传统精神，通过参与实践，人们不断获得传统知识和才艺技能，从而取得了保护传承和传播自己民族的节日文化的作用。

二　地域性

木里境内的藏历年，由于各地所处的地理环境、自然条件的差异，活动内容和方式也有所差异，甚至过年的时间也有所不同。藏历年风俗保留比较完整的地域有县城所在地乔瓦镇、瓦厂片区所在地瓦厂镇、查布朗片区所在地查布朗镇；东部的俄波乡、三角桠、白碉乡、卡拉乡及卡拉牧场；西部的宁朗乡、依吉乡、水洛乡及卡尔牧场；南部的牦牛坪乡、后所乡和列瓦乡；北部的博窝乡及争西牧场；中部的沙湾乡、固增乡及陇撒牧场。这些地方的节日气氛更加浓厚一些，特色也更加突出。

三　娱乐性

一个民族的节日，不仅是这个民族政治、经济、宗教信仰、文化艺术、民族心理等的综合反映，同时也是一种娱乐生活的表现形式。木里藏历年作为最盛大的节日，其娱乐性特点最为突出，人们在过节期间放下一切劳作，唱歌跳舞，烧香敬神，各种竞技，不管男女老幼都有自己适合和喜欢的娱乐活动，尽情休息和娱乐，享受生活乐趣，接受传统文化的熏陶。在娱乐中传承和发展民族的优秀传统，陶冶情操，净化心灵。

四　综合性

木里藏历年是木里藏族人民一年中最隆重、最喜庆、最热闹的节日。它是集天文、地理、民俗文化、饮食文化、宗教文化于一身的综合性民族节日，也是一个娱人娱神共举、庆祝祈祷兼备的节日。

五　差异性

木里藏历年并不是一个一开始就存在的年节庆典，而是经过了一个漫长的历史演变才形成了今天的样子。在今天的藏区，虽然大致已有一个相对统一的藏历年，但各地还是有比较明显的差异。这个差异首先就体现在时间上，譬如拉萨和其他一些藏区是以藏历的一月初一为藏历新年，而昌都地区的一些地方则以藏历十一月一日为新年，其他藏区的藏历年在时间上也存在差异。

其次，除了过年时间的差异，各地也有习俗和内容上的差异。譬如，木里藏历年的转山、烧香敬神、射箭形式，敬老活动、牧童节、吃猪膘肉等都是独特的。

六 活态性

木里藏历年承载着厚重的藏族传统文化基因，蕴含着朴素的生活哲理与伦理观念，承担着藏族优秀文化的传承，民族认同感和族群记忆的强化，民族自信力和凝聚力的培养等使命。

木里藏历年有着深厚的社会基础和广泛的群众性，人人参与再加上解放后政府的大力推动和以法律（自治条例）的形式加以固定。所以一直能够很好地活态性传承并发扬光大。

第四节 藏历年的基本价值

一 历史价值

木里藏历年是在漫长的农耕时代形成的，从萌生发展和最终形成经历了漫长的历史过程，与藏族人民的民族史、文化史息息相关，它完整、生动地体现了这一地区的文化传统，见证了藏族人民的漫长历史。过藏历年，对于这个地区的藏民族来说，意义特别重要，因为这是他们民族集体记忆的载体、共同精神的依托、个性的表现、民族身份的认同。

同时，通过藏历年的庆典活动，我们可以看到一个民族祖先辉煌的过去，精美的文化、对生活的挚爱。为我们研究木里藏族的历史渊源、迁徙、生存和发展，促进木里各民族人民的大团结都有重大的现实意义和重要的理论研究价值。

二　文化价值

一种文化的生命力在于人们对它的传承和弘扬。木里藏历年在漫长的历史流转中传承至今，期间虽然有一些仪式或习俗已衰落消失，但历史变迁也在不断给藏历年赋予新的含义和内容，让它形成今天这样一个内涵丰富，而又具有多样性的节庆文化，它不仅是藏族人民最值得庆贺和珍惜的一笔文化财富，也是中华民族文化宝库里，独具魅力的一笔宝贵财富。木里藏历年具有多重文化价值，活动中的严格规范程序和一些禁忌，体现了传统伦理道德的文化价值；丰富多彩的各种体育竞技体现了奋发图强、勇于拼搏、崇尚英雄的传统精神文化价值；梳妆打扮、穿金戴银、装饰一新体现了崇尚美的审美文化价值。木里还有很多杂散居村落的各族群众共同庆祝节日，参与活动体现了民族团结、睦邻友好的和谐文化价值。

三　社会价值

木里藏历年的重要特征在于团圆与和谐，可以说，是社会群体和谐团结的黏合剂。它不仅是家人团聚的节日，更是邻里、亲友、同事敞开心扉交流与往来的节日，具有通过扩大交往交流、增进人与人之间的友谊，联络世代亲情，找到人生定位的社会价值。

木里藏历年的孝道文化是"百善孝为先"。一年忙到头的人们，离家再远、事务再忙，也要回家团聚；祭祀祖先、敬奉神灵、敬老活动更是传统孝道的一种延伸，寄托着人们对祖先的崇拜、对自然的敬畏和对长辈的尊敬。后代子孙在节庆的各种仪式中耳濡目染，自觉不自觉地传承了传统文化、社会伦理观念和孝道文化，它具有传承、教育和遵循传统伦理道德的社会价值。

处在"香格里拉"腹心地带的木里，各民族世代和睦相处，很多杂散居地方的其他民族也同藏族一起过藏历年，认同作为中华民族优秀文化一部分的藏民族优秀文化，杂散居地区由于生产和生活的需要，各民族相互交往交流的密切，经济联系的频繁、文化交流的加强，形成了自然的凝聚力，因此它具有促进中华民族文化认同感，增强爱国主义精神，加强民族团结，构建和谐社会的社会价值。

四　传承价值

木里藏历年是藏民族民俗文化、古代文化、宗教文化的重要组成部分，承载着藏族人民爱国、团结、勤劳勇敢、自强不息的精神。对于研究杂散居藏族历史、意识形态、文化发展以及民俗民风等都具有重要的参考价值；同时藏历年保留着众多的民间艺术、体育竞技、民间手工艺的原生形态，其独特的服饰和饮食文化等不仅体现了木里藏族人民的艺术审美观和养生意识，还记录着木里藏民族的迁徙发展史，折射出深厚的藏族文化内涵。它具有重要的发展传承的价值。

第五节　藏历年的影响

木里藏历年以撵鬼驱邪、烧香敬神、赛马摔跤、歌咏舞蹈、敬老爱幼等为内容的丰富多彩的活动和以娱神、娱人、祈祷与庆祝兼备独特的节日文化，不仅对当地藏民族和当地杂居的其他民族有极大影响力，而且对其他藏区甚至对国内外研究藏学机构与人士也有很大的影响力。

近年来，木里县委、县政府非常重视藏历年，时常举行节庆活动，结合旅游开发经常举办藏历年和其他非遗项目的传习展演活动，给这一传统节日赋予了促进和发展社会经济的内容，极大地增强了对外的宣传力和影响力。

第三章　彝族杆杆酒酿造技艺

第一节　彝族杆杆酒酿造技艺概述

一　彝族杆杆酒酿造技艺的产生年代

彝族酿酒历史悠久。彝族民间传说，从前，汉、藏、彝三家人共同居住于一山间，三家人和睦相处，情同手足，不分畛域，结为兄弟，拜称汉族家为大哥，藏族家为二哥，彝族家为幺弟。每逢佳节，三弟兄都要相聚在一起共庆节日。一年，幺弟种了许多荞麦，风调雨顺，秋天荞麦喜获丰收。某日，幺弟磨了许多荞麦面请大哥、二哥前来享用，却因煮得过多，未能食完。翌日，三弟兄再次相聚准备用餐，忽然发现剩下的荞面饭变成了稀饭，却散发出令人难忘的香味，三弟兄将佳液盛于碗内，围着火塘，细心品尝，终悟出杆杆酒酿造技艺，并产生了饮"转转酒"的习俗。①

凉山彝族述源诗《酒的来源》载："……弹毛擀毡阿约阿先来发明，出征打仗兹敏阿机来发明，酿酒制酒合洛色扎来发明。"

《醉酒歌》唱诵道："酒是众人来酿成，色色帕尔是酿酒的祖先，汲取九十九股清泉水煮荞麦，利用九十九朵鲜花的露珠作酒引，用挖空的杉树作酒具，用 16 种草药作酒粬。火洛尼就是做酒粬的始祖，他率众人翻山越岭，踏出了采药的九十九条路。"

凉山彝区有的地方则传说，很久以前，一位名叫斯色帕尔的人，在岩上、林中、草坪、水中共找到 16 种草药，配制了酒粬子，再行酿制酒，最初，原

---

① 潘文超：《凉山彝族酒文化概述》，《凉山日报》2006 年 1 月 19 日。

料使用了玉米、荞麦，后来发展到大麦、小麦。

《西南彝志选·荞事记》载："实勺（彝人支系名）用荞来酿酒，造酒的技术，自此便传开。在妥姆纪痴，开辟了土地，种荞来酿酒，荞粒千千万，数也数不清。在作雅纪堵，六祖当君长，那里多产荞，荞麦堆成山，荞酒淌成河。六祖酿酒术，普遍来传开。……在姆只洪山，四方有荞地，妥德家在此，传了十一代，把荞当财富，世代有威荣。远古的时候，阿鲁这样说：米酒敬祖宗，荞酒就多啦。"①

彝文典籍《彝族创世史诗〈制粬酿酒记〉》亦载："……世上的人们，受圣人的启发，也学会了酿酒，人们酿造酒，酿酒先制粬。制酒粬的药，先用十二种，低坝生六种。在尼慕苟勾尼能部族中，一个放牧人，名叫汝布弄，发现了六种：一是羊头根，二是花椒叶，三是青木香，四是星木香，五是青红花，六是大火草。此六种粬药，汝不弄采集。十二种药草，高山生六种。尼能部族中，有一放牧人，名叫汝旺弄，发现这六种：一是野人草，二是爬地草香，三是母猪瓜，四是巴岩香，五是酒药花，六是四黄花。六种制粬药，汝旺弄采集。他俩在一起，将这十二味药，细心的调配，精心的制作。经过六过月，酒粬已制成。就用这酒粬，要酿一缸酒。尼能氏部族，在尼慕苟勾，兴起了酿酒。尼能氏部族，酿出美酒后，先敬献神灵。上敬献天地，献给天地神；中敬献日月，献给日月神；下敬献祖宗，献历代祖灵；再献众神灵……粬药的产生，制粬药来源，酿酒的根源，造酒的来历，传说这样的。说起酒来历，还不止这些。尼能酿酒术，传给了实勺。实勺氏部族，在点吐博尼，开始酿制酒，实勺氏酿酒，荞子来酿造。丧事有酒来享用，用酒祭亡灵。婚嫁有酒用，用酒作婚礼。节庆有酒用，用酒作庆祝。酿酒的技术，又由实勺氏，传给慕弥氏。在妥慕纪嗤，慕弥氏部族，兴起了酿酒。慕弥氏酿酒，用五谷酿造。丧葬要用酒，用酒作祭祀。酒献天地神，酒献祖先的灵魂。婚姻要用酒，节庆要用酒。酿酒的技术，又由慕弥氏，传给耿额氏。耿额氏部族在赖吐珠舍，兴起了酿酒。耿额氏酿酒，用五谷酿制。君长喝酒后，就发号施令了；大臣喝了后，断事执法了；毕摩喝了后，祖宗来祭祀。从此以后呢，天下的耿额，丧礼有酒

---

① 摩史原著，贵州省民族研究所毕节地区彝文翻译组编译：《西南彝志选》，贵州人民出版社 1982 年版。

用，婚事有酒用，节庆有酒用。耿额氏酿酒，就是这样的。酿酒的技术，又由耿额氏，传给了六祖。在六祖时代，在卓雅纪堵，兴起了酿酒。六祖时酿酒，用五谷来酿酒，自从有酒后，祭天要用酒，祭地要用酒，祭祖要用酒，婚姻要用酒，丧事要用酒，节庆要用酒，侍客要用酒，六祖酿酒术，一直传到今，酒与人相伴，从来不分离。"①

彝族民间传说的"汉藏彝三兄弟""斯色帕尔"以及《彝族创世史诗〈制粬酿酒记〉》记载的"汝布弄""汝旺弄""洛色阿来""尼能氏""实勺氏""慕弥氏""耿额氏"以及"六祖"等与彝族酿酒史有关的历史人物或古代彝人部落，其生活年代虽无据可考，但我们可从《彝族创世史诗〈制粬酿酒记〉》记载的"六祖"可寻得蛛丝马迹。

"六祖"指贵州彝族典籍文献《西南彝志选》记载的川、滇、黔、贵、桂彝族共祖"笃慕"之六子，即"慕雅切、慕雅考、慕雅热、慕雅卧、慕克克、慕齐齐"。慕雅热、慕雅卧即为凉山彝族古侯、曲涅共祖。

"六祖"之父"笃慕"，大小凉山彝族称作"阿普居木"；云南彝族则称"阿普笃慕西"；云南江城哈尼彝族自治县一带彝族又称"易普笃慕"；贵州、广西彝族称"阿普笃慕"。《贵州·土司志》《安顺府志·卷十二》写作"祝明"；民国《大定县志卷五·水西安氏本末上》载为"祝明""至木""主木"；《勒俄特衣·洪水泛滥》（冯元蔚译，四川民族出版社出版）译作"居木"；吉格阿加翻译，且萨乌牛审订，彝汉文对照《玛牧特衣·伦理》（四川民族出版社 2005 年版，第 1 页）译作阿普笃慕；《西南彝志选》译作"笃慕"。此外，散见于汉文历史文献中还有"笃米""祝盟""渎木""仲牟由""仲由牟""杜米""独姆""举木"等记载。上述口头流传及文献记载的不同称谓，皆因不同方言或同音异写，实为一人。

"笃慕"居住活动区域，据民国十四年《大定县志卷五·前事志》记载："安氏之先盖出昆明，为卤氏，语转为罗氏。有曰祝明（笃慕）者，居堂琅山中，以伐山通道为业。久之，木拔道通，渐成聚落，号其地曰'罗邑'，又号其山曰'罗邑山'。夷（彝）人谓邑为业，谓山曰白，故称为'罗业白'。"

《西南彝志选》前言第 4 页载："'笃慕'落点在云南东川（今会泽）乐

_____

① 王荣辉整理，王继超、晏朝辉翻译：《彝族创世史诗〈制粬酿酒记〉》，四川民族出版社 2004 年版。

业白（指前罗业白）。""罗业白"亦谓"堂狼山"（按：凉山彝文典籍《勒俄特衣》称作"堂狼白"）。"'堂狼山'之名初见于《华阳国志·南中志》。郦道元《水经注》云：'朱提郡西南二百里所管堂狼县，西北行，上高山，羊肠绳屈八十里'，朱提郡治即今昭通。"[①] 师范、荔扉嘉庆年间所撰《滇系》云："昭通府，禹贡为梁州域，周名窦（笃）地甸……唐乌蛮仲由牟（笃慕）之裔阿统迁此。"《乌蒙纪年卷一·东川土司传》云："乌蒙、乌撒、东川、芒布古为窦（笃）地。"雍正《东川府志·建置沿革》云："汉置堂狼县，属犍为郡，后汉置犍为属国都尉，三国汉分犍为，立朱提郡，又为堂狼县，唐为乌蛮仲由牟（笃慕）之裔得之。"由此可见，汉时堂狼县因堂狼山而得名。堂狼县范围包括今巧家、会泽、东川。堂狼山的具体位置在今昭通市巧家县境内。

从上述记载相互印证，也就是说，最初"笃慕"居住地应在今巧家、鲁甸、昭阳等区县之间。从《滇系》《乌蒙纪年卷一·川土司传》的记载来看，说明古代昭通（乌蒙）、乌撒、东川、芒部一带曾属"笃慕"活动范围。

"笃慕"的生活历史年代，历史文献虽无明确记载，但可以从彝族谱系进行推算。在这里有必要说明的是，研究彝族史者在推算彝族谱系每代平均数上，不太规范。有的平均每代以 25 年计；有的则平均每代以 30 年计。关于这个问题，我们可以通过《三国志》《贵州通志》《大定府志》记载的"蜀汉建兴三年，即公元 225 年，彝族罗甸君长'济火'（妥阿哲）助诸葛亮南征……"这一关键年头来求出彝族父子连名世系每代的平均数。从生长日期蜀汉建兴三年（225）的妥阿哲起，到他的 21 世孙阿佩，于唐文宗开成元年（836）封罗甸王（见《唐书》），历时 611 年，平均年代为 29.9 年；从公元 225 年到公元 965 年，历时 740 年，其最后一年妥阿哲 28 世孙普贵，于宋太宗乾德三年（965）封贵州刺史并袭王爵（见《宋史》），平均每代 28.72 年；从公元 225 年到公元 1288 年，历时 1063 年，其最后一年，妥阿哲的 37 世孙阿画于元世祖二十五年任亦溪不薛宣抚史（见《宋史》），平均每代为 28.73 年；从公元 225 年到公元 1371 年，历时 1146 年，其最后一年，有妥阿哲 41 世孙霭翠于明洪武四年（1371）封贵州宣慰史（见《明史》），平均每代为 27.95 年。以上四例平均年代为 28.62 年。以此为据，彝族谱系每代为 28 年计，理

---

① 马长寿：《彝族古代史》，上海人民出版社 1987 年版，第 7—8 页。

应出人不大。蜀汉建兴三年，即公元 225 年，因助诸葛亮擒孟获有功而被封为罗甸王的济火又名妥阿哲，为水西安氏之祖，是"笃慕"26 世孙。[1] 按每代 28 年计，笃慕约为公元前 503 年即春秋燕简公时人。

笃慕为"六祖"之父，按《彝族创世诗〈制粬酿酒记〉》："'六祖'时代，在卓雅纪堵，兴起了酿酒"的记载，说明彝族早在公元前 503 年前后便有了酿酒技艺。

《后汉书·西南夷列传》载："建武十九年，武威将军刘尚击益州夷，路过越嶲，夷帅任贵，彝名勒格斯惹招呼诸君长，酿酒以迎之。"[2]

《史记·西南夷列传》载："建元六年（前 135 年），汉使唐蒙使南越，宴中饮到西南夷美酒——枸酱。"这里所记载的"枸酱"当指彝族"杆杆酒"。

"宋人《溪蛮丛笑》载：'酒火成，不刍不篱，两缶西东，以藤吸取，名钩藤酒。'

陆次云《峒溪纤志》云：'咂酒，一名钩藤酒，以米杂草子为之，以火酿成，不刍不酢，以藤吸取。'

明末清初，杨缜《饮咂酒诗》云：'酿人烟霞品，功随曲叶高。秋筐收橡粟，春瓮发满桃。旅集三更兴，宾酬百拜芳。若无多酌我，一吸已陶陶。'

查慎行《咂酒》云：'蛮酒钩藤名，乾糟满瓮城。茅柴输更薄，桐酪较差清。暗露悬壶滴，幽泉借竹行。殊方生计拙，一醉费经营。'

吴寿昌敬业堂诗韵《咂酒》云：'蛮礼亦驰名，通候视管城，瓮添水火灯，人作吸川鲸。造得逡巡法，堪难次弟行。月长经散夜，醉卧息营营。'"[3]

从上述民间传说和文献记载推测之，说明彝族酿酒历史确实是非常悠久的。

二　杆杆酒酿造技艺的分布区域

凉山彝族的传统酒类大致分为三种：一为甜酒，凉山彝人称为"支别"；二是白酒，凉山彝人称作"支几"；三是"杆杆酒"，俗称泡水酒，因其吸用时用小竹竿插于酒桶或酒坛内吸之故名，凉山彝人称其为"支衣"，而甘洛县

---

[1]　陇永志编著：《昭通彝族》，内部印刷本，2005 年，第 14 页。
[2]　见朱文旭《凉山土著"邛"人族属及文化考略》，载《凉山民族研究》1998 年刊，第 19 页。
[3]　转引自王荣辉、杨明亮《彝族酒文化》，内部印刷本，2001 年，第 5 页。

彝人则称其为"尔嘎"或"尔伍支"。

"杆杆酒"酿酒技艺的传承，历史上整个四川彝区曾不同程度地存在，尤以甘洛县彝区及其周边的越西、石棉、汉源、美姑、昭觉等县较为普遍。其中，甘洛县彝区的"杆杆酒"酿酒技艺最具代表性。

清康熙年间，许赞年著《滇黔纪程》载："贵州各属，产米精绝，尽香稻也，所酿造亦甘方入妙，楚中远不及。当时民间最常见的是哑酒，亦名钩藤酒，也称竿儿酒和重阳酒……以糯米或麦粟酿成，酒熟则滚汤入罐中，用通节细竹入罐哑饮，不断添水，直至味淡为止。"

从上述史料说明，历史上贵州彝区也曾流传有"杆杆酒"酿造技艺。

三　杆杆酒酿造技艺传承人存续状况

社会发展到今天，"杆杆酒"酿造技艺的传承，仅存在于甘洛县的苏雄、田坝、玉田等部分彝区。"杆杆酒"酿造技艺的传承正处于人亡艺息的边缘。这主要是以下几个客观原因造成的：

1. 在经济全球化的影响下，许多民族文化资源在开发过程中很难抵挡外来文化的影响。在此大背景下，"杆杆酒"传统的酿造技艺自然也受到一定的影响。

随着现代制酒业的发达，以家庭为主的"杆杆酒"酿制受其规模与消费者取用不便等诸多方面的限制，大大压缩了"杆杆酒"的生存空间。四川绝大多数彝区酿制"杆杆酒"者已销声匿迹，就主产地甘洛县而言，也仅有苏雄、田坝、玉田等部分彝区尚保留着"杆杆酒"酿制传统。

2. 随着四川彝区教育的普及，后生晚辈进入校园，大量彝区青年通过教育渠道走上了不同的工作岗位。未能就业者一部分成了打工族，一部分成了种植、养殖业大户，一部分专事经商，有的成了企业家。年轻人接受"杆杆酒"酿造技艺传承的时间和空间受到了限制。同时，目前，苏雄、田坝、玉田尚存的"杆杆酒"酿造技艺，基本上沿袭的是彝族传统的"杆杆酒"酿造技艺，其形式多为家庭作坊，距规模化、集团化相差甚远，无法占领市场，无利润可赚，故而对年轻人失去了吸引力。凡此等等，导致彝族传统"杆杆酒"酿造技艺的传承人已屈指可数。目前，完全掌握彝族传统"杆杆酒"酿造技艺代表性传承人，仅有甘洛县田坝镇挖夯村“阿尔所吉莫”和甘洛县阿兹觉乡吉乃以各村的阿依尔扎莫二人。

第二节　彝族杆杆酒酿造技艺的流程与民俗表现

一　杆杆酒酿造技艺的流程

“杆杆酒”的酿造流程比较复杂，其过程是：

1. 选料备料

“杆杆酒”多以玉米、荞麦、高粱、糯米等为原料，备料时须讲究原料的颗粒坚硕、色彩亮光、品质优良等，不能不加选择地使用。在酿造前，备好与酿造相关的用具、用料：酒曲、酒坛、铁锅、火炭、草木灰、刀、簸箕、竹片、金竹杆、谷草、蕨草、红辣椒、荞壳、羊皮大麾等。

2. 酒曲制作

酒曲彝称“迪”，多由彝族民间酒曲制作师取用各种植物加工而成。彝文典籍《酒之起源》载：“制作酒曲的原料有十六种，三种在高原，放牧者带回；三种在沼泽，放猪者带回；三种在岩上，取蜜者带回；三种在坡上，挖地者带回；三种在平原，劳作者带回；……”传统酒曲的主要制作原料为“迪茨阿嫫（酒曲）”、“威玛恰皮（辣蓼草）”、“克斯叶”（桂树叶）、荞麦面等十余种。具体做法是先将植物切碎，放置锅里煮，取其汁，再拌入荞面中，做成拳头大小的酒曲粑，并在每块曲粑用指头按个小窝，滴上几滴酒，放置片刻，晾干后贮存。

3. 加工酿制

（1）蒸煮酒料

“杆杆酒”一般以玉米、荞麦、高粱为酒料，因荞麦出酒相对较少，而高粱虽然出酒量较高，但适宜种植高粱的地方较少，故彝区多用玉米酿造。

先用石磨将选定的原料磨成粉末。比如用玉米酿制，将玉米籽粒炒至半熟，而后加入适量荞壳拌匀。用煮饭的铁锅（因为每次酿酒至少煮10多公斤粮食，只能用锅煮）蒸煮酒料。在装酒料之前，先在锅底垫上厚度适当的作物稿秆，加水适量，蒸煮至八成熟后起锅，而后，倒进簸箕中冷却至适当的温度。

（2）拌糇发酵

在簸箕中用彝族人自制的酒糇和已经晾成适宜温度的原料聚成一堆，外用毛毡、羊皮等物盖住并念诵祝辞，发酵两三天，待酒香满屋时即为发酵成功。

（3）装桶封存

将发酵后的酒料摊开，冷却后装入专用的木桶或土坛内，只能装至桶口或坛口下 10 厘米处，覆以 3 厘米厚的干净稿秆，其上涂抹较厚一层稀泥和一层稀草木灰，用竹片加压密封置放。根据需要，"杆杆酒"放置时间可长可短，时间较短的十天半月即可饮用，时间较长的可放置 3—5 年亦可饮之。时间越长，酒味越浓越醇。甘洛县彝族酿制"杆杆酒"多用坛装，多数家庭皆有酿制储藏"杆杆酒"的习惯。"杆杆酒"可分为低度甜香型、中度可口型、高度浓香型等。其制作方法在于加糇的量以及温湿度、发酵保存时间等掌握尺度的不同。

4. 饮用

饮用"杆杆酒"时，先打开坛盖，而后渗入净水浸泡 1 小时左右再饮用。"杆杆酒"的饮用方式特别，即将掏空的竹管插入坛中，用嘴哑酒，边饮边加水。竹管多用黄竹制成，用烧红的细铁丝将黄竹烙通便成"吸竿"，因此汉语俗称"坛坛酒"、"杆杆酒"、"哑酒"。饮用"杆杆酒"的量，采用萨玛（刻度、标记），即在一竹片上钻一小眼，插入一根小竹条，饮酒时将竹片横放在酒坛口酒面上，小竹条朝下，即成萨玛。每当饮用时，将净水倒入坛中与酒混合，液面应与坛口保持水平。饮者饮至视作萨玛的小竹条露出酒面为止，而后再加满水献给下一位饮者。第二位如同前者，也须饮至视为萨玛的小竹条露出酒面方可终止献给下一位。如此反复，直至酒味淡如水便可作罢。[①] 若需携带"杆杆酒"到室外饮之，可将空心"竹竿"插入坛内，用嘴吸出酒后，速将"竹杆"向下压弯灌入盛器；若是桶装，则在距桶底约 10 厘米处凿一圆孔，孔的大小与准备作为引酒用的一截竹筒的粗细相同，在封桶酿制期间用一个圆锥形的木塞从外向内塞住，引酒时，准备好盛酒器，取出木塞迅速插进竹筒，酒便从竹筒内汩汩流进盛酒器。

---

① 陈国光：《中国彝族酒文化》，张学立主编：《彝学研究》，民族出版社 2009 年版，第 327 页。

二　杆杆酒酿制和饮用时的民俗表现

1. 禁忌

酿造"杆杆酒"时，必须请能测算黄道吉日者，测算吉日及忌日，只有在吉日期间方能酿造"杆杆酒"。酿造"杆杆酒"，忌由身体有缺陷者或不洁者来操作；忌生人进入酿造"杆杆酒"场地；酿造"杆杆酒"期间忌高声喧哗；忌小孩前来玩原材料。在酿造过程中忌默不作声地酿制"杆杆酒"，必须念诵祝词，祈求酒神赐予"杆杆酒"色美酒香。

2. 饮用时的民俗表现

杆杆酒酿成后，开坛须选择在吉日进行，并请德高望重并能品酒的长辈念诵祝酒词，而后由其开坛品尝之。罢了，如有贵宾便先由其饮之，而后再由其他人依辈分长幼饮之。

酒是凉山彝族人生活的一部分，"杆杆酒"在饮用时，与其他品种酒饮用时一样，根据不同场合，不同对象，不同用途，不同条件，有着不同的饮酒方式，也就是说要遵循一定的规则。凡在节日、宗教活动或有亲朋好友携酒前来做客，饮酒时，第一杯酒必先供奉祖先和神灵，而后众人方可饮之。

彝族社会讲究尊卑有序，长幼有别。凡遇饮酒场合，先敬尊者和长者，再敬卑者和晚辈。有彝谚云："耕地由下而上，敬酒由上而下"；"酒是年长者的，肉是年轻人的"。又有"晚辈买酒给长辈饮之是尊重；长辈给晚辈赐酒是关爱"的说法。

凡客人到家，主客就座分明。若客方携酒前来，主方须将客方美酒以杯盛之，念诵祝福辞置于神龛之上敬献祖灵，而后主客方可相互敬酒。彝族人待客先用酒，美酒是友谊的护堤，先酒后饭是规矩。主人以酒待客，必先敬客人。酒席上有专职传酒人负责传递敬酒，由态度热情、动作敏捷、善于掌握饮酒者的速度和时间的青年人来担任。敬酒要先从客人长老开始，论资排辈，依次一一敬之。敬酒者指名敬给某某时，传酒人须面带笑容，态度谦逊诚恳，敬献其人，并指明是谁敬的酒。若是贵客，传酒者以跪蹲献酒为尊。敬酒者坐在原位作敬酒姿态，即双手作敬酒状则可。接受者亦同样坐在原位上只稍起动身子双手热诚接受酒杯则可。若主方献酒者为女性，传酒者敬客方时，受献者须站立接受，以示尊重女性（彝人习惯男性必须尊重女性）。

彝人饮酒，传统习惯不劝酒，也不兴干杯，饮酒者饮多饮少，自行做主，接受者接受酒杯后可慢慢饮之。过数分钟后，接受敬酒者可请传酒人斟酒回敬对方，并说明敬酒者为某人。

凡遇酬宾重大场合，参与人数众多，酒杯少不够分配时，将酒盛于一酒杯，依次传递酒杯，大凡饮酒者皆有口福享受之，俗称"转转酒"。饮酒之时，边饮边侃，说天道地，气氛热烈。兴趣所至，还可歌酒并呈，以助情趣。彝人饮酒时耻于喝闷酒。

如遇贵宾，彝人有献"哲布"（群碗酒）的特殊礼节。即主人家派一名敬酒者，先将八碗白酒、一碗"杆杆酒"和一碗水放置于上铺一块白布的漆器"哲体"（木盘）上，贵宾享受"哲布"者接到"哲布"后，把"哲体"轻轻放置于地上。饮用前先用"哲体"上的一碗水漱口后，方可将"哲体"上的"哲布"一一饮之。倘若享受者能饮完就称海量，使人顿生敬佩。若享受者一人饮之不尽，则可传递给周围同伙客人饮之。饮完"哲布"酒后，一般宾客要向主人家馈赠礼物。馈赠的礼物应放于"哲体"的白布上传递给敬酒者，由敬酒者转交主人家。[①] 彝人有主客共饮"杆杆酒"的习俗。比较普遍的饮法是：把装有"杆杆酒"的坛子抬至堂屋中央，将一根吸竿插入坛内，掌坛人为了掌握每一个饮酒者的酒量，如前所述，采用萨玛（刻度、标记），即在一竹片上钻一小眼，插入一根长约 3 厘米小竹条，呈"T"字形，在小竹条上刻上几道横线，饮酒时将"T"字形小竹条插入酒中，每饮完一人，视酒水下降的刻度确定其饮酒的多少，以饮至 3 厘米长的小竹条露出酒面者为酒量大者。每当饮用时，将净水倒入坛中与酒混合，液面应与坛口保持水平。

有的为了争名气讲排场，在招待特殊贵客时，将一个装满"杆杆酒"的坛子放置楼上；一个坛子放置楼下临时搭起的架子上；一个坛子放置于地上。通过一根竹管通道，酒液从上至下经这三个坛子流出。用这饮酒方法来招待贵客，称其为三层酒。

如举行较大规模的宴饮活动，还有组织俊男靓女唱酒歌，吟诵祝酒词，为

---

① 俄比解放、阿克鸠射：《以酒为贵的酒文化》，《凉山日报》2004 年 10 月 4 日。

饮酒者助兴的习惯。

按照彝族的传统礼俗，在有酒的条件下，客人到家，必须先斟一杯酒敬客人，如同来了客人先沏茶接待客人一般。故有"彝族贵酒，汉族贵茶"之谚语。主人接待客人，必须要热情，在细斟慢饮中与客人寒暄交谈，增进友谊和情致。彝族接待客人不在正餐间饮酒，吃正餐时讲究安静。因此，主人对客人陪酒不陪餐。正式用餐时主客须分明就座用餐，不能混坐用餐。如主人家杀牲招待客人，正餐前则以烧肉供客人下酒。

平常，多数情况下，彝人有酒便是席，无须下酒菜，故有饮酒不用菜的习惯。不论在家，或在街上，甚或在路边、河边、草坡上，亲朋好友相聚，只要其中有人有酒，便慷慨献出酒来，席地而坐，围成圆圈，端起酒杯，依次轮流饮之。要是中途来人，不分男女生人熟人，主人都要主动让出一个空位请其入座，同饮"转转酒"。若有酒有餐，则先饮酒后用餐故称"喝寡酒"。①

每至彝族年时，酒要先敬祖先，而后世人方可饮酒。彝族年一般历时三天，第一天清晨，青年小伙子便集中到某一家，按人数分成若干组，每组由一个杀猪能手带领，给村寨各户杀猪。同一血缘家支的，先杀长辈家里的过年猪，而后按辈分大小的顺序轮着杀。分了家的，老人和最小的儿子住在一起时，即先杀这家的过年猪。杀完猪后，主人家中长者要给杀猪者斟上一杯"杀猪酒"，杀猪者不可拒饮，只能欣然接受，否则是对主人家不恭。第二天，青年人可以做头天未做完的事。老人们则相聚在一起先饮酒作乐。第三天一早，公鸡啼鸣时，主人即将家里的孩子们叫醒起来，让其呼唤猪和牛，以求来年家畜兴旺。早饭后，青年人举行摔跤、赛马、唱歌、跳舞等比赛活动。优胜者将享受组织者或长辈奖励的美酒。小孩们则背上荞粑、猪蹄等，由一位年长者带领，来至野外的清泉旁或大树下，老人点火做饭，同小孩聚在一起共进野餐。餐毕，长者要带着孩子们给老树巨石敬献饭菜和美酒。

---

① 潘文超：《彝族酒文化》，韦安多主编：《凉山彝族文化艺术研究》，四川民族出版社 2004 年版，第543 页。

　　从过年第三天始，但凡已出嫁的姑娘，皆会随同丈夫一起，携酒背肉前往娘家父母和其血缘家支直亲长辈处拜年。在拜年路上，若遇熟人，须打开酒让其饮酒，凉山彝人称其为"卡觉"，意思是"品尝"。享受"拜年酒"者要适当给予赏钱，数量多少不定，有意思则可。无论至父母处或直亲长辈处拜年，主人家会热情接待，并通知左邻右舍饮酒者前来共饮"拜年酒"。在热烈的饮酒聚会上，主人家主动将前来拜年的客人介绍与众人相识，并相互敬酒互致问候与祝贺。酒足饭饱之后，主人家要向前来拜年者馈赠礼物，彝族人称为"卡巴"。馈赠礼物一般是马、羊、猪和衣物，乃至银子、牛等贵重物品。前来参加拜年饮酒者也会依照习惯，赠予拜年者一些赏钱。

　　彝族饮酒极讲酒德，提倡节饮。彝谚云："酒好只需一杯，子贤只要一个"，"美言美语在小酌，亲言爱语在杯中；恶言恶语在杯底"。"酒饮一杯值黄金，酒饮两杯值白银，酒饮三杯值狗屎。"告诫饮酒者："一杯饮入肚，头昏眼也花；一碗喝入口，说话就糊涂；一盅倒入喉，咽喉便刺痛。老翁醉后泥一堆；老妪醉后摊一地；小伙醉后发疯癫；姑娘醉酒哭又笑，礼数仪态忘云霄；孩童醉酒难唤醒。贤者饮酒讲分寸，谈吐清楚不失语；愚者贪杯无节制，好似羊群见盐水，犹如饿猪见潲食，恰似渴牛见清泉，浑浑噩噩不清醒，语无伦次似中毒，借助酒力发酒疯，摇摇晃晃失常态。愚夫醉酒心力大；帝王醉酒失礼数。吝啬之人极慷慨，怯懦之人显勇猛。美言出自酒杯口；恶语出自杯底处。案件出自酒；纠纷出自酒。德古误于酒，头人误于酒，君子败于酒，臣僚败于酒。牧人酗酒牛羊要失散；农民酗酒犁头上不了地。醉酒误放牧；醉酒误农事。……"

　　按照彝族传统习惯，在别人家饮酒须尊重主人家，为此饮酒者不可酩酊大醉。儿女要尊重老人，不可在父母之前醉酒；男女有别，女性不可在男性面前醉酒。饮酒，倡导的是相互之间要文明礼貌饮之，不可饮酒过量而乱伦。

第三节　彝族杆杆酒酿造技艺的特征

一　工艺流程的复杂性

彝族杆杆酒工艺流程的复杂性在于：

第一，在选用玉米、荞麦、高粱、糯米等作为原料时，不可胡乱用之，还要讲究原料的颗粒坚硕、色彩亮光、品质优良等，这不仅需要耐心细致的功夫，而且需要经验的积累。

第二，酿造用具多达酒坛、铁锅、簸箕、谷草、蕨草、酒糟、火炭、红辣椒、竹片、荞壳、羊皮大麾、草木灰、刀等十余种。

第三，加工酿制过程中，酒糟的制作：将原料去壳炒熟，磨成精、粗不同的粉；倒入竹编簸箕加水和荞壳并搅拌均匀；进行蒸煮时时间的掌握；倒入簸箕散开冷却的温度的适中；加火炭或烧一把干红辣椒并撒以酒糟数量多少的掌握；装入备好皮制或毛制物中密封；发酵时间长短的掌握，凡此等等，每一道工序，全凭酿造者丰富的经验和技巧。同时，"杆杆酒"还分为低度甜香型、中度可口型、高度浓香型等。其酿造技巧在于加糟的量以及温湿度、发酵保存时间等掌握尺度的不同，这也完全取决于酿造者精湛的技艺，非一般人所能做到。

二 制作方法的独特性

"杆杆酒"的独特性：

第一，决定于其水源和气候特征具有不可替代性。凉山彝族自治州甘洛县、美姑县、昭觉县等彝区山高坡陡，森林茂密，山清水秀，处处皆有优质山泉，为酿制优质醇香的杆杆酒提供了得天独厚的自然条件。

第二，"杆杆酒"的酿造所使用的原料和程序以及饮用方式，具有自己独特的风格。

第三，从"杆杆酒"使用的原料一一审察，具有绿色性质，不用化学原料。特别是酒糟制作的原料均为绿色植物，其他原料无可替代。

第四，"杆杆酒"的制作，没有具体的量化指标，从酿酒的气候条件选择到材料的选取、炒配原料、冷却、加糟、加炭、加干红辣椒、发酵、封存置放等每一过程全凭经验。

第五，"杆杆酒"不仅仅是一种饮料，它还是彝族文化和彝族工艺历史的载体。（详见第四节"彝族杆杆酒酿造技艺的价值"）

三　酿造技艺的精湛性

成功酿造出来的“杆杆酒”，具有色彩澄黄，酒味醇正，口感舒爽，余味悠长的特点，其色味是其他酒无法替代的。而要做到这一点，取决于酿造者对酿造过程中每一道工序技艺的精湛掌握。否则，酿造出来的“杆杆酒”就是失败的。有的人家，就是因为酿造者技艺不够精湛，酿造出来的“杆杆酒”色味大打折扣，不受消费者欢迎。更有甚者，完全失败，无奈弃之。

“杆杆酒”可根据饮用者的不同需要酿成低度香甜型、中度可口型、高度浓香型等各种类型的“杆杆酒”。要酿造出不同类型的“杆杆酒”，从酿制到发酵存储时间把握上都有其不同的精准要求。

第四节　彝族杆杆酒酿造技艺的价值

一　历史价值

“杆杆酒”是彝族酿酒工艺发展的历史见证，是彝族社会酿酒工艺从醪糟等低度型饮品，向高度烈酒发展过程的独特记忆和活态遗传，对于研究彝族酿造饮料史具有重要的参考价值。

有关“杆杆酒”的历史传说，文献记载，围绕“杆杆酒”展开的历史故事、风俗礼仪、价值观、审美观、酿造过程，以及由“杆杆酒”延伸产生的工艺品、艺术等，对研究彝族文化史有着极其重要的价值。

昔日，清代农民起义领袖太平天国翼王石达开率部行军至彝区，遇上好客的彝人，馈赠“杆杆酒”饮之，石达开开怀畅饮，感叹人世间尽有如此佳液，激情所至，诗兴大发，留下了“千颗明珠一瓮收，君王到此也低头，五龙抱定擎天柱，咂得乌江水倒流”的佳句。

1935 年 5 月，中国工农红军巧渡金沙江，进入四川大凉山彝区，红军先遣部队司令员刘伯承，审时度势，报请中央批准，与彝族果基家支头人小叶丹按彝族习惯，举行了“饮鸡血酒”盟誓仪式，相互结拜为弟兄。红军顺利通过彝区，并在以小叶丹为首的彝族人民引导下，找到捷径，为飞夺泸定桥，强渡大渡河赢得了宝贵的时间。在红军长征史也就有了举世闻名的“彝海结盟”

的历史佳话。

二　文化价值

凉山彝族人生以酒迎之，死以酒送归。凉山彝族社会政治、军事、宗教、民俗等活动均与酒分不开。彝族"杆杆酒"（包括白酒），在彝族人民的观念中，不仅仅是一种饮料，而是一种文化载体。彝族酒文化是彝族优秀传统文化的一部分，它以酒为物质载体，以饮酒为表现形式，反映了彝族人民的生产、生活文化形态。它不仅承载了物质本身"酒"，而且，也承载了彝族人民利用自然、改造自然，在其实践过程中不断悟出、总结，并由此积累传承下来的生产经验、生活方式以及风俗、礼仪、价值观、审美观、历史故事等。

> 凉山彝族重酒、爱酒，从酒中表现出来的酒文化丰富多彩。它包括酒的历史、酒的制作、酒的价值、酒的功用、酒的器具、酒的饮俗、饮酒节制的思想等等。凉山彝族社会的政治、经济、军事、宗教、民俗等活动都有酒如影相随。彝谚云："彝区贵酒，汉区贵茶"，"有酒便是菜，有酒便是宴"。酒是凉山彝族人民生活中必不可少的添加剂。①

在彝族社会生活中，酒在不同的场合，充当着不同的功能：

1. 增进邻里感情的载体

彝人爱饮酒，家里有酒时一般很少一个人独酌独饮，往往要请邻居朋友共饮聊天；若有亲戚朋友携酒前来，必请邻居前来陪同亲友共饮欢谈。彝谚云："好饭要给母亲吃；好酒要请朋友喝。"

邻里之间，往往通过饮酒，肝胆相照，畅所欲言，了解各自的内心世界，达到了自觉实现生死之交、同舟共济、同甘共苦的目的。在彝族人看来，酒是增进邻里感情必不可少的载体。

2. 过节庆贺酒

在彝族节庆中，酒占据着极为重要的地位。过年、过火把节时，除自己饮

---

① 潘文超：《凉山彝族酒文化概论》，韦安多主编：《凉山彝族文化艺术研究》，四川民族出版社 2004 年版，第 543 页。

用，庆贺丰收、接待邻居亲友用酒而外，过节期间必须进行的祭祖、迎祖、送祖等活动，酒是必需的贡品。媳妇回娘家拜年省亲携酒前往也是必需的，否则便有失礼节。由于过年、过节对酒的需求量大，所以在过年、过节前一个月，彝族人便开始酿造过年、过节酒。彝谚云："按年养过年猪，算月分酿制过年酒。"为过年、过节酿制储藏的酒，非至过年、过节不能开坛。在彝族人心目中，过年、过火把节时不能没有酒，届时，各方亲戚朋友要前来做客。无酒待客，是对客人不礼貌、不尊重的表现。所以，彝族人一般在节前皆尽其所能，使出最好的技艺，酿造出一年中最好的酒，以备欢庆节日，款待前来做客的亲朋好友。有彝谚云："喝了主人酿制的节酒，客人饮之客人醉，主人饮之主人醉。"

3. 传递爱情的载体

享誉国内外的凉山彝族"火把节"，一般要进行三天，至第二天，家家户户由年老的长辈率领，背上煮熟的牛、羊、猪、鸡肉、鸡蛋，杆杆酒、白酒、蜂蜜、荞粑、米饭等饮食，至"火把节"活动的地方享用。主要一是供自家的儿女们吃喝；二是让前来参加"火把节"活动的亲戚朋友们享用。"火把节"活动的场地，到处都摆满了饮食。届时，只要到了"火把节"活动的场地，自然不愁吃喝。

"火把节"野外活动中的食品，是交流感谢情，沟通心灵，重温旧情，新建情感的纽带和桥梁，是节日饮食的博览会。那些相互爱恋的男女青年们会寻一处合适的地方，三五成群地围坐在一起，女方先将酒递给自己的意中人，意中人称赞美酒如何甘冽。男方也将自己备好的礼物送给情妹妹。而后，男女双方相拥而坐，共享佳肴，谈天说地，打情骂俏，乐不可支。

若素不相识的男女青年在此相遇，碰上漂亮的姑娘请男青年喝酒吃肉，就意味着她对他的尊敬和好感，甚或暗藏钟情；倘若有小伙子约请姑娘吃糖饮酒，则表示对她产生了爱慕之情。总而言之，"火把节"中的饮食，不再是单纯的吃喝，而承载的是感情的交流。

4. 娶妻嫁女的媒介

彝族娶妻要经历择偶、提亲、订婚、结婚等程序。

解放前，由于凉山特殊的地理环境，加上彝族居户同宗而居，而同宗有不能开亲的习惯，往往可以开亲的青年男女因山高路远，信息闭塞而无接触平台，故择偶多半由父母定夺。若男方父母欲娶某家女，则须延请媒人提亲。媒人上门提亲，必须庄重地携酒前往，以示诚心诚意前来说亲。否则，会被对方认为是三心二意，从而导致对方婉拒。若媒人提亲成功，接下来便要举办订婚仪式。

订婚的仪式一般选择在女方家举行。彝族婚姻一经订婚，就是宣告两家婚姻正式成立。因此，订婚仪式有着严格的传统规矩，订婚要显得庄重、严肃、认真。必须由男女双方的父母共同按儿女的生辰择吉日举行。男方一般由其叔叔、舅舅、哥哥、弟弟和相好的男性青年组成订婚人员前往女方家参加订婚仪式。订婚时，男方首先要为女方献上一坛以上的订婚酒。女方的父母及其长辈要欣然接受，表示正式接受男方的定亲。同时，女方家也要献出自家的酒，热情接待男方人员。订婚当晚，女方家要举办丰盛的晚餐款待男方客人。在吃晚餐前，凉山彝族人有两项必须履行的仪式均离不开酒。

一是男方家向女方家交付彩礼。在吃正餐前，把部分猪肉切成小块于火塘内烤熟后，女方主人陪同客人以烧肉下酒。在饮酒吃肉开始之时，主人家要安排一人，用两个精致完好的木盘，一盘装烧肉，一盘装双杯酒，酒杯须完好无缺，一并放置男方主宾前。主宾品尝一块烧肉，饮一杯酒后，迅速将彩礼（银子或币）放置于放酒盘里。而后，请敬献酒肉者将另一杯酒与彩礼恭送女方主人家。这便是订婚彩礼交接仪式。

二是饮酒赛诗。正餐毕，主客双方开始高谈阔论。纵论两家婚姻历史，言称两亲家等级相同，如何匹配，双方子女男才女貌，命宫相配，姻缘巧合，家庭幸福，前景光明等话题，互相奉承。双方交谈间讲究文明礼貌，忌讳言语粗鲁。主客相互频频敬酒，场面亲切热烈。当酒酣耳热渐入高潮时，主客双方预先分别特邀而来的精通彝族传统文化知识的赛诗能手便大展各自的才华，相互以诵诗的方式，吟诵彝族历史典故，文学知识诘问对方，不能对答如流的一方认输，自觉接受罚酒。在订婚仪式上，男女双方家庭定好婚期后，男方客人告别亲家返回。返回时，女方家会以酒肉相馈赠。

5. 酒是婚庆的添加剂

举办婚礼之时，更是每一个环节皆需要以酒来应承。其间还专为新娘送亲者安排有"敬酒仪式""进屋酒仪式""饮酒赛诗仪式"等。此外，女婿回拜岳父母也必须携酒前往。

前来参加婚庆的亲戚朋友村寨邻居，大都携酒前来祝贺，凡参与婚庆活动者，皆有享受姻亲喜庆酒之口福。前来参加婚庆的客人通常以"酒足"为敬，"饭饱"为其次。

6. 酒在丧事活动中的功能

酒是彝族吊丧，排忧解闷，化解悲痛，医治心灵创伤的强心剂，是告慰死者家属的最佳礼品。按照彝俗，若闻悉亲友或邻居长辈去世，或死儿别女，一定要携酒奔丧吊唁。奔丧者进死者灵堂时，献酒于死者前，由"确莫弄五"（守护死者的人员）通报献酒者姓氏，并吟诵期盼死者灵魂降福于献酒者之辞。而后，献酒者再以酒敬献死者家属，劝慰死者家属节哀，安度来日。

若熟悉死者及其家属之人，未能亲临死者家吊唁，死后与死者家属邂逅，按彝族人规矩，要买酒安慰之。

自古以来，凉山彝族人对丧事极为重视，特别是老年人去世，后人往往竭尽财力为其隆重操办丧事。届时所有至亲好友都会携酒前往吊唁。亲属对前来奔丧吊唁的人要热情接待，接待之时自然也离不开酒。同时，在举行守灵期间，每天皆有大批的亲友主动参加守灵。死者女婿血缘家支和死者血缘家支双方还派出专人，于灵堂前，饮酒助兴，踏着有节奏的脚步，通宵达旦进行吟诵彝族历史知识比赛，以此表达对死者的哀悼和对死者家属的安慰。

死者火化当天，临火化前，毕摩要举行为亡魂指路、为活人招魂的仪式，仪式上也离不开酒。死者火化时，死者家属必须提供酒与参与火化者饮之。

7. 供奉祖灵的祭品

彝族先民认为祖先躯体虽离后生而去，但其灵魂却留存于人间，故老人死后，后人要为死者供灵、送灵、超度等。这一系列活动都需用酒，离开了酒，诸项活动将不便开展。

彝族人认为，若后人对祖先灵魂恭敬，祖先便会降福于后人，会保佑其子孙无灾无祸，农牧丰收，多子多福。反之，则会降灾难于后人。由此，彝族人信仰祖先崇拜。要取悦祖先，酒便是供奉祖先取悦祖先最好的贡品。彝族人在祭祀祖灵时吟诵道："以酒敬祖灵，天上星星多，星星若有数，敬上一杯酒，子孙会无数；地上青草多，青草若有数，敬上一杯酒，子孙会无数；大地树木多，树木若有数，敬上一杯酒，子孙会无数。"期盼祖灵赐予子孙幸福安康，畜群繁衍兴旺，五谷丰登，子孙昌盛。

彝族人崇尚祭祀，在以毕摩为象征的彝族祭祀送灵文化体系中，每一项与超自然力量相沟通的活动或仪式中，酒是必不可缺少的载体。故有"超度酒为先""一碗酒可贵，超度酒可贵"之谚语。意思就是说，彝族超度祖灵先以酒敬献祖先；最贵重的酒，是超度祖灵时经过毕摩祈祷赐予主人的一杯酒。

8. 联络感情的桥梁

酒在凉山彝族社会交往中具有特殊的作用，是彝族迎来送往、结交朋友联络感情的桥梁。但凡客人到家，主人必以酒待客。民间有"彝区贵美酒，汉区贵茶水""彝族以酒为大"的说法。彝族人在宴客时必须有酒，彝谚云："层次高的人饮酒叙谈；层次低的人只知吃饭。"在饮酒过程中，众人围定，你一口我一口喝着转转酒，谈古论今，海阔天空，肝胆相照，无所不及，其乐融融，在酒中互相切磋知识，学习知识，增长才干，增进友谊。

9. 探亲访友的上品

人生在世，须得重视亲情，孝敬长辈，遵守伦理道德规范，这也是彝族人做人的标准。但凡外出探视亲戚朋友或长辈，酒是必携之物，故有"山内山外探亲酒"之说。否则，便会被人视为不懂规矩的浅薄之人。

10. 调和矛盾

酒是彝族调解社会纠纷、化解矛盾的赔偿物和赔罪物。在彝族社会中，彝族"血缘家支"或个体成员间发生摩擦，产生纠纷时，经调解人（德古）调停，理亏方往往以酒赔礼道歉，即可消除民事纠纷或双方怨恨。彝谚云："一个人值一匹马，一匹马值一杯酒"，"事件用酒了，纠纷用酒了"。意思就是说，人生在世，人总有犯错的时候，只要理亏方认识到错误，得理方不可认死理，一意孤行，要视理亏方的态度和赔偿能力，灵活对待。凉山彝族人在处理人间矛盾时，考虑的是日后人与人之间始终客观存在的社会关系，看重的是人与人之间感情的修复，而要达此目的，酒是彝族社会最好的修复剂。因为酒在彝族社会中承载的是真挚的感情和崇高的礼节。

11. 鼓勇、励志、强化凝聚力的催化剂

在中华人民共和国成立以前，凉山彝族社会血缘家支林立，血缘家支是当时凉山彝族社会的基本组织，当血缘家支受到外来敌对血缘家支或社会集团势力的威胁且处于危急状态时，酒成为壮胆增勇，出征打仗，英勇杀敌的催化剂。届时，彝族人就由血缘家支苏衣（头人）召集血缘家支成员及盟友"钻牛皮，喝血酒"。即杀一头牛，除去肉及内脏，却使牛皮连着牛尾、四肢、牛头。而后，在一空旷处，将早已准备好的树杆搭成屋架，众人合力将牛皮搭于屋架之上。准备就绪后，由苏衣（头人）组织前来参加大会的人员，依次从牛皮下钻过（从牛尾至牛头）。尽头，立有一人，一手抓鸡，一手持利刃，杀鸡滴血于盛有酒之碗中，每一位钻出牛皮者，须对天地祖宗发誓：誓言英勇善战，绝不背叛自己血缘家支，如有不轨行为，有如此鸡一样死去……云云。言毕，将鸡血酒一饮而尽。此种仪式，世人称其为"盟誓"。一旦举行了"盟誓"，所有"盟誓"者，须团结一致，风雨同舟，荣辱与共，同仇敌忾，与敌血战到底，无论遇到什么艰难险阻，绝不能背信弃义。故有"作战酒为先"之谚语。

除上述以外，凉山彝族社会还有"盛会洽谈酒""地边耕作酒""坡岭放牧酒""姑娘认亲酒"等。

12. 酒与文化艺术

酒，不仅有自然属性，也有社会属性。因为有了酒，彝族人们创作出内容丰富的祝酒歌，没有酒，酒歌便无从谈起。此外，在婚丧嫁娶中举行的克智竞赛、吟唱竞赛、叙史竞赛等彝族文化活动中均离不开酒，离开了酒，这些文化活动便无法展开。

因为有了酒，便延伸出了丰富多彩的盛酒器皿和饮酒酒杯艺术品。彝族对于酒器颇为考究，造型多样别致，圆形、扁形、船形、角形、禽形、爪形、蹄形、带嘴形、带耳形、带脚形、平底形等各种形状。彝族酒具极重外表装饰，绘有日月星辰、山川河流、方位八卦、花草虫鱼、菜籽瓜瓣、牛眼羊角、鸡冠、马牙、火镰、渔网等源于自然、来自生活的图案。图案以一点、一线或一圆为中心，对称展开，繁简相宜，活泼、严谨、明快，极富生活气息。酒具上施以黄、红、黑三色，纹饰华丽，具有浓厚的民族风格。盛酒器物有酒壶、酒杯酒盘等。常见的酒器除木制漆外，还有各种银制酒器。

酒壶：有鸽形酒壶、扁圆形酒壶、圆形酒壶，尺寸大小不等。结构精巧，造型别具一格，分头、腹、足三部分。腹为圆饼形，两半成子母扣合，足底呈凹状，中心有一孔，插竹管入腹内为进酒口，腹上端一旁斜插一竹管入腹内，作吸酒管。这种匠心独具的盛酒器，使用方便，尤适用于长途跋涉和游牧远行。

酒杯：酒杯种类很多，有鹰爪杯、牛、羊角酒杯、雁爪酒杯、猪蹄酒杯以及民间普遍使用的木质酒杯、皮酒杯。鹰爪酒杯系木质或皮质，杯身与鹰之爪组合而成。牛、羊角酒杯是将角的表面刮削匀净而后，髹漆彩绘即成。其中以牦牛角酒杯为上品，犏牛角酒杯次之；黄牛、水牛角酒杯再次之，绵羊角酒杯为四等。除此而外，以银器制作的酒具则视为珍品。

　　中华人民共和国成立以前，彝族社会等级森严，因此，酒具也有尊卑之分。一般以银器和凶禽猛兽的爪和蹄镶嵌制作的酒器为尊；以制作精巧、造型优美、使用别致的萨勒博酒壶、船形皮为上等；以金、银、海螺制作的酒器为珍贵。①

酒盘：酒盘一般为木制漆。主要用作酒壶和酒杯的托盘。酒盘内用红、黄、黑三色绘有日月星辰、山川河流、方位八卦、花草虫鱼、菜籽瓜瓣、牛眼羊角、鸡冠、马牙、火镰、渔网等图案。作为一种物化的精神产品，通过彝族酒器可管窥彝族的历史与生活，是彝族文化艺术的珍品。

三　药用价值

"杆杆酒"是彝族解除疲劳、和血行气、壮神御寒、消毒除菌的良药。而且，还有疏通经脉、温阳祛寒、疏肝解郁、宣情畅意之功效。因此，"杆杆酒"具有药用价值。

---

① 陈国光：《中国彝族酒文化》，张学立主编：《彝学研究》，民族出版社 2009 年版，第 328 页。

四　经济价值

"杆杆酒"（包括白酒）是物质的，也是精神的，如前所述，其功能是多方面的，所以，它曾是彝族人生活的必需品。在彝族社区市场中，扮演过重要的商品角色，产生过明显的经济效益。

21世纪初的凉山彝族自治州，正在大力提倡全域旅游，一言以蔽之，必须大力发展乡村旅游。要发展乡村旅游，自然要求具备旅游六大要素，即吃、住、行、游、购、娱。在旅游过程中，游客一般追求"稀、奇"，而"杆杆酒"为凉山特色饮料，符合游客的消费心理，会与旅游者"吃、购、娱"联合，在乡村旅游中发挥重要作用，其经济价值也会得到充分的体现。

同时，"工欲善其事必先利其器"，既然自古以来饮酒在彝族社会生活中占据着重要地位，那么，彝族人对酒具必然是极为讲究的。由酒衍生，与酒相伴相生的彝族酒具艺术品，丰富多彩，极具民族特色，具有较高的艺术价值和经济价值。四川大小凉山彝族制作和使用的漆木酒具，由于造型奇特，外观华丽，极具民族特色，故早已享誉国内外，成为游客喜购的商品之一。

五　学术价值

丰富的彝族饮酒民俗，涉及民族学、人类学、文学艺术、医药、饮食、审美等诸多领域，为研究彝族物质民俗非物质文化提供了不可多得的范例。

六　开发价值

当代人类生存和发展向回归大自然迈进，"生态环境保护"已写入我国宪法，日常生活中追求消费绿色饮食。由于无污染饮食能较好地协调经济发展、环境保护、食物安全、人体健康之间的关系，受到世界各国的普遍关注，引起了全球的饮食文化发生了新的变革，由过度消费热量食品转向消费更多的安全卫生、营养保健的绿色食品。这种新的饮食文化，新的消费观念，新的生活方式，已经成为国际社会食品开发的新潮流。

凉山州山川秀丽，绿树成荫，风光优美，有"天然塑料大棚"之美称。[①]

"杆杆酒"的酿制原料，从酒粬到其他原料，皆为绿色植物。独特的自然地理环境和绿色配制原料，决定了"杆杆酒"必然是一种营养保健的绿色饮料。如前所述，"杆杆酒"可根据饮用者的不同需要可酿成低度香甜型、中度可口型、高度浓香型等各种类型的"杆杆酒"。也许正是这个原因，"杆杆酒"曾普遍受消费者的欢迎，早有凉山彝族"啤酒"的美誉。

"杆杆酒"作为一种彝人常用的饮料，它在彝区社会中不仅承载有众多的社会功能，还积淀了丰厚的彝族历史文化，它在彝族人民社会生活中占据着重要地位。同时，"杆杆酒"在饮料中具有稀有性。"物以稀为贵"，稀有物的真正价值就体现在其稀有性方面，因为稀有、稀缺，其价值才无法衡量和估算。当今时代，各种市场商品供应量的相对充裕，人们对商品的选择越来越挑剔，市场的竞争越来越激烈。而商品的竞争力将进一步取决于其自身的特色和质量，没有"人无我有，人有我优"的市场竞争意识，就很难求得一席自身发展空间，也就很难谈得上加快发展。因此，从这种意义上讲，开发"杆杆酒"，就是抓地区特色产业，发挥"人无我有"的产业优势。

党和国家对凉山彝区实行脱贫攻坚以来，持续不间断地对贫困地区加大支持力度，优先安排基础设施和资源开发项目，并鼓励国内外投资者到凉山贫困地区投资。在如此大好机遇下，凉山人应充分认识自己的资源优势，发展优势产业，加快开发"杆杆酒"，让其在脱贫攻坚中发挥作用。

综上所述，天时地利为酿制优质醇香的"杆杆酒"提供了得天独厚的条件。

酿造"杆杆酒"具有代表性的甘洛县，位于四川省南部凉山彝族自治州北部，靠近西南重要城市成都，自古便是凉山的北大门，县境内海棠镇为古代南方丝绸之路的重要驿站。该县四周与汉源县、石棉县、金口河区、越西县、美姑县毗邻。该地区森林密布，水能资源丰富，国家级大型水电站瀑布沟电站便位于此。交通便利，成昆铁路纵贯全境。综上所述，开发"杆杆酒"，甘洛县具有一定的基础和优势。

---

① 凉山彝族自治州民族食文化研究会编著：《凉山彝族饮食文化概要》，四川民族出版社 2002 年版，第 268—269 页。

第四章　傈僳族嘎且且撒勒舞

　　傈僳族是一个拥有着悠久历史和独特传统习俗的古老民族，凉山州的傈僳族主要分布在德昌、会东、会理、盐源、木里、宁南等县，尤其以德昌县的南山、金沙、宽裕，会东县的嘎吉、龙树、火石沟、新村等地的人口较为密集，他们大多居住在海拔1500—2500米的半山和高山上。

　　傈僳族是一个能歌善舞的民族，傈寨里几乎没有不会跳舞的人，无论男女老少，都是跳舞的行家里手。"嘎且且撒勒舞"就是隐藏在凉山地区傈僳族原始的民族民间舞蹈，"嘎且且撒勒舞"傈僳语意为来跳美好的舞蹈，这是一种集体舞蹈，多为圈舞的形式，通常是舞者手牵手围成一个圈而舞蹈，少数舞段也有排成两竖排的，动作主要在脚上，以蹢脚、跺脚为主，所以在会东地区又称为"蹢脚舞"，在德昌地区则单纯的称为"嘎且"，并且舞蹈内容丰富多彩。但凡争战、打猎、盖房、红白喜事、逢年过节、庆贺丰收、青年相聚、祭庆典礼、祈祷神灵等，傈僳族男女老少都要围在一起，唱歌跳舞，尽情欢乐，通宵达旦。相传，嘎且且撒勒舞是由72种曲调组成的72种舞蹈（现已不全），其中，有反映生产劳动和生活情趣的舞蹈，有形象的模拟劳动和模拟动物的舞蹈，有围成圆圈"打跳"的舞蹈，有风俗仪式的舞蹈，也因为舞蹈动作的步法丰富多变，所以有纯粹以脚上动作和脚数命名的舞蹈。

　　傈僳族舞蹈大都具有鲜明的民族特色和浓郁的生活气息，都是以比较特有的乐器葫芦笙和竹笛来伴奏，舞曲大多是简单明快的、节奏鲜明的民族调式，充分展示了傈僳族热爱生活、勤劳勇敢、能歌善舞以及丰收的喜悦，节日的欢乐，男女间美好的爱情和战争胜利的狂欢等。

　　嘎且且撒勒舞这种古朴原始、极富地方民族特色的舞蹈，作为省级非物质文化遗产，可以说是西南地区民族文化宝库中独具魅力的舞蹈奇葩，也是中华民族文化宝库中的瑰宝，具有相当的历史价值、艺术价值、经济价值、科学价值、教育价值等多重价值，值得挖掘、重视、传承与保护。

第一节 傈僳族嘎且且撒勒舞概述

一 嘎且且撒勒舞的起源

嘎且且撒勒舞是傈僳族人在长期的生产生活习俗中形成的一种民间舞蹈，它起源于傈僳族人原始生产、狩猎、战争等，可追溯到很古老的年代。傈僳族人民饱经战乱，流离迁徙，嘎且且撒勒舞始终伴随着人们坚强存活着，其产生年代虽无法确断，但从舞蹈所模仿的内容来看，它的源头来自原始时代。

（一）神话故事起源

相传，在很久以前，有个年老的傈僳阿妈，她有五个儿子。一天，阿妈从山上捡柴回来在路边歇脚，突然看见小石洞里有一窝五颜六色的野雀，很好看，回到家里，她跟五个儿子说，在什么地方看到有一窝很乖的小野雀。

第二天，五个儿子一同去找到了那个小石洞，也看到了五颜六色的非常漂亮的野雀，想去抓它们，老大先伸手去抓野雀，手刚伸进去，就大叫一声"呵唷！"赶快把手缩回来，他说："母雀咬人哟！"老二说："不怕。"然后也伸手去抓，刚把手伸进去，也大叫一声："哎哟！"赶忙把手缩回来。就这样，老三、老四、老幺接连伸手进去抓山雀，都被咬得"哎哟！""哎哟！"地缩回手来。一个个的手肿得吓人，不久，就都相继死去。原来，野雀窝里住着一条毒蛇，五弟兄都被毒蛇咬死了。老阿妈很伤心，把五个儿子都埋在了自家房子后。

老阿妈气啊气，气得昏死过去几回，从早到晚以泪洗面，眼泪水擦不干。后来，在埋五个儿子的地方，发芽长苗，老阿妈发现后浇水施肥，很快，长出了五根金竹。阿妈非常想念儿子，就砍了五节竹管，插在葫芦上，依次从长到短排起，做成一只葫芦笙，抱在怀里看来看去。她把最长的一根竹管当作大儿子，依次排列，最短的一根竹管当作幺儿子。看够了，她就用嘴亲一下，对着竹管吹一下，吹起来声音是"老大老大——呜……呜……""二老二——呼……呼……"起初，老阿妈还觉得吹起来比较宽心，吹着吹着，她又更想念儿子了，想着儿子们都没有了，自己也那么老了，一个人活着又没有意思，心头很郁闷，就一边吹，一边使劲地踏地蹢脚出气，在家里出气还不够，又围着自家的房子转，后来越转越远，在山上走来走去，踏来踏去，跺来跺去，跳来跳去，越气越使劲儿，越蹢越有力。不料，被其他人看见了，还觉得她吹得很好听，跳得也很好看，还能缓解心中苦闷，于是也跟随阿妈蹢起脚、跳起来。后来，跳的人越来越多，老阿妈看着人多，对她也热情，也就没那么伤心了。渐渐的，团结的傈僳族人们牵在一起，围着圈跳，排着队跳，变换着方式跳，伤心的时候跳，欢乐的时候也跳，形成了傈僳族的嘎且且撒勒舞，又称葫芦笙舞，蹢脚舞。

但是，直到今天，傈僳族吹葫芦笙跳舞，开始时，都要先吹伤心的调子（尤其在德昌），跳舞也是先顺时针向反方向慢慢地跳，也就是傈僳族嘎且且撒勒舞中所说的起势，意思是怀念过去的人。吹完这个曲调后，才吹欢快的调子，跳舞的脚步也逐渐变得灵活、有力，"跺、跺、跺"地逆时针朝右方跳起转着圈移动，舞蹈动作整齐划一，表明了傈僳族人齐心协力，团结一致，追求美好的生活。

（二）现实起源

傈僳族嘎且且撒勒舞起源于傈僳族祖先在求生存、求发展、生产围猎、争战以及表达自身情感思想等活动中。

首先是求生存，生存是人类生活的基础，要生存就需要食、住，要食、住就需要劳动，所以劳动是人类生存和发展极其重要的第一需要，是劳动创造了人类自己，也是劳动使人脱离了猿的动物性而走向了人的转变。生产生活、争战、围猎，都是舞蹈的起源。远古时期，人类的生活能力低下，为了生存，忙于狩猎、耕种、尽量避免各种自然灾害，但是免不了有部落结盟，有斗争。历史上的傈僳族是一个迁徙的民族，由于几经战乱、迫害和欺压，多次分别逃离，往返流离，进行了大的迁徙。据记载，现居会东的部分傈僳族就是由蒙化（今云南巍山）起祖，清代中期，经云南武定、姚安等地辗转迁移过来的。现居德昌的部分傈僳族则是由原住窝勒（今攀枝花市郊区）的张姓傈僳族为逃避战乱而经安宁河北上迁移而来的。那么，为了生存，为了维护族群的利益，傈僳族往往很团结，他们集合起来，队伍庞大，以抵御外来的入侵，所以便有了集体的牵手、跺脚，并且动作整齐划一，形成一种强大的集体力量。另一方面，也是为了围剿猎物，单个人的力量和能力是有限的，不容易捕获食物，于是人们团结起来，牵起手来，把猎物围在中间或者一定的区域范围内，以便更好地捕获猎物，所以傈僳族多以圈舞的形式存在。从舞蹈动作的层面上来讲，动作刚劲有力、粗犷奔放，以前都是"刀耕火种"，到了播种的季节，为了抢时间进行烧荒以及播种，人们不等烧荒的火熄灭就用脚去踩灭，并且在灼烧的土地上翻地劳作，这使他们需不停地变换脚步且随时跳跃，这就形成了以踏地跺脚为风格的舞蹈。另一种说法是傈僳族居住在山区，昼夜温差大，夜间寒冷，缺乏御寒之衣物，为抵抗寒冷，常常跺脚取暖，跳跃取暖，这也是形成跺脚、踏地，多以脚上动作为主的傈僳族嘎且且撒勒舞特点的原因。

其次，人类祖先他们本能是会模仿的，傈僳族相信万物有灵，他们会模仿自然界的各种现象，比如风吹树叶的摆动、动物的行为等，他们会利用身体的舞动来模仿一切想要模仿的事物，远古时候傈僳族先民对自然界的认知还不是那么深入，头脑也有些不太发达，他们看到和感觉到的一切物体和景象，都只能用简单的方式模仿出来，并且表达和交流。在傈僳族嘎且且撒勒舞中，可以看到明显的模仿痕迹。从舞蹈动作上来讲，舞蹈动作是对动物和自然界的各种模仿，例如《斗羊》，就是由两名男青年相对而舞，双手叉腰或抱单腿，你进我退，仿佛两只愤怒的山羊在斗角；比如《苍蝇搓脚》，舞蹈者跺脚、抬脚、相互对脚、踢脚，形象地模仿了苍蝇的动作；还有《匡娃娃》《斑鸠吃水》《敲核桃》等。从舞蹈队形上来讲，有《卷草帘子》，长长的舞队由一人带领，逐渐向中间以裹的方式聚拢，然后再由最后一人带领，向反方向展开，仿佛是一张大大的草席被收拢又被打开；还有《牛角舞》，舞蹈者的队伍就是由一条竖线走到最前一个定点后向两边分开呈弧形，就像是牛的两只角。通过模仿来表情达意，表达思想，所以模仿是傈僳族嘎且且撒勒舞的起源之一。

再次，傈僳族嘎且且撒勒舞起源于情感表达，在获得猎物的喜悦之时，在战争胜利之时，在欢庆丰收之时等，人们抑制不住心中的狂喜，欢呼雀跃，奔走相告，互相牵手拥抱，尽情宣泄心中兴奋和开心之情。正如我国古代乐舞理论中所说："情动于中而行于言，言之不足故嗟叹之；嗟叹之不足故咏歌之；

咏歌之不足，不知手之舞之足之蹈之也。"这也生动地说明了舞蹈是表现人们激情的产物。

二 嘎且且撒勒舞的分布区域

凉山州的傈僳族嘎且且撒勒舞主要分布在德昌县、会东县、会理县、宁南县、盐源县和木里县，其中以德昌和会东占绝大多数。其余地方只有少数散居的傈僳族。

德昌县位于凉山州的中部，其傈僳族嘎且且撒勒舞主要分布于县境内金沙乡和南山乡傈僳族聚居区以及零星分布于汉族区域的巴洞乡团结村、宽裕乡新裕村、乐跃乡沙坝村等傈僳族小聚居村落。金沙乡和南山乡距德昌县城约30公里，地理坐标为：北纬27°4′—27°34′，东经101°53′—102°28′之间，南接会理、米易两县。德昌县是四川省傈僳族人口较多的县，据2016年人口统计，当地傈僳族人口为6893人，占全县总人口的3.2%。其气候属典型的亚热带季风气候区，地处西南季风气候区域低纬高原，年均气温17.7℃，年均降水1049毫米，无霜期300天以上，常年日照数2147小时。冬无严寒，夏无酷暑，素有"天然温室"之称。傈僳族聚居区以独特的自然景观和人文景观著称，这里居住的傈僳人受外来文化影响较小，被誉为保持最原始风情的傈僳族分支。

会东县位于四川省凉山彝族自治州最南端，其傈僳族嘎且且撒勒舞主要分布在县境内嘎吉区麻栗村、花家村，新马乡、新云乡的新村、春和、毕落，火石乡和龙树乡等地。地处东经102°13′—103°3′15″，北纬26°12′14″—26°55′42″之间，属于亚热带西部湿润季风气候区，年平均气温为16℃，日照时数多，蒸发旺盛，雨量集中，干湿季分明，气温年较差小，日较差大，冬暖无严寒，夏短无酷暑，四季如春，但气候垂直变化大，降水量丰沛，多年平均降水为1010毫米。县境东、南与云南省巧家县、东川区、禄劝县隔江（金沙江）相望，西邻会理县，北界宁南县，县城北距凉山彝族自治州州府西昌239公里，地处云贵高原与横断山脉交界处。东南面金沙江环绕，境内地势西北高而东南低，多山地，少许丘陵和平坝。2015年年末，会东县总人口达42.11万人，有汉、彝、傈僳、布依、藏、回、苗、傣等十余个民族，其中，汉族占总人口的91.55%，彝族占总人口的7.00%，傈僳族占总人口的0.639%。

三　嘎且且撒勒舞及其传承人存续状况

（一）嘎且且撒勒舞存续现状

自古以来，傈僳族聚居的地方，大多山高谷深，由于交通不便，几乎处于与世隔绝的状态，很少受外来文化的影响，都是在田野山间，围圈蹦脚，自娱自乐。相传，那时候的傈僳族嘎且且撒勒舞有72种之多，但是现在流传下来的只有三四十种了。和中国大多数民族民间舞蹈一样，傈僳族嘎且且撒勒舞的传承方式主要是口传身授，但是受到现代文明的影响，现在会跳嘎且且撒勒舞的年轻人越来越少了，年轻人不懂民族文化传统，对民族"草根文化"缺乏应有的情感，随着那些会跳嘎且且撒勒舞的老人相继仙逝，年轻人又都走出大山，走向现代社会，以后会跳嘎且且撒勒舞的人还会越来越少，现在，在民间传跳的一般仅限20余节，能完整跳完这40余节舞蹈的传承人，已寥寥无几，并且年岁已高，使大多数本土傈僳族嘎且且撒勒舞濒临失传的危险境地。

近年，在凉山当地政府和文化部门重视下，对保护嘎且且撒勒舞已经采取了一些保护措施。在四川省人民政府制定的《四川省民族民间传统文化保护条例（草案）》中，傈僳族嘎且且撒勒舞作为一种重要的文化空间和文化艺术遗产，包括在上述法律条例范围之内。2004年德昌县投入数万元打造包括傈僳族嘎且且撒勒舞在内的文艺节目，并在凉山州州庆文艺演出中获奖。2006年又继续投入资金打造嘎且且撒勒舞等文艺节目，在宣传傈僳族独特文化方面取得了很好的效果。为抢救包括德昌傈僳族嘎且且撒勒舞在内的傈僳族非物质文化遗产，从2004年起至2008年，德昌县政府在财政困难的情况下，还挤出资金，用于对嘎且且撒勒舞的普查、挖掘、保护工作。2009年2月，德昌县成立了"傈僳族学会"，负责包括嘎且且撒勒舞在内的傈僳族文化挖掘、收集、整理。2016年7月，德昌县傈僳族非物质文化遗产展示活动在傈僳族乡南山乡举行，表演了傈僳族嘎且且撒勒舞，到现场的多家媒体对其进行了报道，对舞蹈起了很好的宣传和推广作用。2017年11月，德昌县文化馆组织了由谢良建、任玉娇、李质惠、唐华编导，由火凤凰舞蹈团表演的原创傈僳族舞蹈《傈僳木日啊给萨萨》在四川省第九届群众舞蹈大赛总决赛获得金奖。至

2018 年，德昌乐跃镇沙坝的傈僳族村旅游项目里，有傈僳族歌舞，年轻的傈僳族姑娘们成立了舞蹈队，为外地游客表演原生态嘎且且撒勒舞并邀请外地游客齐歌共舞，融入旅游中，嘎且且撒勒舞逐渐走向外面的世界。另外，近年来，相关部门多次组织专家、学者对傈僳族嘎且且撒勒舞相关的资料作了系统的收集和整理，汇编成册，并制作 DVD 视频录像。同时，德昌县政府也多次组织开展民族民间文化展示和傈僳族嘎且且撒勒舞的演出活动。

近年来，在会东县委、县政府的高度重视下，会东县傈僳族嘎且且撒勒舞不断丰富和发展，逐渐成为群众生活中不可或缺的活动之一。会东县文化馆有十余人参加了申请成立保护实验区的非物质文化遗产保护工作，其中，从事嘎且且撒勒舞的专职人员 1 名，兼职人员 2 名。也多次组织专业技术人员深入傈僳族聚居地，详细了解、抢救舞蹈。会东县政府针对傈僳族嘎且且撒勒舞也采取了很多措施。2010 年会东县傈僳族嘎且且撒勒舞成功申报省级非物质文化遗产保护名录。以傈僳族嘎且且撒勒舞为题材开展文艺创作：舞蹈《爱你才蹢脚》曾获 2010 年凉山州第三届艺术节最高奖——特别奖；傈僳族少儿舞蹈《围着月亮打转转》获得 2012 年第十七届香港世界青少年最高奖——金紫荆花奖。2015 年初，会东县还推出了以嘎且且撒勒舞为原形编创的全民健身舞，并公开出版了一套光碟，包括一张 DVD 视频光碟，一张 CD 音频光碟。2015 年 6 月底，会东县组织了"千人来蹢脚"广场舞比赛活动，2015 年 9 月，会东县组织傈僳族嘎且且撒勒舞参加第五届中国成都国际非物质文化遗产节非物质文化遗产展演，在成都非遗博览园与来自俄罗斯、埃及、蒙古等国家的节目进行了同台演出，精彩纷呈，让中外游客深刻感受到了多姿多彩的中华文化。2016 年 4 月，会东县从各行各业抽调 40 名舞蹈演员组建了会东县"傈僳族嘎且且撒勒舞"代表队参加了"欢跃四季·舞动天府"四川省第二届百姓广场舞大赛，荣获三等奖。2017 年 5 月，会东县来自不同地方的 26 支蹢脚舞表演队伍在会东县城北体育场表演了傈僳族嘎且且撒勒舞。

另外，直至今日，在会东县的汇金广场，每天下午都会有一群人在坚持跳着傈僳族嘎且且撒勒舞，他们是嘎且且撒勒舞的忠实爱好者，也是会东县的傈僳族嘎且且撒勒舞的保护者和传承者，其舞蹈内容包括：一边一脚、十脚、六脚、大马厂、小马厂、姑娘脚、歇气脚、背靠背、苍蝇搓脚、小穿花等 20 多种。这些舞蹈都是由傈僳族嘎且且撒勒舞传承人黄国林搜集整理的。黄国林是地道的傈僳族，傈僳族舞蹈领舞者竹笛吹奏者，从小就跟着舞蹈人群在田野跳，在山间跳，看着父辈跳、祖辈跳，他的父辈祖辈也是跳舞的能手，教会他一身好技艺。10 多年前的一天，他跳着跳着突然意识到现在跳的舞蹈种类没有以前的多了，跳舞的人也越来越少了，他想，长此以往嘎且且撒勒舞不就流失了吗？于是，他便到处找本民族的人来跳舞，有蹬人力三轮的，白天蹬车，晚上他就硬把他拉过来跳舞，有种田的农民，晚上他也把他们拉来跳舞。黄国林有很强的保护和传承嘎且且撒勒舞的意识，2006 年，他又自己筹集资金，去挖掘、搜集、整理了 20 多种舞蹈并记录下来，再教给其他人跳。直到现在，他们都在广场上跳嘎且且撒勒舞，包括现已 82 岁的老大妈启明凤，她告诉笔者她已经跳 10 多年了，并且从未间断，跳舞让她很精神；还有 60 岁的邓名华，一位身体硬朗的大爷，现在每天负责组织这个舞蹈场合，热情地对待每一位傈僳族嘎且且撒勒舞爱好者，推来一辆老式的加重自行车上面放一个小小的音响摆放在舞蹈圈的正中央，吆喝着大家用力跳。看得出来，大家很喜欢、很热爱，但是，整个舞蹈群体的年龄段仍然是偏大的，大多是六七十岁的中老年人。

但是，会东县有一个很好的举措，把傈僳族嘎且且撒勒健身舞推进到校园，让非物质文化遗产走进校园，让舞蹈与全县中小学的课间操结合，让舞蹈后继有人。现在，在全县的校园，都可以看到成百上千的孩子们共同跳傈僳族嘎且且撒勒舞蹈的壮观场面。这些，对舞蹈都起到了很好的传承、推广和普及作用。

（二）嘎且且撒勒舞的传承人

嘎且且撒勒是群体舞，广泛存在于当地民间，历史上都是群体传承，只要有嘎且且撒勒的地方，都是男女老少一起跳，在跳舞的过程中由老的传给年轻，由会跳的传给不会跳的，是自然传承的过程。同时在自然传承过程中认定了一些主要代表性传承人，以下从家族和群体分类作介绍。

1. 家族传承人代表人物

黄国林，男，1942 年出生，现为嘎且且撒勒舞省级保护项目传承人，黄氏第五代传人。徒弟李平海、张兴喜。

2. 群体传承代表人物

（1）李德发，男，1943 年出生，会东县嘎吉乡麻栗村农民，现为嘎且且撒勒舞省级保护项目传承人。妻子李德英，女，1942 年出生。徒弟王学国、李东和。

（2）赵国权，男，1950 年出生，会东县嘎吉乡麻栗村农民，现为嘎且且撒勒舞省级保护项目传承人。徒弟赵正美（女）。

第二节　嘎且且撒勒舞基本内容及舞蹈音乐

一　舞蹈基本内容及表现形式

凉山傈僳族嘎且且撒勒舞的舞蹈种类繁多，从族人对舞蹈的命名来看，可以分为四大类：第一类是以比较具体的生产劳动的内容和对某种动物特征的模仿来命名的舞蹈，比如：《斑鸠吃水》《马鲁旷嘛更夺呆》（敲核桃）；第二类是无具体意义的纯粹以脚上的动作来命名的舞蹈，比如：《弯脚舞》《勾脚舞》《前两脚》《三脚舞》；第三类是以舞蹈的队形变换来命名的舞蹈，比如：《穿插舞》《卷草帘子》；第四类是风俗仪式舞蹈，比如《领亲舞》《出嫁舞》。

首先来谈第一类舞蹈，在长期的生产劳动和与大自然的接触中，傈僳族中产生了模拟舞，这类舞蹈有一定的情节，具体模拟的事物。比如舞蹈《匡娃娃》，其舞蹈动作就是舞者双手环抱于胸前，并来回晃动，仿佛是在唱催眠曲哄着一个婴儿入睡；舞蹈《斑鸠吃水》，舞蹈动作中有低头、仰头，舞者手臂时而在身后时而在体侧，还伴着抖动，形象地模仿了斑鸠喝水的过程；舞蹈《斗羊》，一般由两名男青年表演，相对而舞，舞者你进我退，或是你退我进，或是同时抬腿相向舞动，好像是两头羊在搏斗的样子。这类舞蹈很容易看懂，也很有趣味性。

其次是以脚上动作来命名的舞蹈，这类舞蹈就是脚上怎么跳就怎么命名，有些动作大同小异，名称也大同小异，多数是踏地而舞，人数也是有几人几十人甚至上百人围成一个圆圈来跳，跟云南傈僳族的"打跳"和凉山小裤脚地区的"蹢脚舞"有相似之处，但是凉山傈僳族不喜欢称为"蹢脚舞"，认为"蹢脚就是骂我"，他们把这类舞蹈称为"栝且"，也有音译为"嘎且"。这类舞蹈有《三脚八呆》《八脚昌夫呆》《合脚舞》《弯脚舞》《勾脚舞》《前两脚》《三脚舞》《四脚舞》《七脚舞》《翻翻脚》《穿花脚》《十二脚》《赶街脚》《三脚半》《搅脚舞》《里脚舞》《老人脚》《货郎脚》《拿不拿呆呆》（拍手拍脚舞）等20多种。顾名思义，这类舞蹈的动作都明显地体现在舞蹈名称当中了，手上动作较少，脚上动作较多，舞姿粗犷，脚步整齐，步伐变换较丰富，可以无限反复，可以通宵，甚至跳上三天三夜，这样长时间的集体舞蹈也算是傈僳族的一个特色。

再次是以舞蹈队形变换来命名的舞蹈。比如常见的《穿插舞》就比较典型，男舞者和女舞者分别围成两个圈，男舞者在外圈，女舞者在内圈，所有舞者不拉手，舞蹈时内外圈的舞者相互穿插，然后回到原位，之后男舞者集体顺时针移动，女舞者集体逆时针移动，随后男女舞者又分别与下一位舞者穿插，以此类推。再比如《卷草帘子》，舞者通常是几十人，由吹奏葫芦笙者作领舞，站在队伍的第一个位置，后面的舞者排成一排，伴着笙声，逐渐跳转围成一层接着一层的圈，待所有人卷完之后，又以最外面的一个人开始反方向跳，然后依次开始边跳边转边卷，舞蹈队形非常形象，就像是在卷席子、卷被子。

最后一类舞蹈是在风俗节庆，如婚丧嫁娶、修新房、庆丰收时跳的舞蹈。傈僳族在结婚时歌舞是比较丰富的，以前傈僳族大多是包办婚姻，接亲当天，男方要请一名媒人领亲到女方家，到达之后先是男女双方的亲人对歌，然后葫芦笙吹奏"领亲调"，再由女方小姑娘为舞者，加上媒人跳"送亲舞"三圈，后再跳"团结舞"三圈。新郎是不去新娘家的，不管有多远，都是由接亲队伍和送亲队伍陪同新娘步行到新郎家，众舞者送新娘一段路后，新娘在路上等候，众舞者要返回新娘家从头跳"送亲舞""团结舞"各三圈。待到男方家之后，还要跳"迎亲舞""团结舞"各三圈。傈僳的丧礼也要跳舞，一般是《史古阿且舞》《莫多沙且》《反舞》。在喜庆的节日时，建新房子时、丰收时也要跳舞，民间流传着"谷子黄，傈僳狂"的说法，喜庆丰收的时候，大家也会开心尽兴的通宵达旦的跳舞。但傈僳族舞蹈的时间也是有讲究的，一般三月三土蚕会至六月六这段时间是不跳舞的，据说是害怕把庄稼跳死了，也因为进入农忙季节，所以他们大多是在七月至来年的二月跳舞。

凉山傈僳族嘎且且撒勒舞经常是通宵达旦地跳，这在我国少数民族舞蹈中也并不多见。这也有他们的说法,一说是傈僳族比较团结,但凡有喜事,远远近近的亲朋好友翻山越岭都要聚到一起,但是由于他们的生活条件不好,大多都是居住在山上,不能提供那么多人的住宿场所,而且晚上山上气温较低比较寒冷,所以也是为了御寒,大家就跺跺脚、甩甩手,围成圆圈在火堆边跳舞。另一说是众亲友平时团聚的时间少,所以利用能聚在一起的时间,通过言谈、歌舞,增进感情,青年男女也可以利用这样的机会多在一起寻觅对象、谈情说爱。

凉山傈僳族嘎且且撒勒舞丰富,花样多,有的舞动大同小异。开始跳舞时常常有一个"起势",也就是起步动作,反复跳两三遍后,才开始由慢逐快的开始跳各种正式舞蹈。其舞蹈动律特点,以单、双腿屈膝,跺脚,前旁后合脚,击打出响声,双臂上下颤动,前后甩动,双手交替前上后绕圈,配合适度的俯身、拧身,形成其独特的民族民间舞蹈风格特点。这种动律特点的形成,与他们长期生产劳动、模拟大自然、狩猎等有密切的关系。每获猎物,人们欢呼雀跃,手舞足蹈,渐渐演变为跺脚,彼此合脚,左右拧身加上双手绕圈及前后甩动等基本动律。在大自然中,他们模拟劳动、模仿动物,惟妙惟肖,创作出形象生动的生活舞蹈。

总之,凉山傈僳族嘎且且撒勒舞花样多,种类多,跳法多,在其独特的生存环境下伴着别样的民风民俗形成了独具特色的民族民间舞蹈风格特征,这无疑是我国少数民族文化中的又一瑰宝。

二 舞蹈中的风俗、特色、讲究、禁忌

傈僳族民间流传着"谷子黄,傈僳狂"的说法,每年农历七月半到次年的二月末,都是傈僳族跳嘎且且撒勒舞的大好时节,这段时间欢庆丰收、婚丧嫁娶、修房造屋、过年过节,大家会尽兴跳舞。

凉山傈僳族比较热情,亲戚朋友但凡有喜事,无论远近,就算翻山越岭都要聚到一起,共同庆祝,喝酒吃肉,唱歌跳舞,所以舞蹈的人数通常是比较多的,舞蹈时也比较热闹。如若是半夜山上较冷的时候,他们还会在圆圈中间烧上一堆火,以此御寒。

嘎且且撒勒舞的特点归纳起来就是:以单、双腿屈膝,跺脚,踮脚,合

脚，打脚，搅脚，牵手时双臂上下用力摇动，前后甩动，或是双手交替上甩或绕圈，配合适度的俯身、侧身、拧身，形成其独特的民族民间舞蹈风格特点。

傈僳族嘎且且撒勒舞并不是任何时间就可以跳的，他们跳嘎且且撒勒有个约定俗成的规矩：原则上是种下苞谷到收成之前是不跳欢庆舞的，跳舞的时间只能在每年的农历七月半到次年的二月末这七个多月的时间里，种下苞谷以后就不能跳了，要在七月半祭祀以后才能跳。凡是种下苞谷（玉米）到收成之前是不跳欢庆舞蹈的，这是由于傈僳族人们信仰原始的自然崇拜，他们认为万物都是有灵性的，"傈僳人认为'米斯尼'是万物之主，天地间气候的变化，日月的盈亏，山河的变异，动植物的生长，人类的命运，都是万能的'米斯尼'主宰支配的。傈僳人在打猎之前，要尼扒举行祭'米斯尼'仪式，以祈求山神保护猎有成"。傈僳族男子世代都擅长在林间打猎，对山林的各类动物的习性都十分了解，苞谷（玉米）播种后到收获的时节也正是植物和动物们生长繁衍的季节，当地人认为欢快的舞步对植物和动物的生长有很大影响，会导致秋节收成不好。因此，在此期间不跳欢庆的舞蹈。只有在七月半祭祀神灵以后才可以表演欢快的舞蹈。

傈僳族多为婚丧礼仪、房屋修建完毕后以示庆贺时进行嘎且且撒勒舞蹈的表演。在一年一度傈僳族最为隆重的"阔时节"（汉族春节）期间嘎且且撒勒表演最为热烈，表演从正月初一跳到正月十五，期间的舞蹈欢快热烈，往往通宵达旦。

嘎且且撒勒舞的跳法是：舞前由一个乐手（同时也是领舞者的角色）吹奏"团山调"，实际上起到了指挥的作用把人都召集到一起，一旦听到"团山调"所有人就会情不自禁地走过去，随着悠扬的乐曲声，手拉手围成圆圈，或者相对而站成竖排，人数可以是十几人、几十人或上百人甚至数百人。嘎且且撒勒舞在开始的时候常常以一个慢动作"鄂且"为"起势"，也就是起步的动作，反方向反复跳两三遍以后，才开始正方向由慢逐快地进入各种曲牌的正式舞蹈中去。

舞蹈时，一般是女的先跳，男的在外围观察，看好同辈的女伴再插进队列中拉手共跳，人多的时候可以是一个圈也可以是多个圈，围圈的人牵手是有讲究的，同姓的男性不能牵手，同姓的男女也不能一起跳，而同姓的女子则可以毫无禁忌地牵手一同跳。从辈分和年龄上讲，同姓的老辈和小辈可以牵手一起跳，但是需要老辈的牵在一段，小辈牵在一段，长幼有序。也就是说兄弟姐妹不能排在一起，辈分不合者不能相邻，凡关系不合规定者中间一定要由两男和两女隔开。

另外，由于嘎且且撒勒舞包含了很多不同的曲调，往往是一曲接着一曲，一遍又一遍连续不断地循环反复跳，所以中途若感觉到累的人可以自行离开，休息片刻之后再自觉加入，如此循环往复，舞者也才有体力。

嘎且且撒勒舞的舞蹈队形是可以多变的，除了人多的时候主要以大圆圈队形为主之外，人们还常常排成两排，相向而跳，常用队形还有卷草帘、牛角形、十字交叉、双圆里外穿插等。

嘎且且撒勒舞婚庆有专门曲调，选择专人参加，如婚礼中领舞由领亲调伴奏，仅限部分领亲和送亲的几位女伴跳。领亲舞节奏缓慢，舞步轻盈、充满依恋之情，再跳合拢舞，节奏明快，步伐有力，以示团结、强盛。整个领亲舞共跳三次。婚礼时顺时针跳三圈，意是送走不好的东西，然后才重跳三圈，将不好的踩死踩扁的意思。请拜仪式完后，"打跳"开始前还需重复一次，之后才是集体舞蹈。

丧葬仪式舞蹈也有专门的曲调，并选择专人参加，父母双亲健在的人不能加入表演行列当中。一般是先逆时针三圈，再顺时针三圈，其后外面的人才能加入其中，舞蹈的前面部分比较凄冷，到中后段才会加入更多的人，并举行跳舞比赛，参赛者往往是在逝者亲人之间进行。

三 舞蹈音乐

（一）舞蹈音乐的风格特征

凉山傈僳族嘎且且撒勒舞的伴奏乐曲大多简单明快、节奏性强，几乎为五声调式，多为宫调式、羽调式，曲调开朗柔和、短小明快、自然朴实、毫无矫饰。旋律起伏幅度不大，有强烈的节奏感，善于运用反复变换乐节位置，短小的曲调常随舞蹈的不断重复而反复吹奏，舞蹈者随笛子曲调的变化而改变脚式。没有彩排、没有明显的停顿及开始，只要人群不散，舞蹈就不会停。曲调绝大多数为四二拍，少有四三拍八三拍的，也有二拍子三拍子混合拍的。通常由三至四小节组成一种固定的结构，旋律以借助反复，加强气势的基本原理，集中地体现一种音乐印象，在换到下一种结构之前，始终保持着原来的节奏型。舞曲按照舞蹈的需求，可以吹奏两个声部，其中一个声部为主旋律，另一个声部为和音，和音的使用主要是为了衬托主旋律，加强舞蹈的节奏，二者互相配合，使舞曲节奏感更加强烈，使主题内容能够较为生动，流畅细腻的表现出来，使舞步更加扎实、欢快。

有的舞曲经过演奏者的精心吹奏，真的像说话一样，使人很快领悟出乐曲所要表达出来的思想感情。有一些舞曲很具音乐形象也很有表现力，例如《撵麂子》《敲核桃》等，就是形象和音响的模仿，曲子与舞蹈有着直接的密切关系。舞曲和舞蹈的丰富程度是一致的，即每个动作套路都对应有一个曲子。

嘎且且撒勒舞包含很多种不同曲调、不同内容和形式多样的舞步，往往是一曲接着一曲，连续不断地跳完为止。舞蹈都是一曲一舞，每一种舞蹈配的舞曲都不一样，目前收集到的比较有特色的典型民间舞曲有近四十首。大致总结如下：有《衣采拜华》（找朋友）、《拿不拿呆呆》（拍手拍脚舞）、《马鲁旷嘛更夺呆》（敲核桃）、《托斯克》（松柴）、《沙土堆》（点苞谷）、《阿慈克》（撵麂子）、《呐不怕赶场》（赶场舞）、《嘛噜呆》（敲核桃舞）、《沙图撒手》（点三升苞谷）、《七古里查》《匡娃娃》《七古列查》《尽嘛子》《三脚八呆》《安期写些》《薅秧舞》《秧歌舞》《编麻舞》《领亲舞》《卷草帘子》《八脚昌夫呆》《帮人舞》《合脚舞》《弯脚舞》《勾脚舞》《前两脚》《三脚舞》《四脚舞》《七脚舞》《翻翻脚》《穿花脚》《十二脚》《赶街脚》《三脚半》等。

（二）舞蹈音乐的伴奏乐器

傈僳族舞蹈少有徒歌而舞的，一般如无乐器伴奏，无舞曲配合，就不能舞蹈。常常是吹奏乐器的乐手在舞队的中间，以一首节奏稍慢的起势曲牌开始，引领舞蹈起跳，起到领舞的作用。伴奏的乐器一般是葫芦笙和竹笛，但以葫芦笙居多。葫芦笙的构造和笙差不多，因笙斗用空葫芦做成而得名。利用小葫芦的腹部为笙斗，其细长的柄端接一根竹管作吹口，笙管多用五根竹管做成，各管长短不一，环列插于葫芦斗，管底微露于外，用蜡固定，五根上下串通的竹管上内装有簧片并各有一孔，其音色圆润、明亮。也有一种在最高的一根笙管上套着对接的一个葫芦作为共鸣器，葫芦上开一个圆形的出音孔，既能增大音量，又显得十分美观。吹奏方法：双手捧葫芦笙，左手大指、食指、中指各按一孔，右手食指、中指各按一孔，吹奏者口含葫芦嘴，吹气或吸气发出单音双音或颤音。其乐器受五声音阶的限制，简单且有特色，和舞蹈节奏相吻合。这是凉山傈僳族舞蹈的主要伴奏乐器，在舞蹈中起了举足轻重的作用。

　　另外，在会东杂居区也有傈僳族与彝族、汉族等其他民族杂居的情况，在舞蹈文化现象上也都相互影响，互为吸收，所以，舞蹈的伴奏乐器与当地的彝族一样，用竹笛，曲调明显的互有吸收，调式上多有宫、徵二调。其音乐的特征是：旋律起伏幅度不大，一般多用上下行五度、四度跳进和级进音组成曲调，有强烈的节奏感。乐句结构较为规整。曲调善于运用反复变换乐节位置，改变个别音或改变个别节奏等手法，音乐很随机，常用 2/4 和 3/4 拍混合构成不规则的节奏型。曲调短小、明快、易唱。舞蹈音乐较为丰富，通常用一支笛子为舞者伴奏。吹奏者实为脚式变化的指挥组织者，舞蹈者们随着笛子曲调的变化而改变脚法。

第三节　嘎且且撒勒舞的艺术特征

　　傈僳族的原始歌舞嘎且且撒勒以群体性的表演为表现形式。参加跳舞的少则几十上百人，多则千人以上，而舞蹈动作则以操练式、模拟式为表现，原始舞蹈的特征十分显著，艺术气息和生活气息非常浓厚。

　　傈僳族嘎且且撒勒舞，俗称"蹢脚舞"，当地傈僳族语为"咕遮"，它伴随傈僳族先民们从采集到渔猎、再到农耕稻作为食的漫漫历史长河中产生、发展、传承。嘎且且撒勒舞是傈僳族人民集体智慧的结晶，是傈僳族民间文化的优秀代表，其显著特征是："圆圈为形，乐者为首，逆时旋转为向，众人蹢脚为乐。"

　　作为肢体艺术的传统舞蹈，它以脚式变化为轴线，其他肢体语言为辅助围绕脚式展开，每动必蹢脚，舞风粗犷，刚健有力，贴近生产生活实际，内涵丰富，民间现存有 40 多种脚式。从这些舞蹈中，人们可以了解傈僳族人民的历史。

一　舞蹈形态的模仿性

嘎且且撒勒舞起源于生产劳动和模仿大自然。傈僳族旧时居住在山林，以狩猎为主，每获得猎物大家围着猎物欢呼雀跃，渐进演化成嘎且且撒勒舞的基本动律。傈僳人受大自然的启迪，模仿各种动物的形态及生产劳动的姿态形成舞蹈动作。

二　下肢动作的多样性

嘎且且撒勒舞包括 40 多种脚法，舞风粗犷、豪放。其中以脚数多少命名的有：半边脚、一边一脚、一边三脚、三脚、三脚翘、歪三脚、六猫三脚、四马脚、五脚、云南五脚、六脚、反六脚、七脚、七脚半、十二脚等。以其他形式命名的有：老人脚、姑娘脚、货郎脚、歇气脚、凉山脚、云南脚、土俚脚、大马场、小马场、大歪歪、小歪歪、大穿花、小穿花、合脚、占灵子脚、火塘脚、穿衣脚、背靠背、刮地风、背扎板等。

三　舞、乐、歌紧密相伴

在跳嘎且且撒勒舞时，不仅领舞者边奏乐器边引领舞群，而且在整个跳舞过程中，总是边舞边歌，歌声吼声不断，使舞蹈始终处于激昂欢乐的状态，并以其很强的感染力让围观者情不自禁地参与其中。

第四节　嘎且且撒勒舞的价值

凉山傈僳族嘎且且撒勒舞作为四川省非物质文化遗产，作为我国少数民族文化艺术宝库中的舞蹈艺术奇葩，有着极其重要的价值，主要体现在以下几个方面。

一　历史价值

傈僳族嘎且且撒勒舞是随着傈僳族发展的历史产物，打着深深的历史烙印。在继承他们祖先古老而丰富的文化内容的基础上，因民族迁徙等特殊经历，赋予其表现形式和内容，舞蹈包含了许多故事传说、轶闻典故，因而有着丰富独特的文化内涵和远古的文明信息。能客观地反映傈僳族社会的生活面貌，将民族创造的文明展现在世人面前；能直观地反映傈僳族的民众集体生活、文化活动，能将这些长期以来在生产劳动、生活实践中积淀下来的民族精神，世代相传，形成该民族的思想精髓、文化理念、心理结构、气质情感等内在的群体意识、群体精神。这种"文化遗留物"，还对于研究傈僳族社会文化、思想、音乐、美学等方面的历史有着重要的价值，是中华民族文化宝库里有着独具魅力的舞蹈艺术奇葩，傈僳族文化的延续，为研究原生态民族舞蹈艺术提供了宝贵的史料和实例。

二　文化艺术价值

嘎且且撒勒舞中有很多天才的艺术创造，无与伦比的艺术技巧，独一无二的舞蹈动作，是先辈按照美的规律创造的作品，能深深打动人们的心灵，触动人们的情感，给人以美的启迪、美的享受。嘎且且撒勒舞从动作到队形，都是以原生态的表现形式来阐释古老的傈僳族风情，舞蹈是集体舞的形式，动作整齐、质朴、刚健有力，内容丰富多彩，充分展现了舞蹈古朴原始的形态，体现傈僳族文化的深厚底蕴，同时，也反映出人与自然和谐的主题，给人以美的精神享受，心灵的震撼。从观赏的角度来说，嘎且且撒勒舞给人以精神的鼓励，愉悦性情，具有娱乐、消遣、陶冶情操的作用。

傈僳族嘎且且撒勒舞反映了傈僳族人民的生产生活、狩猎、原始宗教等丰富的内容和深厚的文化底蕴，是傈僳族民众人生观、价值观、道德伦理观、生活生产观、审美观等代代相传的精神文化范式，并以其与时俱进的精神，吸纳着优秀的文化成果，成为傈僳族人民的精神食粮，昭示着人们以一种理智、奋发、豁达向上的态度对待自然、人生，是傈僳族人民宝贵的精神财富。

三　经济价值

嘎且且撒勒舞属于文化艺术的范畴，具有潜在的经济价值，它具有显著的再造特性，从而决定了它有特殊的且极高的存在价值，从而必然能够带来相应的经济价值。嘎且且撒勒舞的经济价值主要是以无形资产的形式表现，它作为非物质文化遗产，应当得到保护，在保护的同时，也能为当地的旅游文化带来相应的经济收入，在保证舞蹈的原始形态不被破坏的情况下，可以将其带入市场，并通过切实可行市场运作，完成对文化遗产的保护及其潜能开发功能，并可实现文化保护和经济利用的良性循环互动。

四　社会价值

嘎且且撒勒舞具有社会属性，以其深刻的教育性、娱乐性、艺术性，启迪智慧、陶冶情操，作为一种健康向上的、便于大众参与的文化活动，受到不同区域、不同民族的广泛认可，越来越多的群众参与其中，对丰富群众文化生活，促进民族团结和文化交流具有重要的价值。

数百年来，嘎且且撒勒舞深深地扎根于当地社会，在弘扬民族文化，丰富群众文化生活等方面产生了积极的作用和影响，对启迪思维等具有不可替代的作用，对于强化社会稳定、寓教于乐、传承人类优秀文化成果，对于传承人类文明成果，发展傈僳族新文化，教育与培养下一代传承人类优秀文化成果，古为今用，与时俱进，建设和谐社会具有重要意义。

五　研究价值

傈僳族原始嘎且且撒勒见证了德昌傈僳族远古至今的历史，是人类原始舞蹈艺术的活化石，具有极高的研究价值。嘎且且撒勒所保留的浓厚的原始文化艺术特色为我们研究民族舞蹈艺术的起源、产生和发展提供了极其宝贵的史料和鲜活的实例。通过嘎且且撒勒所反映的傈僳族先民的生产生活、狩猎、原始宗教文化等丰富的内容和深厚的文化艺术底蕴及多姿多彩的艺术表达，为我们从另一个侧面探索了解傈僳族文化，研究人类社会发展史、人类文化学、历史学、考古学、民族学、民俗学等方面同样提供了珍贵而难得的史实。

六　其他价值

嘎且且撒勒舞除上述价值外，还有科学价值、教育价值、社交价值、娱乐价值等。嘎且且撒勒舞作为历史的产物，是对历史时期不同时代生产力发展状况、科学技术发展水平、创造能力和认知水平的原生态保存和反映，留存着那个时期傈僳族的思想认识水平、生活情感态度、风俗信仰禁忌等社会历史文化内容，具有一定的科学认知和研究价值。同时，嘎且且撒勒舞是傈僳族长期以来形成的共同心理结构、意识形态、生活习俗等特点，能够对一个民族产生强大的激励作用和凝聚力，作为传统文化的载体，蕴含着弥足珍贵的文化信息，是不复再生的，是傈僳族创造出来的精神财富，是提高民族团结，提高本民族自信心教育的丰富素材。能起着凝聚民心、讲究道德、弘扬正气、保证当地民族平安、社会和谐的作用。

第五节　嘎且且撒勒舞的功能

一　沟通交流的功能

从舞蹈的起源来看，嘎且且撒勒舞是傈僳族人们在自身与大自然的接触和交流过程中获得的重要表达方式，在长期的狩猎、生产生活、婚丧嫁娶、民族节日、欢庆丰收中产生了舞蹈，其首要功能是沟通交流。舞蹈和人们的生产生活联系紧密，是该民族日常表达情感、交流思想的主要形式之一，人们以舞蹈表达情感，并在舞蹈中相互交流、沟通情感，通过舞蹈，充分表达欢悦之情，也表达一些共同的美好愿望。

傈僳族嘎且且撒勒舞以圈舞的形式存在，是一种集体舞，人们手牵手、肩并肩，这就是一种最简单的肢体接触交流方式，原生态舞蹈作为一种身体语言，是人的强烈内心世界活动的表达，是民族的创造和历史文化的特殊记忆，是以肢体语言来记述该民族历史文化的独特方式，作为对人们生活方式、民情民风、道德规范等产生重要影响的活动形式，是人们生活不可或缺的组成部分，嘎且且撒勒舞的形态、神态被人们理解并产生共鸣后，可以起到近似语言的交际功能。并且能够补充语言交流中的局限性，能够使人们的交流更具有直接性和情感性。随着历史的发展和社会的进步，经过长久的积淀和积累，在抒发、表达个人情感的基础上，集体舞蹈也是满足人们情感沟通、社会交往的一种重要方式。

傈僳族除了生活在主要聚居区的人们以外，还有一些散居在各地，他们由于生产繁忙和交通不便等原因，平时很少联系，舞蹈互动也为人们提供了一个交流沟通的平台。

另外，傈僳族嘎且且撒勒舞作为民族符号的象征，以其特有的地位与价值促进着与其他民族、外界的文化交流，为舞蹈文化的交流和该民族文化的传播发挥着独特的作用。

二　娱乐的功能

傈僳族是一个能歌善舞的民族，天性乐观豁达，热情豪放，在紧张的生产劳动之后要歌舞，在节日庆典到来舞，狩猎归来，丰收时节，婚丧嫁娶，盖房造屋，都要尽情地歌舞，以抒发自己的感情。傈僳族嘎且且撒勒舞的娱乐功能，是在人们赞美生活、憧憬未来的需求中产生的，也是在人们的需求中发展起来的，正是这种民间歌舞自娱自乐的形式，在傈僳族人民中，经久不衰的原因之一。而这种娱乐功能，能够被该族民众用于来表达对生活的颂扬，对未来的希望，从而能够更有信心地参与本民族的进步。这种重要作用决定了舞蹈可以在傈僳族人民和民族特征中长期占据重要地位。

三　强健体魄、愉悦身心的功能

傈僳族舞蹈和其他舞蹈一样，是一种人体动作艺术，通过人的身体为主要媒介，借助于人的头、颈、肩、胸、背、腰、手、脚、腿等身体各部位的运动，协调配合，形成一系列连续不断的动作。在舞蹈的过程中，把视、听、动全都结合起来，对人的体魄锻炼有着很大的帮助。

傈僳族舞蹈主要的动作是跺脚、对脚、踏地、甩臂等，在做这些动作的过程中，人体的血液循环加速，心肺功能得以锻炼，整个身体得以舒展，体质得到锻炼，身体的灵活性、柔韧性、协调型得以提高。

从运动生理学的角度来看，学术界曾提出如下结论：心率在 120 次/分—140 次/分情况下活动，机体的血压、血液成分、尿蛋白和心电图都会有一定的变化，身体各组织能得到充分的血液供应，代谢状态最佳。通过实验得出，跳嘎且且撒勒舞时的心率恰好在这个最佳区间范围内。另一方面，嘎且且撒勒舞的种类繁多、动作丰富，人们不重复跳一遍的时间往往需要一小时左右，若有兴致，反复重复，往往就会耗费数小时。因此，从运动的强度和运动的时间来讲，傈僳族嘎且且撒勒舞属于中等耐力性运动，也属于有氧运动。众所周知，有氧代谢运动对人体健康有益，它不仅能分解体内血糖，加速血液循环、增强心肺功能，还能消耗身体的脂肪，对于降脂减肥具有明显的作用。可以看到，傈僳族中，大多数人是偏瘦的，少有因肥胖带来的高血脂、高血压等各种疾病，这与他们长期居住在高山行走较多有关，也与他们喜爱跳舞，体内脂肪堆积含量少有关。

跳过嘎且且撒勒舞的人都有一个共同的感受：不管多忙多累，多烦多不顺心，只要加入舞蹈队伍就能领略到一个美好的世界，舞蹈节奏让人振奋、欢悦和陶醉。和大伙在一起跳舞，让生活中的一切不愉快都甩之脑后，使身心得到极大的愉悦。在会东广场上跳嘎且且撒勒舞的一位下岗女职工就告诉笔者，因为热爱，所以每天坚持来跳舞，自己虽然经济有限、生活中的琐事和烦恼也不少，但是每天来跳舞让自己很精神也很开心，身体也变好了，烦心事也可以抛到一边了。

可见，跳嘎且且撒勒舞不仅能达到舒畅筋骨、通利关节、增强体质之效果，同时还能良好地刺激人体神经系统的功能，从而使人身心得到健康发展、陶冶心灵、消除紧张、安定情绪、调养精神。

四　审美功能

傈僳族嘎且且撒勒舞蹈是美的创造，给人以灵感，舞蹈是对美的追求，给人以熏陶，马克思曾说："艺术对象创造出懂得艺术和能够欣赏的观众。"舞蹈可以带给人以美的享受，我们通过观赏傈僳族嘎且且撒勒舞，不但加深了对民族的了解，而且得到了美的享受。傈僳族人民通过舞蹈实现对美的追求，得到良好的艺术熏陶。

人们欣赏嘎且且撒勒舞蹈时，会通过舞蹈中所展现的富有审美价值的形象、动作、构图、技巧、韵味、表情、音乐等所构成的"有意味的形式"去认识客观世界。傈僳族嘎且且撒勒舞蹈不仅是一种文化，也是一种形式、理念和心理的"聚合物"，给人带来独到的审美体验。

傈僳族嘎且且撒勒舞能够满足人们的审美需求，提高人们的审美意识和审美能力，作为一项极具美感的身体活动方式，对满足人们审美需求、提升人们的审美意识和能力有重要作用。在舞蹈的美感体验过程中，人们通过对肢体、感官等多个方面来审视舞蹈的美感。审美意识和能力等素质与社会审美文化经验的发展是息息相关的。通过体验舞蹈艺术，人们潜在的审美意识和能力得到了充分的挖掘，人们发现美、感受美的能力得到了提升，并在审美想象、情感、审美体验中产生深刻而富有内涵的美感，从而提升人们创造美的意识和能力。

同时，也有利于拓展和完善人的审美心理过程。审美心理过程是人类复杂、短暂且很难预测的一种心理活动。它需要人们经过心理的感知、想象和理解等来认识。对傈僳族嘎且且撒勒舞蹈的欣赏，可以唤醒人的感性，使感性和理性达到平衡状态。通过审美活动，人们的心理得到净化，审美想象能力得到拓展，能够深刻理解审美对象所表达得审美情感，从而建立自身独特、正确的审美理解。

五　民族凝聚功能

正如格罗塞所说："原始舞蹈的意义全在于统一社会的感应力。"《周礼·春官·宗伯》亦云："六舞大和乐，以致鬼神示，以和邦国，以谐万民，以安宾客，以悦远人以作动物，乃分乐而序之，以祭，以享，以祀。"傈僳族是一个团结的民族，其嘎且且撒勒多为圈舞的形式，相邻舞者之间均是互相手心紧握，肩并肩，步伐整齐统一，围着吹奏者跳，围着火堆跳，它不仅是对原始公有制这样一种抽象"公共"概念的表达，同时也是原始部落某一社会组织中"公共""共同"关系的体现，也是"团结""凝聚"的象征。经历长期的历史演变，作为自娱性的傈僳族嘎且且撒勒舞，强烈的影响和引导着人们共同意识和文化需要，使得人们自觉地强化了社会集体意识，增强了社会群体以及群体与群体之间的凝聚力。

在傈僳族歌舞活动中有世代相传的共同遵守的民族礼俗。例如在大型的节日中人们都身着艳丽的民族服装，增强了整体的审美感官效果。节日期间或重大活动之时，族人们身着盛装，扶老携幼，翻山越岭，从四面八方赶来，人山人海，自觉或不自觉地融入民族群体成员的角色，借活动之时，增强了民族凝聚力。舞蹈中，人们打破了年龄的界限，众舞者洋溢在浓郁而和谐的艺术文化当中，创造出团结、和谐的氛围。

傈僳族嘎且且撒勒舞虽然是一种艺术形式，但是它一旦和民族的历史、民族的习俗、民族的性格相结合，往往会成为该民族的一种象征，有巨大的凝聚力。例如傈僳族的很多舞蹈，历史上，当遇到外来入侵的时候，一致对敌，甚至为本民族献身，通过族人们团结一致，抵御外来侵入，起到了凝聚人心的作用。在与大自然作斗争时，团结协作，当大获全胜时，人们在一起欢呼雀跃，喝酒吃肉，纵情歌唱，来庆祝胜利。团结奋争的民族精神，反映了傈僳族人民对美好生活的向往和执着的追求，它召唤着傈僳族人民继承祖先的业绩，奋勇前进，永不停息。

在傈僳族的舞蹈中，每一项舞蹈几乎都是群体性的，并且都渗透有很强的仪式性、民俗性。每一次舞蹈的举行，它不仅意味着一次单纯的娱乐活动，而且是整个族群的一个欢庆活动，每一个人都能够参与，并且这种参与是自愿的，也是无意识的，人们能够在舞蹈的带领下达成一种对舞蹈社会功能的基本认识。在舞蹈中，人们不仅要在肢体、语言、节奏等方面达到协调一致，还要在心灵上产生共鸣，这种共鸣就是对传统的认同，对自己民族情感的认同，而这些民族意识的增强是维持社会稳定的重要基础。正如德国学者恩斯特·格罗塞所说的"歌舞的参加者始终保持着一种奇妙的和谐，人们按照一样的法则和一样的拍子动作。在歌舞的热潮中，人们都混合成为一个仿佛是被一种感情所激发而动作的整体，并且完全统一在社会态度下，于是歌舞活动获得了一种统一社会感应力的文化功能。社会的一致性就是这样完成的，民族群体的聚合与认同链因之得以实现"。①

所以，作为非物质文化遗产的傈僳族嘎且且撒勒舞蹈，在倡导对其保护和传承的时候，我们不能仅关注它作为艺术门类的美学价值，更要关注作为传统文化组成部分的社会文化整合功能和民族凝聚功能。

六 文化传承、弘扬民族文化功能

少数民族舞蹈是由劳动人民在长期的历史进程中集体创造、集体传衍、不

---

① ［德］格罗赛：《艺术的起源》，蔡慕晖译，商务印书馆1984年版，第170—171页。

断积累发展形成的，具有鲜明的地域特色和民族特色。长期以来，各少数民族地区的文化传承赖以其独特地理环境和生产生活方式。通过舞蹈来表现民族迁徙历史，传授生产技能、表达感情、传播文化，这些舞蹈特有的民族气息和时代精神，是前人为我们留下的宝贵精神财富，值得一代又一代的相传。长期以来，少数民族人民具有民族特色的舞蹈行为，比如民俗节日活动、婚丧嫁娶等，承担了传承于发展民族舞蹈文化的主要任务。当今社会，民族舞蹈的独特文化价值得到越来越多的关注，人们对民族舞蹈的保存和发展倾注了很多心血。

傈僳族嘎且且撒勒舞作为极具民族特色的文化现象，与傈僳族的政治、经济、文化、道德、生产、生活、文化密不可分，充分体现了傈僳族的民族个性，体现了民族的特点，因此相应地构成了维护群体、惩恶扬善、长幼有序、农耕为本、热爱自然、尊重万物的道德伦理观念，向世人展示了傈僳族文化的亮丽风采，并在展示中得到传承、发展、弘扬。在"阔时节"等重大节日活动中，大量的民俗活动、游戏活动、祭祀活动、艺术活动得以充分展示，从而使得傈僳族文化中一些具有代表性的观念，例如热爱自然、尊重万物、惩恶扬善等，都得以进一步的巩固、统一、宣扬。

第六节　嘎且且撒勒舞的保护与传承

在全球经济一体化的今天，包括傈僳族嘎且且撒勒舞在内的中国文化都受到了不小的冲击，对于有着如此重要价值的民间传统文化，应当如何在保证其原始风貌、完整性的情况下，科学地抢救、保护、传承与发展，是摆在我们面前的一个问题。对嘎且且撒勒舞的保护与传承，可以从以下几个方面着手。

第一，组织专人挖掘、搜集原始资料。可以组织凉山当地文化部门的相关人员、组织专家学者、专业技术人员，深入山间地里，贴近傈僳族的生活，利用好傈僳族"阔时节"、喜迎丰收时、修房建屋时、婚丧嫁娶时等特殊日子，对嘎且且撒勒舞的原始素材进行挖掘、搜集，走访舞艺高超、德高望重的老艺人，请教关于嘎且且撒勒舞方方面面的内容。力图全面、完善、细致、深入地挖掘、搜集第一手原始资料，这是一个极其复杂的采风过程，也是一个非常重要的过程，所以需要一定的时间保障、人员保障、经费保障。在政府的重视和支持下，研究人员需要有吃苦耐劳的精神，反复深入细致的挖掘、搜集，要做到原始资料信息的准确性。

第二，整理资料，建立健全资料档案。一直以来，嘎且且撒勒舞在傈僳族民间都是以口传身授的方式延续着，一方面因为舞蹈本身是一种比较直观的艺术，便于使用这样的方式；另一方面，由于傈僳族的文字不丰富，也没有用图谱记录舞蹈或是像其他民族在岩石上刻绘舞蹈动作的记录习惯，所以口传身授代代相传。但这也是嘎且且撒勒舞保存不完整、多有流失的原因之一。因此，建立健全资料档案，是传承嘎且且撒勒舞的一项必要任务，只有完整、细致、准确地记录下来，才能为传承它、发展它提供有力的保障。我们可以利用文字记录、舞蹈绘图、录像、录音、照相等方式，整理收集好的资料，对其进行完善地分类建档。

第三，在保护好原始舞蹈的同时保护好舞蹈传承人。傈僳族当中，有一批专注于嘎且且撒勒舞的收集、研究、传播、创新、在民族文化发展中起着与众不同的重要作用的优秀分子，这些就是传承人。传承人是舞蹈传承的重要文化主体，其作用十分明显，他们是能够最全面地掌握嘎且且撒勒舞技艺的艺术人才，通常也是在本区域内被公认为通晓舞艺的代表性人物，有一定影响力。对于传承人，政府要解决其生活难题，给予经济上的补助和帮扶，解除其后顾之忧，使之有更多的时间把精力和才智投入舞蹈传承中。尊重传承人，要使人们深刻认识到传承艺人的历史使命、文化价值和文化内涵，进行传、帮、带，有意识地培养更多的传承人。

第四，嘎且且撒勒舞的民间传承途径。舞蹈的传承，最关键的还是要在保持其原始风貌的情况下让更多的人学会跳，并且领悟精髓。嘎且且撒勒舞是在民间流传的舞蹈，在丰收时节傈僳族会跳"三升苞谷舞"；在嫁娶的时候傈僳族会跳"领亲调"；在"阔时节"的时候傈僳族会跳"三脚""四脚""七脚"等。若是在这些时候加以一定的组织和引导，跳舞的人数会更多，也会跳得更热烈，无形中对传承就起到了很好的作用。

第五，嘎且且撒勒舞在学校教育中的传承。一直以来，学校教育都是传承和推广民族文化的重要而有效的途径。试想，把嘎且且撒勒舞引入当地学校教育，在当地学校的音乐舞蹈课中加入嘎且且撒勒舞，在学生课余生活的时候引导学生学习嘎且且撒勒舞，学校是一个聚集着大量新生力量的地方，这就对舞蹈传承提供了充足的人员保障和后续支持。每年9月都有新生入校，这就意味着每一年都有新的传承者补充到这支舞蹈传承的大队伍中来，长此以往嘎且且撒勒舞的传承队伍就会越来越壮大，传承者就会越来越多。

第六，建立傈僳族嘎且且撒勒舞传承保护区。在凉山傈僳族比较集中的地域，嘎且且撒勒舞保存较好，传承人较多的地方建立传承保护区，比如凉山德昌县的南山乡、金沙乡，会东县的嘎吉区麻栗村、花家村。在这个区域内，有一定的政策扶持、经费支持，有计划、有目的地对嘎且且撒勒舞进行传承，可以组织大家每天都跳嘎且且撒勒舞，在自娱自乐的同时，延续民族文化。这个区域将是弘扬传统文化，增进民族团结，增强民族自信心与自豪感，促进文化交流的重要区域。

总之，隐藏在深山里的嘎且且撒勒舞是凉山地区傈僳族特有的原始民间集体舞蹈，该舞蹈作为非物质文化遗产，具有相当的历史价值、艺术价值、经济价值、科学价值、教育价值等多重价值。在经济全球化的今天，保护和传承它就显得尤为重要，在挖掘收集整理原始素材的基础上，更要通过地方政府投入人力、物力、财力，通过搭建各种平台保护好嘎且且撒勒舞及其舞蹈传承人，让这朵舞蹈艺术奇葩在中华文化历史宝库里绽放出夺目的光彩。

第五章 《勒俄特依》

第一节 《勒俄特依》概述

《勒俄特依》是一部彝文典籍。"勒俄"意为"传闻"或"历史","特依"意为经书或书,"勒俄特依"意为"古事纪"或"历史的书"。

许多专家学者和彝族毕摩(祭司)却把"勒俄"解释为听来的历史故事;冯元蔚搜集、整理、翻译《勒俄特依》时指出:"勒"的本义就是历史,"俄"的本义就是真实的,即"叙述历史的书"。这两种解释有所不同,但都解释为"勒俄"是彝族历史之真相或彝族渊源的含义,可以肯定这是一部与彝族历史故事有关的书。

《勒俄特依》主要流传于四川大、小凉山及其毗邻的云南宁蒗、昭通、楚雄等地。《勒俄特依》在彝族地区有各种详略不同的异文本,有《勒俄阿莫》(母史传)与《勒俄阿补》(公史传)、《武哲》(子史传)、《古侯略夫》(历史汇编的书)、《勒俄阿诺》(《黑史传》)与《勒俄阿曲》(《白史传》)等数种版本。本书引用冯元蔚先生整理的《勒俄特依》①,全书共 2270 行,以下简称为"史诗",由《天地演变史》《开天辟地》《阿俄署布》《雪子十二支》《呼日唤月》《喝智水》《蒲莫妮依》《支格阿龙》《射日射月》《喊独日独月出》《石尔俄特》《洪水漫天地》《兹的住地》《合侯赛变》《古侯主系》《曲涅主系》十六个互相联系又独立成篇的章节组成。《勒俄特依》主要记载了天地的演变、生物的生长、宇宙的源远、人类的起源、彝族的迁徙等,使用极为优美和含有深刻寓意的诗句来描绘大自然的美景,人民内心的欢乐与痛苦,涵

---

① 冯元蔚:《勒俄特依》,四川民族出版社 2000 年版。

盖了极为丰富的历史与地理资料、自然知识等。如《勒俄特依》中，在描写昭觉县"洒拉地坡"（烂坝）的风情说："杉树披白衣，竹子背铃铛，泥土上面白衣，妇女舀水带水锤，这是居住兴旺难。"从中可以看出该地洒拉地坡的气候寒冷，长期居住在那里的人生活困难，不易生儿育女，发展生产艰难的实际情况。总之《勒俄特依》反映了彝族人民在远古时代的世界观和观察事物的丰富想象，概括了彝族人民生活历史发展的轮廓，《勒俄特依》既是文学，更是一部彝族的远古历史书。

一 《勒俄特依》的产生

由于彝族没有历史文献记载，没有哪个专家学者能够说得清，《勒俄特依》产生于何时何地，作者是谁，有的说是由毕阿史拉则大毕摩所作，有的说不是，至今仍在争论之中。令人惊叹的是在不算太长的篇幅中，《勒俄特依》彰显出庞大的结构、雄伟的气势和丰富的内涵。它几乎包罗了史诗产生、形成过程中的各种特点和内容：如史前时期的神话传说，后期社会的发展演变。在神话方面，它包括了具有广泛性和代表性的创世神话（包括物种起源神话）、英雄神话（包括射日神话、战争神话）、洪水神话（包括族源神话、迁徙神话）；在传说方面，有支格阿龙的传说（人与自然抗争、祖先崇拜的产生）、石尔俄特的传说（由母系制转入父系制的演变过程）、居木乌乌的传说（婚姻选择及等级婚姻的产生）。进入后期阶段社会以后，反映迁徙历史的"居住地"的选择；反映对继承权争夺的蒲伙三兄弟在普格海口梁子为了继承母亲的善养即"三子分母"；反映部落内部土地、财产的争夺，势力较量的"合侯争斗"等。第一，《勒俄特依》的产生一方面是神的作用，一方面是自然变化的结果；人类与其他生物同时产生；人类社会从原始母系氏族过渡到对偶家庭父系氏族；彝族关于"四方"天体学说的产生；民族（部落）战争起源；人类从自然崇拜到祖先崇拜的演化乃至产生谱系制。从《勒俄特依》的内容看，大都起源于《毕摩经书》，从古到今毕摩世家都珍藏有《勒俄特依》，这是不言而喻的事。第二，《勒俄特依》的产生一方面是以鬼神观念为基础的彝族先民的原始宗教思想，由于原始社会生产力水平极为低下，人们对世界的认识受到限制。而对自然界万事万物的不可理解性，使人在思想上产生了神存在的意识；面对某些方面做出人能力所及的事物，人们就产生了万物有灵论的思想。如，做道场演化而产生雪子十二支；神猴不做祭而亡；石尔俄特采用兹妮诗色"供祖灵"的建议而成对偶，生子见父（石尔俄特寻找父亲来到"瓦格"下方，三年寻父没寻到，三年买父没买到，最后在特莫阿拉的牵线下，石尔俄特与东方部落的兹妮诗色结了婚，从此女子嫁到男方，实现妻从夫居，生子从此能见父，子女从父居，形成了一妻配一夫，组成了彝族历史上第一个一夫一妻制家庭）；笃慕（居木乌乌）通过动物的帮助而娶到仙女等。第三，从以上这些可以看出《勒俄特依》的产生是人们对客观世界的直观认识，由于原始先民对宇宙万物没有深刻的认识，他们的认识仅仅局限于与之朝夕相处的周围环境。因此，人们以这些熟知的直观认识为基础，展开想象的翅膀，虚构出一系列天神，如恩体古兹居住的概貌、人类居住地、山川河流的神造过程，蒲媜妮依等彝族妇女的纺织劳作，人与猴之间某些相似的动作、表情塑造出"猿猴变人记"，人们的四方房屋建筑提出"四方天体"说，并由此构造出了四方的四座撑天柱式的名山。第四，《勒俄特依》的产生源于社会发展状况，随着生产力和生产关系的进一步发展，人们对周围事物认识程度的逐步提高，从母系氏族到父系氏族社会的演化；从早期的射日月到呼日月；从狩猎时代到驯养时代，史诗的内容随着人类社会的发展，从神话时代向寓言和现实时代转化。

为此，《勒俄特依》的产生和形成，代代相传，千百年来它在彝族民间传承过程中不断加工、再创至今。但如今人们所知晓的《勒俄特依》当中涉及有些山名、地名已无人断定其所在位置。从内容上看，《勒俄特依》处处闪现着原始初民的世界观和认识观，故初创时代应是很久远的事了。再一点是《勒俄特依》的成书年代和作者则与其他彝文古籍一样无确切注明，根据流传地人们的口头传说和其他书籍上所载：毕摩（祭师）是彝族文化和知识的传承者。这是许多专家学者们所公认的。"彝族自创造出文字以来，经书大都由毕摩来掌握"，"古代彝族经书大多由彝族毕摩（祭师）所掌握，而传承文字者也是他们，彝族经书也靠他们一代传一代保存下来……"①

从远古阿牛居日传到鼻波惹格是九代：木乌古日—古日古俄—古俄哈木—

---

① 韦安多主编：《凉山彝族文化艺术研究》，四川民族出版社 2004 年版。

哈母阿苏—阿苏普莫—普莫木古—木古母低—木低阿牛—阿牛居日。

由濮苏俄乌传到犹尼时期是两代：濮苏—犹尼。

从犹尼传到圣圣时期是五代：犹尼母勒—恩母斯勒—司兹兹哈—兹治觉勒—觉阿圣圣。

圣圣传到古俄时期是七代：古俄曲勒—俄曲所勒—所吉约勒—吉约尼勒—阿古恩勒—麻古都勒—麻古古俄。

从古俄传到莫木时期是九代：古俄依勒—依乌斯勒—都乌布勒—郑乌列勒—兹乌举勒—布乌自勒—列乌洛勒—曲乌依勒—拉雄莫木。

从莫木传到曲布时期是十三代：涅哈雄勒—雄祖祖勒—祖举古勒—木乌母兹—茨此哈勒—哈汉迭勒—迭吾西勒—西俄木勒—俄木阿勒—阿勒拉马—拉马举杰—举杰阿木—阿木曲布。

从曲布传到曲涅时期为二十代：阿尼—曲布—阿资—阿鹏—阿车—鹏义—举母—定史—石耳—兹应—定勒—阿苏—阿亨—阿拉—亨普—木乌—阿动—莫曲—阿尕—曲涅。从后来的经书（史书）上看，毕阿史拉则确有其人，他是凉山彝族曲涅支人，其谱系为：迪俄……—扎义—阿布—阿文—曲涅—木次—嘎嘎……毕阿→毕苏→拉则，从迪俄、扎义到毕阿史拉则共 62 代。

自毕阿史拉则始，其子孙世系为：毕阿史拉则—格楚—格易—格果—阿兹（到此世迁入现美姑县典补乡的陈兹以纵居住）—伊尔。分出三子：长子为毕直，是今阿鲁家之祖，分布于美姑、雷波、昭觉、越西、布拖等县；次子为陈兹，是为今吉曲、吴奇、吴其曲比、毕直、磨手、阿根等家支，除部分吴其曲比分布在甘洛、峨边、雷波外，其他家支都居住于美姑县境内；老三为吉批，为今索体甲拉、青吉、瓦苦、吉克、马达等家支，吉克支遍居凉山外，其余皆分布于美姑县境。以吉批支系吉克的谱系来看为：伊尔—吉批—吉克—吉布—索博—哈仁—阿布—普莫—尔布—克惹—比格—尔补—约嘎—尔勒—古达—曲依—伍沙（凉山州美姑县的吉克伍沙同志系毕摩世家，是属毕阿史拉则的后裔，国家级非遗文化遗产毕摩绘画代表性传承人），其子吉克果体（住于今美姑县拉玛觉村）。从阿苏拉则到乌沙之子吉克果体共 80 代。在彝族的习俗中，一个名代表着一代人，以三十年为一代计算，至今已有 2400 多年的历史。

二　《勒俄特依》的分布区域

《勒俄特依》主要分布于北纬22°—29°，东经98°—106°之间的云贵高原、横断山脉峡谷区和青藏高原东南边缘，以及四川盆地西南边缘，以金沙江南北两岸的凉山彝族自治州和楚雄彝族自治州为主。

四川省凉山彝族自治州，位于青藏高原东缘横断山脉北段向四川盆地的过渡地带，北起大渡河，南临金沙江。这里有陡峭的山势，突兀的群峰，奔流的江河，磅礴的大山，美丽的高原，星罗棋布的高原湖泊，是中国最大的彝族聚居区，堪称"中国彝族原生态文化博物馆"。《勒俄特依》的重点分布区有四川省凉山彝族自治州的依诺地区（美姑、雷波、金阳、昭觉）；圣扎（喜德县、冕宁县、越西县、西昌市）；所地（普格县、昭觉县、金阳县、宁南县、德昌县、会理县、会东县）等外，还有四川乐山市的峨边、马边，甘孜州九龙县、泸定县，汉源县的九襄外，云南的昭通地区和云南境内的中甸、宁蒗、华坪、永善、大理等，贵州的威宁、赫章等。

三　《勒俄特依》传承人的存续状况

千百年来，《勒俄特依》一般都由毕摩祭司手抄，刻录本记载来传承，如《勒俄阿莫》（母史篇一般用于婚礼上，公史篇则用于丧葬上，各有侧重）、《古侯燎夫》（历史汇编的书）及毕摩（祭司）所珍藏的彝文典籍等，这些都是完整记录着彝族各个历史时期的《勒俄特依》存续状况，除了毕摩所珍藏的以外，在百姓间互相转抄的数量也相当多。从传承方式看，《勒俄特依》主要有口耳相传和文本传抄两种形式；从传承人的角度看，主要有家族传承、师徒传承和民间自由传承三种形式；从表现形式看，主要以民间说唱和原始舞蹈相结合；从文化人类学角度看，主要是在隆重的祭祀祖先、婚丧嫁娶等特定场合以交流比赛的方式进行传承。比如彝族民间举行祭祀祖先、婚丧嫁娶或祈福、驱邪等仪式上，人们都齐聚在篝火旁，通宵达旦地以《勒俄特依》为重，边跳祭祀舞边诵唱，呈现出对《勒俄特依》的崇拜，这是彝族群体对《勒俄特依》文化认同的典型表征，其所高扬的向往光明与热爱生活的思想，长久、深刻地影响着彝族人的理想信念，规范着彝族人的社会行为，并对彝族社会的和谐发展产生了重大影响。《勒俄特依》就是以这样的表现形式一代传一代保存下来的。除了以上几种方式的传承以外，还有以父子联名即谱系的方式进行传承。

凉山州语委的曲比卧诺是《勒俄特依》传承人之一，属曲比家族，系毕摩世家，他的家谱是从曲涅—母次—甘甘—根根—勒红—阿必—伟史—俄母—阿领—都吉—阿母—等绍—阿研—恒迪—洈啊—井母—曲补—史楚—乍穆—比研—比苦—阿窝—利一—阿曲—嗽嘛—乍争—伙争—海普—海阿—母乌—日乌—日阿—乍穆—阿日—阿领—阿次—阿色—阿海—阿都—尔普—吉木—吉沃—阿喷—沙马—尔依—尼格—阿迪—体侯—雅谷—苏布—麻恩—都拉—友则—友尔—阿祖—颇五—颇依—宁惹—阿史—嘎哈—尔格—毕惹—苏哄—优拉—优特—毕嗡—尔威—拉惹—吉波—所莫—毕勒—依杰—毕机—尼达—拉史—古格—果自—卧诺，都是这样祖祖辈辈代代相传承至今的。此外，在凉山各县（市）的广大农村无论是毕摩或者八九十岁的老人，或三四十岁的年轻人，一般都知晓每个男性成员实行一种按父系相传的父子联名制，并将父子联名成自家支的谱系，从中可以追溯出《勒俄特依》的历史渊源。

第二节 《勒俄特依》的表现形式与主要内容

一 《勒俄特依》的表现形式

《勒俄特依》是用彝文记录撰写的一部古典创世史诗，是中国彝族最具经典的成文叙事史诗之一，是彝族先民创作和传承下来的宝贵的民族文化遗产，是长期的历史文化积淀，是集体的智慧结晶。作品问世的时期很难确定，但现存的《勒俄特依》的篇章是从"天地演变史"开始，到"古侯主系"和"曲涅主系"两个章节为止。它是以活态的口头文本与稳定的书面文本双重形式在彝族民众中传承与传播的。从版本来看，主要以口头演述版本（民间口头流传）、书面文献版本毕摩（祭司）手抄、刻录本记载、外文文献版本（通过学者翻译进行学术交流）等表现形式。此外，在彝族民众中还有动态的表现，彝族村寨每当婚丧嫁娶时，亲戚朋友们都喜欢聚集在一起比赛《勒俄阿莫》（母史）即"婚礼克智"、《勒俄阿补》（公史）即"丧事克智"的习俗，届时参赛的选手都要围绕着婚丧嫁娶的主题必唱内容，进入高潮后，要大段地演述《勒俄特依》内容，届时远亲近邻前来同享《勒俄特依》文化大餐，而且成为当地风俗、礼仪的一个内容，这种独特演述《勒俄特依》的活动，为《勒俄特依》的传承文化造就了生长的土壤，提供了发展的条件，自然形成了传承《勒俄特依》中必不可少的一种文化娱乐活动，也是一项颇有民族特色的《勒俄特依》展演活动，在其他民族中是极少见的。每个选手若没有极为丰富的历史知识，精通《勒俄特依》的史诗内容，即"天地演变史""开天辟地""雪子十二支""支格阿龙""洪水泛滥"等十六个互相联系又独立成篇的章节，就会出现无法继续赛说的尴尬境地。所以每个参加比赛的选手都很注重史诗演述，比如在演述《勒俄特依》时，一方刚说完第一段，另一方则必须及时接诵第二段来。若是不能成篇演述，或者有遗漏、错误，便会引起全场哄笑而算作失败。因此，往往比赛会相持几天几夜，不分胜负，最后以喝酒言好而结束。据说，过去喜德县境内的一个姑娘嫁到美姑县的恩扎家，恩扎家为了活跃婚礼氛围，特意组织了主客双方间的"婚礼克智"说唱比赛活动，于是主客双方都精选能够代表己方的说唱高手出场说唱比赛，结果主客双方的选手赛了五天五夜，基本上把彝族的"祖茨'勒俄'（史诗）十九段""格比"（对口词四十八段，彝语，泛指彝族婚礼上必唱的四十八首传统民歌包括各种嬉戏语）、"玛子"（叙述诗二十四首，泛指彝族婚礼上必唱的二十四首婚礼歌）、"博葩"（各种物种起源百多篇，泛指彝族婚礼上必说的百十种物种起源名）、"经典尔比格言"等都背诵完了，胜负也未见分晓。最后，在关键时刻，喜德一方的选手因出门解小便，偶见一只喜鹊在核桃树上鸣叫，回到比赛场地时即以喜鹊为题讲说的新内容，使对方一时没反应过来，结果喜德一方的客人赢得了胜利，从此名扬四方。这样的故事一直传播到现在，可见《勒俄特依》的动态表现在彝族民众中的威名和知名度上。在表现手段上，彝族毕摩在驱鬼念经或送灵归终（宗）等宗教仪式上都要借助《勒俄特依》中的英雄人物"支格阿龙"的威名来给自己助威，而且每个毕摩珍藏的经书上都绘有"支格阿龙"头戴铜盔，手执铜锤的画像来装饰封面。

二 《勒俄特依》的基本内容

《勒俄特依》流传在大凉山彝族地区，是彝族人关于开天辟地的传说，其入结构庞大，用彝文古诗的形式书写而成，以丰富的想象和朴素唯物主义的观点，叙述了宇宙的演变、万物的进化生长、人类的起源发展、彝族先民的迁徙、部落的战争、人类支系的繁衍等内容。

其中《天地演化史》故事的内容是："天地未分明，洪水未消退，正当这时候，一天反着转，变化极反常；一天正面变，变化似正常。天地的一代，混沌演变水；天地的二代，地上雾蒙蒙；天地的三代，水色变金黄；天地的四代，四面有星光；天地的五代，星星发出声；天地的六代，发声后平静；天地的七代，平静后又变；天地的八代，变化来势猛；天地的九代，下界遭毁灭；天地的十代，万物毁灭尽。此为天地演变史。"

《开天辟地》和《阿俄署布造物》主要故事是：天地还没有开的时候，一片混沌，没有天，也没有地，也没有山，也没有平地和平原地区。天神恩体古兹为开辟天地，派遣四个神仙子，分别是儒惹古达、苏惹尔达、斯惹狄尼、阿俄署布，他们打开天门，将铜矿铁矿推下来，又拿四个铜铁叉，一把推向南方，南方现出一处；一把推向东方，东方现出一处；一把推向西方，西方现出一处，把铜矿铁矿压在地的四方，不让天与地出混沌，这才有了天和地。

过了几天，天神恩体古兹又派九个神仙子，在大地上翻土又造地，平整山川，这九个神仙子到了土尔山，天亮了还在山上睡觉，睡到下午才起来，着急地往地上跺三脚，跺出个大平原。在平原上往右跺三脚，跺出九方岩石壁；往左跺三脚，跺成老垭口；往上跺三脚，跺成老山包。从此，大地上有了平原有岩壁，也有了山包。

天神恩体古兹走出门，发现天上没有星星，地上没有草，没有森林。于是他回到天上，又派出九个仙女，其中三个在天上造星星，造出星星亮晶晶：三个造出地上草，草长地面绿茵茵；三个造树万千棵，栽树造林绿茵茵。

天神恩体古兹看到天地造好后又说："大地上有岩，岩上光有草有树还不够美，天上的九群蜜蜂中，分出一群到大地上，岩间住起蜜蜂就美了；大地上有林木，没有动物就不够相称，天上九群獐麂中，分出一群獐麂到大地上，森林里住动物，林木中有獐麂生活就美了；大地之上，无水不美好，动物生活不离水，植物的生长不离水；九片海水分三条江到大地之上大地：水中没有鱼儿生存就不美，九群鱼苗中分出一群鱼到大答上，水中的鱼儿生存就美了。"就这样天神恩体古兹对开天劈地——作了安排，一切安排好后，天神恩体古兹再次观看了景气，觉得还有一样不够美，他又继续安排四位神仙子说："大地上无风不相称，春、夏、秋、冬不明朗，叫你们四位神仙又造出风来。"

四位神仙再次来到地上造出风来，从此，大地吹风凉悠悠，草木欢快树点头，流水不断哗哗响，高山平原獐麂游。随后四位神仙子又造出六个太阳，七个月亮，出现万物生长，五光十色的人间美景。开天辟地和造天造地是这样形成的。

《喊日月》故事里说，天地形成之初，没有太阳和月亮，阿牛居日喊了九天九夜，喊出六个太阳和七个月亮，结果动物、植物都被晒死。

《创造生物》是讲植物和动物的来历。

《支格阿龙》和《射日月》故事是写一位原始部落英雄的历史。远古的时候，天上生龙子，地上住龙子；地上生龙子，江中住龙子；江中生龙子，岩上住龙子；岩上生龙子，杉林住龙子；杉林生龙子，住在谷戳戳吾山，龙子下传九代，代代都是女儿。第九代龙女嫁蒲家，蒲家生三女，大女、二女出了嫁，剩下小女蒲莫妮依未出嫁。一天她坐在房檐下纺织，四只神鹰从署祖博尼山飞来。蒲莫妮依抬头看神鹰，神鹰掉下三滴血，滴在她身上。一滴中头上，发辫穿九层；一滴中腰间，毡衣穿九迭；一滴中腿上，裙褶穿九层。巫师预言她要生个大神人。后来她生了个儿子，起名支格阿龙。

支格阿龙是神龙鹰的儿子，彝语称"氐"。一岁就能用竹弓学射箭；三岁能拉木弓射箭了；五岁长得身强体壮，勇力无比；七岁能排兵布阵，智慧超群；到了九岁，他能骑着神马，穿着神甲，带着神犬，挟着神弓，搭着神箭到处去巡视了。

他看到人们没有放牧的地方，没有渔猎的地方，没有耕种的地方，没有造屋的地方，不能安居乐业，就下决心要为人们造福。

他采来一束神草，揉碎成草屑。他把草屑抛向空中，天上就有了日月星辰；他把草屑撒到地上，地上就有了山川湖海。从此天空辽阔，大地明亮，洪水归海，四时有序，八方定位，万物兴旺，到处充满生机。

天神恩体古兹为了考验支格阿龙，就造了六个太阳白天在空中照耀，又造了七个月亮夜晚在空中照耀。它们像烈火一样日夜炙烤着大地，把土地烤裂了，把草木烤焦了，把江河烤干了，把人烤得没法活下去了。

支格阿龙就用神箭去射太阳，一箭一个，射下了五个太阳，留下一个照耀白天。支格阿龙又用神箭去射月亮，一箭一个，射下了六个月亮，留下一个照耀夜晚。可是，留下来的太阳和月亮被支格阿龙射怕了，都不敢出来，大地一片黑沉沉，世界到处冷冰冰。支格阿龙就叫山羊去喊太阳，山羊把嗓子都喊细了，太阳还是不肯出来；支格阿龙又叫黄牛去喊太阳，黄牛把嗓子都喊粗了，太阳还是不肯出来；支格阿龙又叫青蛙去喊太阳，青蛙把嗓子都喊破，太阳还是不肯出来；支格阿龙又叫公鸡去喊太阳，公鸡亮开嗓子长长地喊了三声，太阳就红着脸，羞羞答答地出来了。到了晚上，月亮见太阳出来了一天也没事，也就放心地出来了。从那以后，太阳一出亮煌煌，月亮一出明朗朗，宇宙万象趋于正常。

一计不成，天神恩体古兹又使出了新的招数。他让毒蛇长得像土坎，蛤蟆长得像米囤，蚊蝇长得像斑鸠，蚂蚁长得像野兔，蚱蜢长得像水牛，白天晚上出没，到处与人为害，大地危机四伏，世界不得安宁。

支格阿龙用智慧和勇力一一治服了它们，让它们一个个变小，然后安排它们住到土坎下、草丛中、旷野上、泥土里，与人共处。

从那以后大地又恢复了宁静，世界又恢复了和谐，到处又充满了生机，万物又兴旺了。这样支格阿龙成了千古流传的英雄。

《喊独日独月》故事里说，支格阿龙把日、月都射下来后，从此九天没有光，九夜没有亮，大地一片黑，妈妈坐屋檐下，昏昏沉沉地睡着；阉鸡放在屋檐下，迷迷糊糊地走着；赶耕牛下田，牛角尖上要插松明火。不久，巴克阿扎出生了。巴克阿扎派白公鸡去喊日月出来，喊了三天，太阳出来了。从此以后，公鸡早晨叫，迎接太阳出，公鸡正午叫，观看太阳升，公鸡下午叫，陪送太阳落，又喊了三夜月亮出来了。天上有了一个太阳和一个月亮，万物苗壮生长，毒蛇像地坎一样粗，蛤蟆像米囤一样大，蚊蝇像斑鸠一样大，蚂蚁像兔子一样大，蚱蜢像阉牛一样大。支格阿龙把蛇打成手指一样细，把蛤蟆打成巴掌一样小，把蚂蚁打折腰，把蚱蜢打弯脚。

《雪源史》主要故事是："天神恩体古兹创造人的经过——起初天上降下火，为了创造人类来燃烧，把银男和金女放到大地上，但他们没有成为人类；

又派红云和黄云到地上，也没能成为人类。后来火熄灭了，天上掉下桐树来，霉烂三年后，起了三股雾，升到天空去，下了三场红雪。红雪下到大地上，化了九天九夜，化出了人类。雪族十二种，有血的六种是蛙、蛇、鹰、熊、猴和人，无血的六种是蒿草、白杨、水筋草、铁灯草、针叶草、藤蔓。有血无血的六种渐渐分布开来，遍及天下。"

《石尔俄特》① 主要故事是："远古的时候，人们只知道有母亲，不知道有父亲。吾哲石尔一代，从生下来到长大成人不见其父，石尔兹哈二代，从生下来到长大成人，还是不见父亲，兹哈迪勒三代，从生下来到长大成人，仍然见不到父亲，迪勒苏妮—苏妮阿苏—阿苏阿吾—阿吾石尔—石尔俄特都是生子不见父，自石尔俄特懂事起，到长大成人，都不知道他的父亲是谁。石尔俄特一直在思考这个问题：人为什么只有母亲而没有父亲呢？天上飞的雀鸟有父亲，山坡上吃草的牲畜有父亲，人怎么没有父亲呢！我应该有父亲，父亲应该像母亲一样，照管自己，关心自己，给自己欢乐。"石尔俄特曾几次问母亲："我咋个没有父亲，我的父亲是谁？"母亲不是说他没有父亲，就是说他的父亲到很远很远的地方狩猎去了。石尔俄特百思不得其解，打猎也该回来了，春夏秋冬，他都长大成人了，父亲为啥不回来？石尔俄特想弄明白这个问题，他下决心：去找父亲，即使没有找到父亲，也要用金银买一个父亲回来。

石尔俄特主意一定，就准备了九十九把银勺，九十九把金盔。用马驮了九驮银，叫随从挑了九袋金，捉来狐狸驮银粉，逮来兔子驮金粉。他准备带上这支队伍去寻找父亲；如果寻找不到的话，他就打算用这些财宝买一个父亲回来。寻父买父的队伍就这样组成了。

一天黎明前，石尔俄特率领队伍出发了。他们走过了九片草原，草原的主人捉对云雀来款待石尔俄特，石尔俄特既不肯接受款待，也不肯吃款待饭；他们经过松林区，松林的主人捕来一对獐鹿来款待石尔俄特，石尔俄特既不愿受款待，也不肯吃款宴；他们经过九重悬岩，悬岩的主人捉上一对蜜蜂来款待石尔俄特，石尔俄特既不愿受款待，也不肯吃款待饭；他们涉过九条江河，江河的主人捕上一对金鱼来款待石尔俄特，石尔俄特既不愿受款待，又不肯吃款宴；他们翻山越岭，翻过了九重山涉过了九条江，一路上历尽了艰辛，最终到

---

① 中国民间文学集成全国编辑委员会：《中国民间文学集成·四川卷》，中国 ISBN 中心 1998 年版。

达彝族人居住的地方。彝族人看到远道而来的客人时，非常热情地接待了他们，并赶忙叫人宰了两头额头有花纹的骟牛来款待石尔俄特。石尔俄特仍然不愿受款待，也不肯吃款待饭。当他们经过汉区时，看到那里的人们左边穿的是绫罗，右边挂的是黄绸缎。他们走啊走，走到了东边的"瓦格"克哈上方，这地方的树梢尽是红彤彤的。石尔俄特以为是珍珠，伸出左手去捏，才知道是野生救兵粮；再用右手摘来看时，才知道是野刺梨。

石尔俄特一行人马，又来到南方的约木杰列地方，这个地方有一户富贵显赫的人家——兹阿狄托家。他家有个穿着百褶裙，头戴花绣帕，双耳坠珊瑚，长得像仙女一样貌美的姑娘，正坐在屋檐下织布，她叫兹妮诗色，她织出的布像彩虹般美丽，绣出的花朵能引来蜜蜂飞舞，绘出的草坪能引来动物跳跃，她是兹阿狄托家的掌上明珠。她看到远方来的客人时，赶忙停下手里的活，起身迎接石尔俄特，并说道："北边来的表哥呀，带着这么多人，驮着这么多的东西，准备走哪方？"接着说道："一路上辛苦了，眼看天色将黑，黑也到我家歇，不黑也请到我家住一夜再走吧！"石尔俄特说是要寻父买父去，不能在这儿停留。诗色又用委婉的话劝道："世间的蜜蜂不知道停息，遇到悬岩就会歇；好飞的乌鸦虽无夜，但见到树就要歇。牛羊虽无夜，牧人赶进圈里歇；云雀飞不停，遇花蕾就栖息；出门的男子虽无夜，见房就应停息。今天晚上哟，天黑该住我家，天不黑也该到我家玩。"石尔俄特心里想的只是如何尽快找回买回父亲，不想在半路上停留。听了兹妮诗色的话后，石尔俄特说："我们历尽千辛万苦，费了很多时光，走了很多地方，为的是寻父买父。现在，父亲没有寻到，我们不愿在此耽误时光，天黑也不能歇，天不黑也不歇了。"聪明的兹妮诗色不知不觉地对这位英俊、勇敢坚强的少年有了好感。于是，她大胆地对石尔俄特问道："北边来的表哥呀，我冒昧地问你一下：大地上不该放的三只猎犬、不会叫的三只红脸鸡、不能烧的三节木柴、不能织的三股线、不能弹的三团毛、不能吃的三坨盐，这些指的是什么？请你给我猜一猜。'"石尔俄特听了兹妮诗色的提问，顿时如像坠入万里云雾那样，不知从何对答，羞得他满脸通红，不敢正视诗色一眼。诗色喜欢这位腼腆的小伙子，又继续向他提问道："铠甲头上戴，前后额有两片，差一片的是指什么？铠衣身上穿，铠珠六千六百零两个，差一个指的是什么？铠裤脚上穿，铠甲'吉玛'有两个，差一个的又指什么？尊敬的表哥，请你猜一猜，你若能猜得出，那么，到哪儿去找父买父的事，我会告诉你。"

石尔俄特被兹妮诗色这一连串的提问难住了。石尔俄特猜了许久，都无法猜出，心里感到很难过，不知不觉地流下了眼泪……

石尔俄特急忙回到"瓦格"下方，把路上碰到兹妮诗色的事，一一向姐姐威蕾倾诉了。威蕾安慰弟弟道："尊敬的弟弟呀，你不必这样忧愁，我会把谜语猜给你听：'不该放的三只猎犬，是林中的狐狸；不会叫的三只红脸鸡，是厥箕丛下的野鸡；不能烧的三节木柴，是挂着的祖灵牌；不能织的三股线，是天上的彩虹；不能弹的三团毛，是山顶上的白云；不能吃的三坨盐，是深谷里的冰块。'"石尔俄特听到这里如释重负，顿时感到很轻松。姐姐又继续解释道："铠甲头上戴，前后额有两片，差一片的是指用野猪脖颈上剥皮制成的一片，铠衣身上穿，铠珠六千六百零两个，差一个的是指用红公猪鹿皮制着的皮；铠裤脚上穿，铠甲'吉玛'有两个，差一个的是指用水牛膝盖皮制着的铠甲。"石尔俄特听完姐姐的解释后，又急忙走到约木杰勒，把这一组谜语，一句一句地全说给诗色姑娘听。诗色听后很满意，说："北边来的表哥，你真聪明，谜语全被你猜出了，答也答得很对，不过，还有一个问题需要问你一下：'祖灵应该放在哪里才合适？'"石尔俄特说："若要把祖灵送进水里，水里有水鬼，那不是放祖灵的地方；若把它送到垭口上去，垭口是寒风的天地，那也不适宜放祖灵，没有一个地方能放祖灵。"兹妮诗色哈哈地笑了，说："北边来的表哥，祈祷的事应该放在火塘上方，供祖的事应挂在屋梁上，超度念经后的祖灵应送进岩洞里，这样做的话，你们那地方，娶媳安家，生子就能见到父亲。"

石尔俄特回到"瓦格"下方，三年走遍各个部落，都没有找到称心如意的媳妇，最后走遍世界后，石尔俄特再次来到约木杰列地方，向兹妮诗色求婚。他说："尊敬的表妹，我们那地方，没有一处可以娶媳妇，我只有娶你为媳妇的一条路了。"

兹妮诗色听后，很婉转地对石尔俄特说："北边来的表哥！姑娘再美丽，自己的身价不由自己定，请你到兹莫莫科那儿去，问一问特莫阿拉，看他对此事有何定论。"石尔俄特找到特莫阿拉，提出了他的请求。结果这门婚事就这样定下了：姑娘的身价就此定，坐着的要给坐钱，站着的也要给站钱，嬉戏的也要赠给一匹黑骏马，新娘回娘家要赠给一头黑骟牛。并且规定：从此以后，天上的繁星跟蓝天白云相结缘；高山峡谷跟肥沃黑土相结伴；渴色、红色、黄色跟白色、黑色、蓝色相结合；有色的跟无色的相开亲；飞禽类跟有翅类相开亲，兽类跟兽类相开亲，植物跟植物相开亲，金银跟铜铁相开亲；世上的君主跟德谷相开亲，莫跟格相开亲，百姓跟百姓相开亲，一切有生命力的都跟日月星光有缘。这样石尔俄特就娶了兹妮诗色为妻。从此，人世间，一妻配一夫生子能见父，就是从石尔俄特和兹妮诗色开始的。石尔俄特娶诗色姑娘，生了三个儿子，从此生子见了父。

《喝智愚水》① 主要故事是：很久以前，人世间一切生物都会说话，都非常聪明。那时有一个最有权力的天神名叫恩体古兹，他认为地上的生物不应该比他聪明，于是就做成了一种哑水，叫大家来喝。他向世间的生物说："这里有一种'智慧的水'，喝了会更聪明，你们快来喝吧！"因为是天神的命令，世间的生物不敢不遵从；又听说喝了可以更聪明，因此都争先恐后地去喝这水，只有人得到消息迟了，走在最后面。当人到时，有一只青蛙因为走得慢，被别的动物踩伤了，在田边爬着。人见了问它说："青蛙哟！你怎么落在后面了？"

说着就用手捧起它来，并用口轻轻地向它吹气。青蛙就对人说："你真是个好人，我也应该替你做一件好事，其实我是故意走慢的。我知道今天那水不是什么'智慧的水'，那是哑水，千万喝不得。若是要喝，也千万不要喝那些金质银质杯里的水，应该喝那用树叶装的水。请你给我也留一点，因为不喝一点是不行的。"

人听了它的话继续赶路，当他走到时，所有的生物几乎把金质银质杯里的水都抢着喝完了，他就去取树叶里的水喝。这水味美，喝着很可口，但是不多，他刚一喝，就快没有了，他急忙放下木叶，想把剩下的水给青蛙留着。

他刚一放下，八哥和乌鸦飞了来，也要喝那树叶里的水，人们为了要给青蛙留着，就急忙去挡。但他挡住了乌鸦，却没有挡住八哥。八哥喝了树叶里剩下的水，因此现在还能够说几句不完整的话。乌鸦没喝着，就在木盉里喝了一

---

① 冯元薇：《勒俄特依》，四川民族出版社 2000 年版。

口，它一喝就知道不对，连忙"哇"地叫了一声，意思是"错了"，但是已经来不及了。因此，现在乌鸦只能"哇哇哇"（错错错）地叫着，再也不能说话了。

青蛙去喝水时，因为人给它留下的已经被八哥喝了，只好喝了一口树叶里的水，从此青蛙也不能说话了。青蛙对自己被害成哑巴，非常不甘心，因此，它总是从黑夜到天明地聒噪着，想说话，但它无论如何再也说不出话了。

《洪水潮天》主要故事是：到了石尔俄特的第五代居木乌乌时，世上洪水潮天。洪水潮天过后，大地上只有善良聪明能干的居木乌乌和他带着的母鸡，以及被他救下蛙、蛇、鼠、乌鸦、蜜蜂、牛屎雀、狐狸、兔子、蜘蛛等动物存活下来。他们生活在一起，成了亲密的朋友。但一派洪荒的世界仍然显得非常空旷清冷，缺少蓬勃生机。

感到十分孤独寂寞的居木乌乌坐在高高的兹鸿罗宜山上，思考怎么才能让生命延续下去。他想了九天九夜，也没想出好的办法来，就把他的朋友们请来一起商量。他和朋友们又商量了九天九夜，办法总算想出来了。那就是带上丰厚的聘礼上天去向天神恩体古兹求亲，求天神恩体古兹把他美丽、聪明、贤惠的三女儿兹俄妮托嫁给居木乌乌做妻子，他们就能生儿育女，延续后代了。

可是，高傲、贪财而又不守信用的天王恩体古兹收下了聘礼，却不愿意让三女儿兹俄妮托下嫁人间，不仅蛮横地把派去求婚的牛屎雀赶出了天宫，还把居木乌乌狠狠奚落了一番。

居木乌乌和他的朋友们都不服气，也不甘心，就团结一心跟天王斗智。他们同天神恩体古兹斗了一个又一个回合，终于让反复无常的天神恩体古兹不得不答应把三女儿兹俄妮托嫁给居木乌乌做妻子。

居木乌乌和天神恩体古兹的三女儿兹俄妮托成亲后，男耕女织，生活美满幸福，还生了三个儿子。但令他们伤心的是，三个儿子长大后，虽然个个聪明伶俐，可是都不会说话。

居木乌乌的朋友们知道了他们夫妇的伤心事，就聚在一起同他们共同想办法。兹俄妮托说，"我的父亲统管天下的事，三个孩子不会说话，也许是父亲故意安排的"。

他们就先后派狐狸、兔子和蜘蛛上天去向天神恩体古兹求情，请他告知让孩子们说话的办法。可是，天神恩体古兹对从前斗智失败，不得不让心爱的三女儿兹俄妮托下嫁人间的事还怀恨在心，不仅不告诉让孩子们说话的办法，还烧伤了狐狸的脸，砍破了兔子的嘴唇，折断了蜘蛛的腰，使狐狸至今花脸，兔子至今缺唇，蜘蛛至今无腰。但他们的行动还是感动了心疼女儿和外孙的天王的娘娘。她从天神恩体古兹那里套出了让孩子们说话的办法后，就背着天神恩体古兹悄悄转告给折断了腰却不肯回去，仍然躲在天宫屋檐角角头的蜘蛛。

居木乌乌知晓天机，连夜从后山砍回三节竹子，放于火塘内灼之，并让三个儿子围在火塘边。过了一会儿，灼裂的竹子发出了"嘭""嗵""叭"三种不同的声音，炸出的火星落在孩子们身上。惊得老大大叫一声"阿察"，从此说藏话，在大草原上放牧牛羊，种植青稞，成了藏族的祖先；老二吃惊得大叫了一声"哎哟"，从此说汉话，在平坝河谷开田种稻，成了汉族的祖先；老三吃惊得大叫了一声"阿兹格"，从此说彝族话，在崇山峻岭种荞放牧，成了彝族的祖先。后来，他们的后代不断繁衍庚续，散居四面八方，形成了众多的民族。这段神话故事着重叙述了天神恩体古兹派遣使臣到人间征收租税的经过，当使臣被愤怒的人间勇士打死后，又来索要命价，迁怒于人，放洪水淹没世间。当洪水退却后，天神恩体古兹和他的使者阿库、阿耿两个奴隶，主奴三人坐在云南境内的兹洪尔碾山（据说指云南会泽的罗宜山）看热闹。当三兄弟起来反抗天神的报复行动时，最后只剩下坐上木柜未被淹没的却是主张调和矛盾的老三居木乌乌。这完全是奴隶制度下现实的社会关系通过神话形式在幻想中的再现。各地彝族至今普遍自认为是居木乌乌的后裔。这就完全可以表明：《洪水潮天》尽管还保留着彝族传说对远古时代洪水横流的恐惧，却涂上了一层浪漫主义的色彩，并且曾经按照奴隶主阶级的意志加以改造。此外，凉山彝族关于人类远古时代的神话，还有乔姆石奇从天宫请下妹妹，在苏诺部山上以石磨问卜，最后兄妹成婚，生下传说中的彝、藏、汉三族祖先，反映了远古彝族先民曾经经历过血缘家族公社的遗迹。

《蒲莫妮依》主要故事是：远古的时候，人类不会纺织，只能用采摘和狩猎得来的野草树叶和兽皮兽毛遮羞保暖。

后来有一个聪明手巧的女子叫蒲莫妮依。她看到山间的白雾洁白又轻柔，就想，要是能用白雾做衣裳，穿在身上一定又轻巧又温暖，可是白雾不能做衣裳；她看到天上的彩云灿烂又轻柔，就想，要是能用彩云做衣裳，穿在身上一定又光鲜又温暖，可是彩云不能做衣裳；她看到空中的彩虹美丽又轻柔，就想，要是能用彩虹做衣裳，穿在身上一定又美丽又温暖，可是彩云也不能做衣裳。

这让蒲莫妮依感到很苦恼。她就想，能不能造出一种像白雾一样洁白又轻柔、像彩云一样灿烂又轻柔、像彩虹一样美丽又轻柔的东西，用来做衣裳穿呢？她想了九天，没有想出来，又想了九夜，还是没有想出来。

她就去问老熊，老熊说，"我身上的皮毛厚实又保暖，不用穿衣裳"；她又去问金丝鸟，金丝鸟说，"我身上的羽毛美丽又轻巧，不用穿衣裳"；她又去问鱼儿，鱼儿说，"我身上的鳞片密实又光滑，不用穿衣裳"；她又去问蚯蚓，蚯蚓说，"我一年四季住在泥土中，不用穿衣裳"。直到有一天，她去问蜘蛛，蜘蛛不说话，只是忙忙碌碌地吐丝织网。横织又竖织，不一会工夫，一张网就织成了。蛛网挂在树枝间，阳光一照亮闪闪；蛛网挂在蒲莫妮依心坎上，使心灵手巧的蒲莫妮依心中闪闪亮。

她用结实的索玛木（一种硬树）做成线坠，把羊毛捻成毛线，把麻丝捻成麻线。捻呀捻，捻了九天又九夜，捻成的毛线细又长，像山间溪流绕过一山又一山；捻呀捻，捻了九天又九夜，捻成的麻线细又长，像天上的雨丝望不断。

织布的毛线麻线捻成了。蒲莫妮依坐在自家屋檐下，用毛线麻线来织布，织呀织，织了九天又九夜，布没织出来；她就来到山势峻峭、峰高岩陡的约木杰勒山，坐在高高的岩子下，用毛线麻线来织布，织呀织，织了九天又九夜，布没织出来；她又来到山脉绵长、山地宽广的土尔山，坐在宽宽的山坡上，用毛线麻线来织布，织呀织，织了九天又九夜，终于把布织成了。

为了让天下的人都有衣裳穿，蒲莫妮依日夜不停地忙织布。山坡对面定织桩，织桩如星星；山坡这面立织架，织架一层层。拉起的织线像挂在岩头的飞瀑，翻飞的索玛织板如轻快扇动的鹰翅，往返的织梭似忙碌采蜜的蜜蜂。织啊织，织出的布料比蛛网还光鲜；织啊织，织出的布料比彩云还灿烂；织啊织，织出的布料比彩虹还美丽；织啊织，织出的布料比阳光还温暖。从此，彝家有了五彩斑斓的衣裳。

在《勒俄特衣》这部史诗中，还有《兹敏的住地》和《合与侯赛变》两个章节。在《兹敏的住地》中，叙述的是居木武吾的儿子武吾格自前往远古时代的四川、云南等地寻找住地的经过。他到过凉山的雷波、马边、峨边、甘洛、普雄、越西、昭觉等地，都感到存在这样或者那样的缺点，认为不能作为兹敏的住地。最后找到滋滋蒲乌（云南昭通），觉得这里条件很好，既可放牧，又可栽秧和渔猎，因此就在这里建立基业，兹敏、诺伙、曲伙也是到这里以后逐渐分化出来的。这段故事尽管包括许多后人添加并且显然是夸张的成分，但其基本情节却是可信的，已经从神话开始进入历史的范围。在《合与侯赛变》中，叙述了古代蒲合家三个儿子到玛尼洛木地区放牧，和神兵发生战斗之后，只剩下古侯与曲涅两个氏族，又因争地盘、百姓而互相械斗。以后各显神通，比赛变化。最后得到和解，相互联姻，子孙在凉山地区繁荣发展。虽然仍旧保留一些神话色彩，但基本上勾画出古代凉山地区彝族各家支形成发展的简要过程。

《古侯曲涅主系》主要故事讲述了彝族六祖分支后糯、恒二部落的迁徙凉山有着详尽的地名及其居住情况。对于研究凉山彝族的来源、迁徙、融合、发展壮大的诸多方面有参考价值，尤其对民族发展史的研究，就更具有不容忽视的作用。

第三节 《勒俄特依》的主要特征

一 时空跨域度较大

《勒俄特依》流传广泛、影响深远。长期以来在彝族民间广为流传，妇孺皆知，凡是没有丧失母语的人都能流利地说唱《勒俄特依》内容，改革开放后，那些喜欢研究彝族文化、与彝族人民交往较深的其他民族，以及外国朋友都能上口几句。

《勒俄特依》由"天地演变史""开天辟地""阿俄署布""雪子十二支""呼日换月""支格阿龙""射日射月""喊独日独月出""石尔俄特""兹的住地""合侯塞变""古侯主系"和"曲涅主系"共六个相互联系又独立成篇的章节构成。每一章诗篇既是独立的故事，又是相互联系的故事，以动人心魄的经典诗篇叙述了开天辟地、万物诞生、人类起源、洪水泛滥、民族迁徙、部落战争、族群谱系等内容，除了这些核心内容外，还涉及了事物起源或来历的内容，即彝语所说的"博葩"。《勒俄特依》的内容反映了远古彝族先民带有神话浪漫色彩的历史，其中的诗句体现了彝族人口头和书面文学之经典，《勒俄特依》史诗全面展示了彝族人民的集体智慧。

《勒俄特依》的传承和流传主要是以口头流传和手抄流传为途径，口头传承主要指彝族人民口耳传递的史诗讲唱传统，主要有家族传承、民间师徒传承等流传方式；手抄流传则主要指彝族民间对《勒俄特依》的书面传抄流布方式，主要有家族传承、民间师徒传承和毕摩传授等，即便是在印刷出版业高度发达的今天，彝族民间仍然有《勒俄特依》手抄本的流传现象。《勒俄特依》是彝族人民千锤百炼流传下来的文化结晶，具有悠久的历史。

二 "诗""史"结合，生动浪漫

《勒俄特依》汇聚了"诗的生动、史的浪漫"。各个章节之间的排列，都很讲求韵律，对仗工整，文体均为五言诗体，杂以七言、九言诗句，在绘景、咏物、写人、叙事时，时而恢宏、时而细腻、时而昂扬激越，时而急促有力，史诗朗朗上口，悦耳动听，具有音乐般的美感。在感情强烈、说唱自如、形象生动、节奏明快、神话传奇、浪漫主义的丰富想象中，高度集中地反映了原始社会和奴隶社会初期彝族人的社会生活，饱含着古代彝族人民丰富的思想感情、聪明才智、想象力和对语言文学的创造力，是彝族史诗语言的顶峰。《勒俄特依》裁剪得当、布局巧妙、结构完整、对偶排比、节奏强烈、讲求韵律、语言精练、庄严优美、富于想象、富于哲理，大量的动作语言和视听语言，具有主体感，这种诗体显然是为朗诵或歌吟说唱而创作出来的，给人以美的视觉和听觉享受。在彝族的传统佳节、婚丧嫁娶、宗教祭祀等仪式上，均有丰富多彩的赛事活动，其中《勒俄特依》的说唱比赛是一项重要内容，以掌握《勒俄特依》的水平论胜负，胜者为尊为贤，因此，每次《勒俄特依》的赛场都是斗智论辩的激烈场面，也因为民间的这种比赛使《勒俄特依》的流传更加广泛。

三 内容的广泛性和知识性

《勒俄特依》内容丰富、包罗万象，它像一面镜子，折射出彝族社会历史发展的每个时段，是凉山彝族精神文化、历史辩证观形成的具体缘由，故它在凉山彝族文化圈内的地位和作用是不可估量的；《勒俄特依》是古代凉山彝族民间神话故事的汇集，也是彝族民间文学知识的总汇，对后世子孙的知识教育与历史教育起着教材的作用。

《勒俄特依》记载的凉山彝族地区宗教文化的核心就是祖先崇拜，而史诗中有关叙述更进一步增强了民族自豪感。《勒俄特依》中记载的家支制度是凉山彝族文化中的一个特殊现象，在一定的历史时期起到了积极作用，而史诗中大量的"起源论"包括万物起源、人类起源、家支形成等，为后来的家支制度积淀了文化基因。

总之，《勒俄特依》中表现的人类思想，具有较强的文学性和想象性，是彝族古典史诗的代表著作。从初作者的创作经过长期的群众加工再创作，都离不开凉山彝族文化这块土壤。而史诗一经形成，又对凉山彝族文化的发展起到了积极的促进作用。

四 流传过程中的变异性

《勒俄特依》是千百年来口耳相传，经历代代民间艺人和广大人民群众不断地创造、丰富、加工、充实和千锤百炼的结晶，反映了彝族人民在各个历史时期的劳动和生活情况，表现了他们在各种特殊环境中的思想感情和精神面貌。它具有朴实无华的艺术特色、鲜明的民族风格及较高的艺术水平和成就，成为老幼妇孺皆知的民间文学瑰宝，充分显示出彝族人民高超的口头创作才能，具有教育、启迪和美化人民生活的重要作用。《勒俄特依》题材广泛，内容丰富，包括神话、传说、故事、史诗、歌谣等，彝族民间文学的重要组成部分，在彝族民间传播和演绎了上千年。《勒俄特依》从民间表演者口述、手抄到学者的搜集、整理和出版，历经了从无文本到有不同文本形态的传承过程。

《勒俄特依》在流程过程中的变异性，主要表现在以下几个方面。

第一，在漫长的历史岁月里，由于凉山地处荒野的大山区，地理环境险恶，交通不便，政治、经济、文化都极不发达，生产生活方式都很原始落后，世代土生土长繁衍生息或迁徙至此定居落户的彝族百姓，多数没有文化，也没有文字记载的历史。对于由毕摩祭司私藏或用文字记录流传的《勒俄特依》来说，它既作为一种口头语言艺术，又作为一种精神寄托；既作为外部世界和内部心灵的认识探索，又作为一种情感流露表现或思想传达；既作为知识的传授、道德的风化、历史的演绎，又作为民俗宗教的传布；既作为消遣娱乐，又作为群众集体的创造，并以简易性、全民性、生动灵活的现实性等特点赢得彝族群众的喜爱，得以世代传承、不断变异，在整个彝族社会生活中占有重要的地位。

第二，《勒俄特依》的传承人出现全民化趋势，传承人包括宗教祭祀"毕摩"、家族头人和普通群众。首先演述《勒俄特依》的传承人是传统背后的一个特殊群体，是《勒俄特依》得以世代沿传的中坚力量。其次在《勒俄特依》演述人的成长过程中，书写与口承这两种传统的教授与学习是始终相伴、相得益彰、互为表里的内驱力。因此，在彝族的婚丧嫁娶上比赛"克智"（口头诗歌），在客观上激活了《勒俄特依》的口头传播和动态接受，使《勒俄特依》传承人脱离各种书写文本的制约而走向面对面的广大听众，融入民俗生活的文化情境中，并在特定的竞争机制中不断提高自己的口头创编能力与演述艺术，从而也促进了《勒俄特依》的长期在民众当中流布和动态发展。

第三，《勒俄特依》大多是从毕摩祭司抄录或私人珍藏当中传承下来的，还有的是从别人那里抄写下来，或从过去传承下来的。不可否认《勒俄特依》从某人的手里抄写时，由于学识等各方面因素，抄写也存在抄错或多加一句两句的可能，比如从甲地传播到乙地，除了两地的自然条件有所差异，还有两地的人文资源等各方面的差异，从而构成了具有当地特色的《勒俄特依》的演述。

第四，在当今全球化进程加快，信息化深入地球的每个角落，人们交往空前频繁，文化交融在不断拓宽与加深的过程中，《勒俄特依》的传承自然受现代文明的冲击，出现了《勒俄特依》被弱化和边缘化的现象；而且随着农耕文明的萎缩，彝族地区半农半牧生活方式逐步退化，彝族的生产生活方式及其与此相关联的文化现象也在悄然发生着变化。彝族地区由于经济发展的滞后，特别是在加快城市化进程中，原先居住在高山彝族已经迁徙到城里居住，大部分农村剩余劳动力到外务工，农村地区出现了空巢现象，影响了演述《勒俄特依》参与的人数。因生活居住条件的改变或商品经济的影响，经济利益放入传统婚俗的活动之中，缺乏群众基础，传播《勒俄特依》也因之在某种程度上缩小了参与面，减弱了召感力和吸引力，也减弱了参与者的热情。

第五，随着历史变革和经济发展的进程，由浅层向纵深的渗透，《勒俄特依》也面临着严峻的流变和多方位的挑战。主要是现代教育体系在彝族地区的建立与普及，相当数量的彝族少年儿童进入学校接受现代文化教育，以流行文明、商业文明、信息文明为特征的现代文明冲击波，以及他们对本土母体文化的认知舍弃，使他们不再对自身民族文化有充分的了解，因而从观念和价值取向上与原始整体族群的认知出现了差异，降低了原生文化的实际意义认同率，流变为多元文化的混合体。《勒俄特依》所固有的娱乐性也就面临着弱化的危险。

第四节 《勒俄特依》的价值

一 历史价值

《勒俄特依》像一面镜子，折射出彝族社会历史发展的每个时段，是凉山彝族精神文化、历史辩证观形成的具体缘由，故它在凉山彝族文化中的地位和作用是不可估量的。因为它以彝族历史的发展为主线将各个部分有机地贯穿起来，首尾呼应，生动地叙述了天地的形成、万物的生长、山河的来源、人类社会的发生、发展和演变以及彝族先民迁徙的历史，对于研究彝族先民早期朴素的唯物主义自然观与宇宙观，研究彝族社会的形成及其发展都有着重要的价值。《勒俄特依》在彝族的诗歌里，亦具有重要的研究价值，堪为经典著作。

《勒俄特依》是古代凉山彝族民间神话故事的汇集，也是彝族民间文学知识的总汇，对后世子孙的知识教育与历史教育起着教材的作用。

《勒俄特依》汇集了凉山彝族宗教文化的核心就是祖先崇拜，而《勒俄特依》中所涉及的有关的叙述内容更进一步增强了民族的自豪感。

《勒俄特依》里面提到的家支制度（古侯、曲涅）是凉山彝族文化中的一个特殊现象,在一定的历史时期起到了一定的积极作用,对促进社会安定和经济发展,调节社会秩序,起到一定的作用。而史诗中大量的"起源论"包括万物起源、人类起源、家支形成等,不能不说这对后来的家支制度积淀了文化基因。彝族创世史诗《勒俄特依》的文化影响力遍及全国各地彝区和全国彝族人民,甚至延及其他民族文化领域,具有重要的民间文学研究价值、社会学和人类学研究价值、历史考察价值和考古价值。

二　文学艺术价值

《勒俄特依》是彝族最古老的史诗,是生长于彝族地区并深深扎根于民间的民族史诗,是富有地方特色和民族特色的民间文学作品。《勒俄特依》以优美的诗歌语言、丰富而奇特的神话想象、浪漫传奇的故事情节,塑造了一批既独立又相互联系的经典故事和一些英雄人物形象。以那些对民族和时代具有深远意义的事迹为对象,反映了远古彝人的民族信仰、民族意志、民族情感和思维特征。因为各民族的一切文学史均发端于史诗,因此,《勒俄特依》对各种文艺形式的创作和改编提供了很好的基础,具有珍贵的民间文学价值。

《勒俄特依》既是民间书面诗体文学的表现形式,又是一种说唱艺术。在彝族民间众多的说唱艺术中,《勒俄特依》拥有独立的说唱形式、唱腔体系、特殊的唱词押韵方法和不拘一格的表演手法,极具艺术魅力。《勒俄特依》以内容的艺术真实性和生动性,给人们以认识、教育和艺术享受,显示出不可忽视的艺术价值。《勒俄特依》中蕴含的思想,具有较强的文学性和想象性,是彝族古典史诗的代表著作。从初作者的创作经过长期的群众加工再创作,都离不开凉山彝族文化这块土壤。而史诗一经形成,又对凉山彝族文化的发展起到了积极的促进作用。史诗当中大量的动作语言和视听语言,具有主体感,给人以美的视觉和听觉享受。《勒俄特依》的诗歌语言讲求韵律,排比和对偶节奏强烈,这种诗体显然是为朗诵或歌吟说唱而创作出来的,分单口说唱、二人说唱和多人说唱。

第五节 《勒俄特依》的整理与研究

一 《勒俄特依》的整理

从 1957 年到 1960 年，在"全面搜集、重点整理、大力推广、加强研究"的民间文学工作方针的指导下，由巴胡母木（冯元蔚）、俄施觉哈、方赫、邹志诚共同收集整理的《勒俄特依》翻译本，被收入四川省民间文艺研究会编辑的《大凉山彝族民间长诗选》，并于 1960 年由四川人民出版社出版了单行本。20 世纪 80 年代初期，在改革开放的大好形势下，民间文艺事业开始迈向一个新的历史阶段，由冯元蔚先生整理翻译的《勒俄特依》彝文本与汉文本分别于 1982 年和 1986 年由四川民族出版社出版了单行本，完成和实现了这部史诗从古典彝文转写为现代规范彝文，由各地次方言土语的地方风格均被转化为中国彝语标准音——喜德语音，由彝族传统诗歌形式被置换为汉语诗行等工作。现在，仍然有着传统彝文、规范彝文、正规出版物、民间手抄本等多种版本流传于彝族民间。

当然如今受当代全球经济一体化，文化多元化思潮的影响，原生文化形态《勒俄特依》开始出现生存危机，识得彝文字的人员日渐减少，逐渐丧失母语能力的彝族人越来越多，能够理解和说唱《勒俄特依》的人就更少了。现在的年轻一代价值取向转变，追求的是时尚娱乐，在彝族民间的婚丧嫁娶和祭祀活动中，年轻人的流行歌曲、祝酒歌、交谊舞和达体舞正在取代《勒俄特依》的说唱比赛，人们参与表演、欣赏、传承史诗说唱艺术的热情不断减少。随着时间的流逝，老一代的"勒俄"说唱艺人正在锐减，现在能系统说唱《勒俄特依》的老人已为数不多，即便是在彝族民间，能完整说唱《勒俄特依》整部史诗的中青年人已经几乎找不到了，最多能支离破碎地说唱几段节选，大部分青年已经难以见到原汁原味的"勒俄"说唱比赛现场了，就算偶有见过，很多年轻人仅凭自己所掌握的母语能力，也无法理解到史诗博大的内涵。流传于民间的各种《勒俄特依》手抄本已经无人在传抄，原稿大部分都已遗失、损坏或被丢弃。这样的现实使《勒俄特依》后继无人、几乎处于失传的边缘，现急需采取行之有效的保护措施，使《勒俄特依》史诗书本和说唱艺术能够继续传承下去。再一点是对《勒俄特依》的收集、整理、诠释、研究的资金不足，更缺乏高端的研究人员。

二 《勒俄特依》的研究

三十多年来，许多致力于研究彝族文化的专家学者，从各个的方面对《勒俄特依》的文本及内容进行了研究，以冯元蔚先生整理翻译的《勒俄特依》为重点，这些专家学者先后撰写出了不同类型的论文达上百篇理论文章，分别发表在国家级、省级、州级学术刊物上，近年来许多高校及科研单位的教授、博士生、硕士生都以"勒俄特依"为题材，深入凉山彝族地区，采访老毕摩、老民间艺人，从其神话、传说、史诗、丧歌、婚嫁习俗等多角度、多方位地对它进行收集、挖掘、整理、诠释、研究，让更多的人了解《勒俄特依》。如《勒俄特依》里面的"居木三兄弟""蒲莫妮依""支格阿龙""石尔俄特和兹妮施色"等精彩的故事片段已经被作家、艺术家写进文学作品里，或改编成电视剧本进行广泛传播。"支格阿龙"射日月的形象被美术大师们雕刻成精美雕像放在城市的主题广场上。凉山彝族的民间故事浩如烟海，大家耳熟能详的《勒俄特依》故事情节，在彝族民间广泛传播，甚至进入普通人民群众的生活，进入当地中小学课本。如今从中央到地方的很多高校、科研单位投入大量的人力、物力对民族文化遗产进行保护后，全州各县市都非常重视对《勒俄特依》的保护利用，都积极申报县级、省级、国家级的项目，有条件的已经采用数字化存录，让《勒俄特依》既充分利用、又惠及后人，

总之，《勒俄特依》以诗的语言记录了彝族人民生活的社会、历史地理、天文、宗教信仰、民风民俗、伦理道德、哲学思想、爱情婚姻等十分丰富的内容，人类社会顺应自然、亲近自然、尊重自然，从而不断走向文明进步的见证，《勒俄特依》堪称"百科全书"。

第六章 支格阿龙

有关彝族英雄支格阿龙的神话、传说、故事，以活态口头文本和静态书面文本的形式，在西南彝族地区代代相传。在汉语的书写中，"支格阿龙"有"支格阿鲁""支嘎阿鲁""支格阿尔""支呷阿鲁""阿鲁举热"等多种译名。这些不同译名的出现，是同一人物的指称在不同彝语方言区的音变所致。为便于传承和传播的需要，2007 年入选四川省第一批非物质文化遗产名录时，正式确定译名为"支格阿龙"。

第一节 支格阿龙传说概述

在彝族民间文学中，支格阿龙是一位有着广泛影响力的创世神话英雄人物。支格阿龙的神话传说在川、滇、黔的彝族地区广为传颂，几乎家喻户晓、妇孺皆知。在各地彝区，虽然支格阿龙的神话传说有大同小异的多种版本，但大致的历史时间和故事梗概基本上是一致的。支格阿龙的一生，是可歌可泣的一生，他为民除害、为民造福，留下了许多感人至深的故事。由此可以说，支格阿龙是彝族人民心目中智慧与力量的象征，正义与胜利的化身，直到今天，关于他的神话传说，还依然在彝族地区广为流传。

一 支格阿龙传说的产生

"英雄史诗作为大型的文学体裁，从萌芽到发展，到最后形成比较成熟的形式，其间经过千百年的流传。"①　众多的支格阿龙神话传说反映的都是从母系氏族社会末期到父系社会初期的故事，折射出当时的社会风貌和生活画卷，以及人们的奋斗历程和美好追求。由此，支格阿龙被彝族人民完美地塑造成一位英俊潇洒、心地善良、智勇双全、爱憎分明、神力无比、决胜一切的神话英雄人物，说明支格阿龙的神话传说由来已久，源远流长。

四川彝区的《勒俄特依》，云南彝区的《万物的起源》《中国彝族通史纲要》，贵州彝区的《西南彝志》《物始纪略》《彝族源流》《杰柞数》等书籍均记载了支格阿龙的传说。这些记载可以证明支格阿龙传说具有悠久的历史。

从流传故事中支格阿龙的身世来看，四川地区的传说是神雕的三滴血滴落在蒲莫妮依的身上而降生了英雄支格阿龙；云南地区的传说中支格阿龙是鹰的后代或龙和鹰的后代；贵州地区的历史、谱牒等书籍记载支格阿龙是古代彝族武僰部族的僰阿勒氏第七世孙，部分文献书籍甚至明确地记载支格阿龙的家谱。

总之，有关支格阿龙的传说从古到今，源远流长，无论是口头流传，还是典籍记载，支格阿龙都联系着整体彝族的历史渊源和古老文化。"但各地流传的史诗里支嘎阿鲁的形象，已经超越了历史的原型，充溢着浓厚的神话意味与时代特点，成为不同时期人们崇高精神与美好理想的化身。"②

二　支格阿龙传说的分布区域

有关支格阿龙传说分布区域较广，主要在四川、云南、贵州三个省的彝族民间世代流传。四川彝族地区分布在凉山彝族自治州十七个县市，乐山市的峨边县、马边县、金口河区，攀枝花市的米易县、盐边县和仁和区，雅安市的石棉县、汉源县，甘孜州的九龙县、泸定县。云南彝族地区分布在楚雄彝族自治州，宁蒗县、禄劝县、石林县、寻甸县、元江县、新平县、峨山县，还有迪庆州、大理州、红河州等。贵州彝族地区分布在毕节市的赫章县、威宁县、大方

---

①　巴莫曲布嫫：《南方少数民族英雄史诗》，http：//cel. cssn. cn/ztpd/zgss/nfss/yxss/200610/t20061030_2762855. shtml，2006 - 10 - 30。

②　刘亚虎：《彝族史诗在南方民族文学史上的地位与价值》，http：//cel. cssn. cn/ztpd/zgss/nfss/201903/t20190319_ 4850121. shtml，2019 - 03 - 19。

县、黔西县，以及六盘水市等。这一流传地区位于我国西南部的云贵高原和康藏高原东南部边缘地带的高山河谷，彝族在这里与其他民族形成"大杂居，小聚居"的态势。在彝族聚居区及彝族与其他民族杂居的地区先后建立了三个彝族自治州，十九个彝族自治县。这一彝族居住地区的地形、气候复杂多样，地形以高原及其河谷坝地为主，属亚热带季风气候，高山与河谷坝地间形成立体气候。这一地区群峰林立，峡谷纵深，地势雄伟，气势磅礴。大雪山、大凉山、乌蒙山、哀牢山、无量山横卧境内，金沙江、元江、南盘江、雅砻江、普渡河、西溪河、美姑河、安宁河、会通河盘旋于幽谷之中。这里气候温暖，雨量充沛，常年气温在 10—20 度之间，年降雨量为 700—1000 毫米。在长期发展中形成三种经济文化类型：四川、云南大小凉山彝族地区属杂谷栽培农耕经济文化类型；云南中心坝区及南部彝区属稻作农耕经济文化类型；贵州部分彝区及凉山部分彝区具有丰富的水草资源，他们除从事一定的农作物栽培外，还从事畜牧业生产，属农畜混合的农业经济文化类型。这里的山地、丘陵、坝子、河谷、湖泊、森林、高原构成了山川秀美，物产丰富，人杰地灵的西南大地，是彝族人民可爱的家园，彝族人民世世代代在这片土地上生产生活、繁衍生息，创造了绚丽灿烂的彝族文化。支格阿龙的传说故事是彝族民间文学的一个文化符号，关于他的传说包罗万象地涉及了民俗、历史、文化、医药、哲学、伦理等内容。

三　支格阿龙传说传承人的存续状况

支格阿龙传说故事的广泛流传和传承在 20 世纪六七十年代的各种运动中受到冲击和影响。20 世纪 80 年代后得到恢复和发展，但受到现代文化冲击，使得民族史诗逐渐远离青少年一代，加上现代人价值取向的转变，去追求时尚娱乐，欣赏和传承民族史诗的热情正在丧失。如今能够完整朗诵《支格阿龙》史诗的人越来越少，精通和应用《支格阿龙》史诗于祭祀仪式之中的毕摩也在逐渐减少。随着老一代民间艺人的相继离世，有关《支格阿龙》史诗方面很有价值的材料在不断流失，传承形势严峻，急需采取科学有力的措施进行保护。

目前，四川省非物质文化遗产名录"支格阿龙"代表性传承人简况为：

张国生，彝族，喜德县人，生于 1949 年，原喜德县民族中学教师，2006 年退休后居于喜德城郊。其传承谱系为：布各→于日→阿于→有比→吉约→吉俄→俄克→吉伟→依火→尔呷→史哈（张国生）。到代表性传承人张国生这一代共有 11 代，传承时间约 300 年。在传承过程中，他主要以叙事和史诗的形式传承着支格阿龙的传说故事，所讲述的支格阿龙传说充满着神话传奇色彩。

第二节　支格阿龙传说的表现形式及基本内容

一　支格阿龙传说的表现形式

支格阿龙传说以丰富多样的表现形式流传于广大彝族地区：除文献流传外，还有民间艺人演述，民间艺人演述分单人诵述、两人赛诵、四人两组演述三种；有毕摩仪式诵唱，分单个毕摩仪式诵唱和多个毕摩大型仪式诵唱两种；有教育传习活动，如学校开设史诗课程、民间自由传习活动、史诗朗诵活动等；有学术活动，如举办史诗研讨会、史诗研究活动等；有史诗开发，如史诗影视开发、史诗旅游文化开发等。《支格阿龙》史诗以其流布的广泛性和存续的活态性深深融入彝族的生命历程，史诗中勇敢正义、团结和谐、和平友爱等人文精神对西南彝族地区的民族团结与社会稳定有着积极而深远的影响。

二　支格阿龙传说的基本内容

支格阿龙传说主要以讲述故事和史诗说唱的形式在川、滇、黔彝族民间代代相传。关于支格阿龙的故事很多，有独立完整的单个故事，也有连续不断的连体式传说故事，各地均有不同版本的支格阿龙传说故事，但射猎日月、测天量地、制服雷公等故事是各地相通的神话传说。因为支格阿龙的传说故事数量很多，内容丰富，流传广泛，所以不同的人讲述的故事可能会有同有异。各地流传的故事具体内容不胜枚举，仅对流传于四川和贵州彝区的英雄史诗《支格阿龙》[①] 而言，就包括了"阿龙的诞生""阿龙的成长""阿龙射日月""阿龙唤日月""阿龙找雨水""阿龙找母亲""阿龙捉雷公""阿龙征服巴哈阿

① 沙马木格、阿牛木支等：《支格阿龙》，四川民族出版社 2008 年版。

支""阿龙得神剑""阿龙征服塔博阿莫""阿龙治欧惹乌基""阿龙结姻缘"
"阿龙悼母亲""阿龙斗智阿嘎狄托""阿龙定夺乾坤""阿龙智取雕王""阿
龙灭虎王""阿龙迁都南国""阿龙统一部族""阿龙治食人马""阿龙治杀人
牛""阿龙治魔孔雀""活者送阿龙"等内容。

相传，在远古，雄鹰滴了三滴血在贤淑、美丽的姑娘蒲莫妮依身上而受
孕，蒲莫妮依于龙年龙月龙日生下支格阿龙。支格阿龙生下后整天大哭，哭声
惊扰天界。天帝恩体古兹派食人魔王"塔博阿莫"来捉拿母子俩。当母子俩
被"塔博阿莫"抓至空中时，母亲为救儿子，将其抛下，支格阿龙落到万丈
深渊的龙宫。支格阿龙在龙的养育下成长为一个神力无比的英雄。

支格阿龙长大后，要去天牢里救他的母亲。但当时天上有 6 个太阳、7 个
月亮，世上万物几乎被晒死了，人类也将要灭绝。阿龙经过千难万险，用神弓
神箭射落 5 个太阳、6 个月亮，留 1 个太阳、1 个月亮，拯救人和万物于绝灭
之际，然后又去寻救母亲。在途中，阿龙降服雷公，解救大众免遭雷劈之惨
祸。阿龙又以超凡的智勇杀死吞食人类的恶魔巨蟒，为民除害。因阿龙劝主人
别宰杀鹅答谢他，鹅一家为感激而送他奇宝——银剑。只要用银剑指划，山
崖、江海都会分裂成路。阿龙很快来到天牢，经过一系列紧张、惊险的殊死搏
斗，智慧与力量的较量，终于将食人魔王塔博阿莫的舌头钉在巨石之上，打破
天牢救出母亲。后来，恶鬼殴惹乌基把阿龙母亲的魂魄抓去嫁给天上的魔头濮
兹濮莫，使她久病不愈。阿龙历尽艰辛为母亲治病。最后在神鬼白头者的帮助
下，痛打殴惹乌基，救出母亲的魂魄，使母亲得以痊愈。

后来，阿龙用银剑开路来到滇帕海底为母亲取九尺九寸长的头发，并在海
底救出了被海魔王压在红石之下的红绿两位仙女。他们相见恨晚，仙女姐妹主
动要嫁给阿龙。正当阿龙外出期间，天界派吃人魔王首阿乎害死了他的母亲蒲
莫妮依。得到母亲去世的噩耗，阿龙悲痛欲绝，急返时将银剑忘在海底。阿龙
安葬了母亲，娶红仙女住在滇帕海这边，娶绿仙女住滇帕海对岸，约定每个月
在两个妻子处轮流各住 13 天。阿龙经常奔忙于发明医药而为人间医治百病，
制服食人马、杀人牛、食人孔雀，教人驯养牲畜，决战雕王、虎王而统一部
族，定夺乾坤、安山定海、考察星象气候，由此而耽误了约定的时间，使两位
妻子互相猜疑嫉恨而悄悄把阿龙的神飞马剪去几层翅羽。有一天，阿龙骑着神

飞马飞到滇帕海上空时，马翅因无力最后载着阿龙掉进大海。人们无比悲痛，隆重悼念这位伟大的英雄。

对于彝族英雄史诗《支格阿龙》中所描述的内容，无不显示出支格阿龙成长的历程。如"……天空雄雕啊！飞旋又嬉戏，千奇又百怪，谁也未曾料，雕血三滴落，一滴落发际，穿透九层辫，头昏又眼花，一滴落腰身，淋透九层毡，浑身冷飕飕，一滴落下身，浸透九层裙，下身颤巍巍……"这是史诗传说中关于支格阿龙的母亲蒲莫妮依受孕于神雕的浪漫故事；"……支格阿龙啊！蹲刺如顽石，立射似直松，劝也不听劝，说也不服说，左臂拉神弓，右手搭神箭，拔箭插发结，发结箭密密，射出了一箭，中处奇又怪，直插兽脖颈，兽毛飘飘落，兽血溅荒野，兽尸满坡滚……"这是讲述少年支格阿龙狩猎场景的精彩史诗片段。"支格阿龙啊，骑着神飞马，来到阿乌处，错过约定日，错过规定时。支格阿龙啊，为啥违约呢？因为治魔马，阿乌没听说，阿龙说不明。仙女阿乌啊，她来恨阿里，姐姐啊姐姐，人活一辈子，无父可以活，无母可以活，言而无信者，羞耻不能活。阿龙立于阿乌后，阿乌靠着阿龙胸，深情地爱阿龙。仙女阿乌啊，她来劝阿龙，是也不要走，不是也不回。支格阿龙啊，劝也劝不住，拉也拉不住，是也要回去，不是也回去，满十三日回，仙女阿乌啊，藏着躲着剪，剪飞马一羽。"足见妻子对支格阿龙的依恋，以及支格阿龙大公无私的英雄气概。

关于支格阿龙的故事，都是以神话传说的方式折射出了从远古洪荒时代到母系氏族时期的社会风貌，讲述了从支格阿龙的诞生、成长以及支格阿龙射日月、制服雷神、制服妖魔鬼怪、拯救人类及万物生灵、为民消除灾难、统一彝族各部到支格阿龙的去世等伟大而悲壮的一生，成功地塑造了一位英俊威武、善良智慧、神力无比、勇往直前、决胜一切的英雄形象。

由上所述，彝族英雄史诗《支格阿龙》以浓郁的神话色彩，成功塑造了支格阿龙是一位智勇双全、神智神力、射日射月、降伏妖魔、决胜一切的半人半神，以及一个为人类生存、安宁和发展忘我战斗的英雄形象，歌颂支格阿龙英勇顽强、战胜自然灾害、打击邪恶的英雄，高扬和平友爱、团结和谐的人文精神，不同程度地反映了古代彝族哲学思想、宗教信仰、文学艺术、伦理道德、风俗习惯、政治、经济、军事、天文、历算等各个方面的知识。

第三节 支格阿龙传说的特征

一 时代性

有关支格阿龙的传说在大部分彝族地区广泛流传着，很多地区口耳相传，妇孺皆知，具有广泛的群众性和民间传承性。支格阿龙是彝族人民在母系社会到父系社会过渡时期塑造的代表性英雄人物形象。他所处的时代，虽然不是创世史诗所描述的创世造物的时代，汉族移民已进入彝族地区，带来了先进的文化和先进的生产技术，彝族母系氏族社会已经解体，出现了两极分化，确切反映了支格阿龙所处的时代背景，尤其是支格阿龙定夺乾坤、智取雕王、消灭虎王、迁都南国、统一部族等的斗争，实际上是当时民族形成过程中部落和部落之间利益争斗的表现。

二 典型性

支格阿龙是彝族先民以神话和现实交织的表现手法所塑造的一个英雄人物形象。其中《支格阿龙》史诗通过支格阿龙的诞生、成长及其一系列英雄事迹的叙述和描写，成功地塑造了一位心地善良、神力无比、英明智慧而深受人们爱戴和敬佩的高大英雄形象，具有典型英雄史诗特征。

三 活态性

支格阿龙的传说被演述于隆重的集会活动之中，被彝族祭师毕摩颂唱于仪式活动之中，具有明显的活态性。同时，随着社会发展进步，也具有发展的特性，比如，《支格阿龙》史诗被搜集整理翻译出版且以多种语言的书面形式传布，以网络形式传播，被改编制作成影视形式传播，被打造成旅游文化品牌的形式传播等。

四 变异性

在众多的彝族神话传说故事中，支格阿龙传说故事是超地域、超方言的民间文学作品，也是由各地彝族人民经过不同时期共同创造的，由口头传承、集体流传到书面化过程的个案经典文学作品。就各地彝族地区流传的支格阿龙传说具体来讲，还是有一定的区别。"与四川凉山彝族英雄史诗《支格阿龙》相比较，云南元谋、永仁两县彝族地区流传的彝族英雄史诗《阿鲁举热》已经有很大的变异，这不仅是两地史诗的名称不同，流传形式各异（四川凉山为文献和毕摩经书流传，云南主要为口头流传），而且英雄事迹也有差别，如射日月，四川地区传说当时有六个太阳七个月亮，'支格阿龙'射掉了五个太阳六个月亮，而云南地区传说当时有七个太阳六个月亮，阿鲁举热射掉了六个太阳五个月亮。"① 而贵州彝族地区流传的支格阿龙传说认为，支格阿龙是远古的一位部落酋长，并有其相应的谱系。还有降伏妖魔鬼怪的内容，而且各版本的降妖伏魔内容大同小异，如四川版本中的"制服魔蟒""治魔救母亲""制服食人马"，云南版本中的"斩邪龙""收妖婆""降马"，贵州版本中的"灭撮阻艾妖""古笃阿伍""斩独瓦舍怪"等。由此，可以看出，支格阿龙传说在彝族不同方言区的变异性还是较为明显。

第四节　支格阿龙传说的价值

母系社会末期至父系社会初期，在漫长的历史发展过程中，支格阿龙的故事逐渐被提升为民族精神，在彝族地区产生了深远的影响。他的故事具有历史悠久、流传广泛、规模宏大、构思精巧、内容丰富、超地域、超方言等特点，对于文学艺术、哲学思想、伦理道德、民族精神、人类学、民族学和民俗学等研究具有重要的价值。

一　史学价值

关于支格阿龙的传说和记载，包括了对原始母系社会历史的反映、母系社会与父系社会交替斗争的反映、古代彝族政教合一政治的反映、古代彝族社会经济形式的反映、古代彝族军事思想理论的反映和彝族支系等民族史料的反

---

① 杨甫旺：《彝族英雄史诗〈阿鲁举热〉概论》，《楚雄师范学院学报》2013 年第 4 期，第 71 页。

映，具有重要的史学价值。

二 文学艺术价值

支格阿龙的传说是彝族民间文学的瑰宝，一代一代的彝族人民按照自己的理想和愿望，将征服自然、战胜邪恶的超人力量与智慧集中于人人敬仰而且卓越非凡的英雄支格阿龙身上，逐渐把他神话，为彝族民间文学奠定了文学创作上现实主义和浪漫主义创作方法的基石。这些大量的神话、传说故事、典故等关于支格阿龙的民间文学被创造和流传着，同时也为现当代文学艺术创作者提供了宝贵的素材，具有重要的文学艺术价值。

三 民族精神价值

支格阿龙是正义、善良、力量和英雄的化身，是全国彝族人民共同敬仰的英雄人物，是一个民族的精神所系，支格阿龙的精神在历史发展的进程中逐渐提升为民族精神，激励了一代代的彝族人生生不息、积极进取的奋斗精神，具有重要的民族精神灵魂价值。

第五节　支格阿龙传说的整理与研究

20 世纪 50 年代以来，我国学者对支格阿龙传说进行搜集整理和研究，现已搜集整理出版多个版本史诗或故事，并运用比较文学、文学人类学、民俗学等学科理论与方法对其进行研究并取得丰硕的成果。无论是民间文学作品，还是文学研究成果，对于"支格阿龙"，有的学者写成"支格阿鲁"，有的学者写成"支嘎阿鲁"，有的学者写成"阿鲁举热"。除保持原名，在表述中部分统称为"支格阿龙"。

一 支格阿龙传说的整理

对支格阿龙传说的搜集整理，目前既有彝文单行本，也有汉文译本，还有彝汉对照本。总的来说，四川、云南、贵州的彝族地区都有为数不少的书面文本。其中具有代表性的书籍举要如下。

1. 卢占雄搜集整理的《支格阿鲁》①（彝文版）。这是四川地区支格阿龙传说从口头到书面较为完整的第一部史诗文本，具有奠基性和里程碑意义。在此之前，有关支格阿龙传说零散见于《勒俄特依》和毕摩文献之中，还没有成系统的史诗版本。

2. 阿洛兴德整理翻译的彝族史诗《支嘎阿鲁王》②（汉文版），是贵州地区第一部支格阿龙史诗文本。这部史诗比较系统地记述了支格阿龙神话性的生平传说，具有不可替代的研究价值。

3. 田明才等整理翻译的《支嘎阿鲁传》③（彝文、国际音标、汉文对照版）有一定的开拓性。该书"是一部流传于贵州地区的彝族英雄叙事长诗，全书以三十多个篇目生动形象地描写了远古大英雄支嘎阿鲁治理天地、降妖伏魔、制定历法等伟大业绩。太阳历的创造，向天坟的出现，以及布摩的传承，无不标志着支嘎阿鲁作为彝族的圣祖，对彝族地区的历史文化进程有着重大的影响"④。

4. 云南地区楚雄教育局和楚雄民族事务委员会收集整理的《阿鲁举热》⑤（汉文版），虽然其收入《楚雄民间文学资料》（第一辑）中以内部资料形式刊印，但它是目前所见云南地区较早的有关支格阿龙传说的英雄史诗。这部史诗后来再经文艺工作者整理发掘，于1981年正式发表，这对研究彝族历史文化和文学艺术有一定的价值。

5. 沙马打各、阿牛木支等编译的《支格阿龙》⑥（汉文版）是在格尔给坡的四川地区彝文版《支格阿鲁》翻译的基础上，结合贵州地区阿洛兴德《支嘎阿鲁王》的部分内容编译而成，其中以五言体为主的支格阿龙史诗篇章，共计1.2万多行，对彝族民间文学研究有一定的史料价值。

6. 杨正勇、沙马打各等收集的《支格阿龙故事选编》⑦（彝文版）涵盖了

---

① 卢占雄：《支格阿鲁》，四川民族出版社1987年版。
② 阿洛兴德：《支嘎阿鲁王》，贵州民族出版社1994年版。
③ 田明才等：《支嘎阿鲁传》，贵州民族出版社2006年版。
④ 罗钢：《支嘎阿鲁在贵州的重大影响——以〈支嘎阿鲁传〉为例》，《青春岁月》2013年第24期。
⑤ 楚雄教育局和楚雄民族事务委员会：《阿鲁举热》，载《楚雄民间文学资料》（第一辑），内部资料，1979年。
⑥ 沙马打各、阿牛木支等：《支格阿龙》，四川民族出版社2008年版。
⑦ 杨正勇、沙马打各等：《支格阿龙故事选编》，四川民族出版社2009年版。

四川、云南、贵州彝族地区有关支格阿龙的神话、传说、故事、英雄史诗、典故和口传文学等，是迄今唯一一部收编最完整的支格阿龙故事集。

7. 洛边木果、曲木伍各等收集整理的《支格阿鲁》①（彝汉文对照版），是在四川地区《支格阿鲁》（彝文版）的基础上编译而成。该书系国家社科基金项目"彝族史诗《支格阿鲁》研究"成果之一，是目前四川地区最完整的支格阿龙史诗文本。

8. 阿洛兴德、洛边木果等收集整理的《支嘎阿鲁王》②（彝汉文对照版），是在贵州地区《支嘎阿鲁王》（汉文版）的基础上编译而成。该书系国家社科基金项目"彝族史诗《支格阿鲁》研究"成果之一，是目前贵州地区最具代表性的支格阿龙史诗文本。

9. 杨甫旺、洛边木果等收集整理的《阿鲁举热》③（彝汉文对照版），是在云南版《阿鲁举热》（汉文版）的基础上编译而成。该书系国家社科基金项目"彝族史诗《支格阿鲁》研究"成果之一，是目前云南地区内容最完整且篇幅最长的支格阿龙史诗本。

10. 洛边木果、曲木伍各等整理的《支格阿鲁：彝族英雄史诗》④（彝文版）是整合四川、云南、贵州已有的书面文本，以及民间口头流传的内容共同整理而成。这部英雄史诗，不仅篇幅大增，内容丰富厚重，而且形成了一部完整统一的英雄史诗，大幅度提升了这部史诗的质量与影响力。

11. 沙马打各、阿牛木支编译的《支格阿龙1—5》⑤（彝汉文对照版）作为民族文字出版专项基金资助项目"彝族传世经典"系列丛书之一，延续彝族传统五言体诗行，较为全面地叙述了支格阿龙的传奇人生，再现了支格阿龙的丰功伟绩，表达了彝族人民的向往和追求真、善、美的愿望，全景式地展现了彝族先民丰富的精神世界。

12. 洛边木果、肖远平等编译的《支格阿鲁：彝族英雄史诗》⑥（汉文版）是一部对四川、云南、贵州地区关于支格阿龙多个版本的整合，共有四十一个

① 洛边木果、曲木伍各等：《支格阿鲁》（四川），云南民族出版社2015年版。
② 阿洛兴德、洛边木果等：《支嘎阿鲁王》（贵州），云南民族出版社2015年版。
③ 杨甫旺、洛边木果等：《阿鲁举热》（云南），云南民族出版社2015年版。
④ 洛边木果、曲木伍各等：《支格阿鲁：彝族英雄史诗》，民族出版社2017年版。
⑤ 《彝族传世经典》编委会编：《支格阿龙1—5》，四川民族出版社2018年版。
⑥ 洛边木果、肖远平等：《支格阿鲁：彝族英雄史诗》，民族出版社2018年版。

诗篇，与以往不同的是，这部史诗增加了"阿鲁平地""毕摩神威""阿鲁坠海""阿鲁在天上"等内容，反映了古代彝族哲学思想、宗教信仰、文学艺术、伦理道德、风俗习惯以及政治、经济、军事、天文、历算等各个方面，不仅具有重要的文学价值，而且从人类学、史学、民族学、民俗学等多方面对了解彝族历史及文化具有不可替代的认知意义。

二　支格阿龙传说的研究

20世纪90年代以来，随着有关支格阿龙的神话、传说、故事通过搜集、整理、翻译成书面文本的逐渐增多，《支格阿龙》史诗也广泛受到学界的关注，甚至持续成为炙手可热的议题。对支格阿龙传说的研究方面，就专题学术会议而言，成功举办了"首届中国彝族支格阿鲁文化研讨会"和"第二届中国彝族支格阿鲁（阿鲁举热）文化研讨会""第三届中国彝族支格阿鲁文化研讨会"，针对有关议题展开深入讨论，相应出版会议论文集，在学界引起了较大的反响。就专题研究课题而言，国家社科基金立项项目就有3项，其中2010年立项的是由洛边木果主持的"彝族史诗《支格阿鲁》研究"，2018年立项的还有由何刚主持的"彝族英雄史诗《支格阿鲁》学术史资料整理与研究"、沈晓华主持的"彝族英雄史诗《支格阿鲁》英译及研究"，这也代表了研究彝族英雄史诗《支格阿龙》课题的最高层次，也预示着相关研究得到了同行专家的认可。就专题研究成果而言，肖远平的《彝族"支嘎阿鲁"史诗研究》、洛边木果的《中国彝族支格阿鲁文化研究》是具有一定代表性的学术著作，李力的《彝族文学史》、沙马拉毅的《彝族文学概论》、陈贤龙的《中国彝族通史纲要》、罗曲的《彝族文献长诗研究》等对史诗《支格阿龙》都有所论及。此外，罗希伍戈、普学旺、杨甫旺、普珍、王继超、王明贵、巴莫曲布嫫、普弛达岭、阿牛木支、曲木伍各、沙马打各、王菊、蔡富莲、朱秀英、杨长明等，运用多学科的理论与方法，也从主位视角和客位视角，全方位地对《支格阿龙》史诗的流传情况、文本解读、思想内容、艺术特色、现代传承、传播情况等进行了较为深入地探究。这些研究成果从多角度、多层面呈现学者的最新研究成果，为彝族诗学的建构奠定了坚实的基础。

（一）支格阿龙身世研究

对于支格阿龙身世的研究也成为学者关注的话题，如罗曲的《古彝文文献中的"支格阿龙"姓名身世勾沉》有一定的新颖性，"文章通过大量资料的梳缕分析，对'支格阿龙'的身世出生、姓名进行了考证式的研究，揭示了不同文本中关于支格阿龙身世出生及姓名的不同，是彝族历史上不同婚俗的反映。最后，本文认为：从支格阿龙身世出生及姓名看，彝族的谱牒在人们目前所认识的父系谱牒之前，还存在着'母系谱牒'"①。"而经有关学者考证，彝族神话中的文化英雄支格阿鲁也绝非只是神话中的人物，而是彝族上古以鹰为图腾的先民部落'古滇国'的部落酋长，其母亲蒲莫列依媢所属部落则以龙图腾，这也是支格阿鲁乃是龙鹰之子的历史根据。这则神话不仅说明古代彝人的龙鹰崇拜已经有了始祖崇拜的涵义。"② 这是彝族图腾崇拜的遗迹，也是后人对彝族先祖起源神话的想象和虚构。

（二）支格阿龙文化研究

对支格阿龙文化研究来说，既有从宏观上进行研究的著述，也有从微观上进行研究的论文。这些成果无论是"自观"，还是"他观"，都能够从文化诗学、文学人类学、民族学、语言学、民俗学、社会学、传播学等学科理论与方法，从不同角度开展支格阿龙文化研究，为支格阿龙文化的内涵及外延进行了有益的探索。如洛边木果的《中国彝族支格阿鲁文化研究》③ 将支格阿龙有关的文化纳入研究的范畴，从支格阿龙文化中的文学、古代彝族社会历史、政治形态、哲学思想、宗教信仰、伦理道德、风俗习惯、艺术知识、自然科学等方面进行分析研究，并探讨了支格阿龙文化的精神、支格阿龙文化的开发利用及支格阿龙文化建设等方面议题，这是迄今为止较为系统地对支格阿龙文化进行专题研究的首部著作，在相关领域的研究具有一定的开拓性和前瞻性。

肖远平的《彝族"支嘎阿鲁"史诗研究》是从诗学理论方面首次对这部史诗进行深入研究的专题著作，他提出了这部彝族史诗起源于云南地区彝族古滇王国，形成于乌蒙山一带，发展于战争频繁的夜郎古国的观点。④ 与此同时，该书还涉及对这部史诗的文化精神、史诗母题等内容的探索和评述，并通

---

① 罗曲：《古彝文文献中的"支格阿龙"姓名身世勾沉》，《西南民族大学学报》（人文社会科学版）2004 年第 3 期。

② 巴莫曲布嫫：《走近鬼魅：神图与英雄——彝族鬼灵信仰田野调查手记之四》，http：//iel. cass. cn/yjfz/nfmzwx/jxwx/yzbmwx/200610/t20061007_ 2760414. shtml，2006 - 10 - 07。

③ 洛边木果：《中国彝族支格阿鲁文化研究》，中国戏剧出版社 2008 年版。

④ 肖远平：《彝族"支嘎阿鲁"史诗研究》，人民出版社 2015 年版。

过与其他民族英雄史诗比较研究，认为这部史诗独特之处是史诗主人公支格阿龙是文化英雄而非简单的战斗英雄，也就是说该史诗是一部文化英雄史诗。[①]这也说明这部著作与以往研究相比，有多种观点的确立与视角的创新。

（三）比较研究

国内对《支格阿龙》与其他史诗的比较研究是 21 世纪初才开始的，在比较文学领域对其他史诗与史诗《支格阿龙》的研究有了较多的成果，如蔡富莲的《永恒的英雄：彝族毕摩文献中的支格阿龙与哈依迭古》、王菊的《英雄史诗〈支格阿鲁王〉〈支格阿龙〉与〈格萨尔王〉的比较》、吉差小明的《从文学类型学视角探〈支格阿鲁〉与〈江格尔〉英雄形象》、朱秀英的《浅析与彝族史诗〈支格阿鲁〉的艺术结构》《比较文学视野下的〈荷马史诗〉与史诗〈支格阿鲁〉比较研究》、李丹的《〈荷马史诗〉〈支格阿鲁〉英雄情结的异同》等，是从比较文学视野研究彝族史诗《支格阿龙》与其他史诗的重要成果。其中李丹的《〈荷马史诗〉〈支格阿鲁〉英雄情结的异同》从《荷马史诗》与《支格阿鲁》的英雄情结入手进行比较研究，认为这两部史诗均诞生于人类生发的早期阶段，可谓同时代的作品；分别出自西方和我国，可谓分别代表了中西方文化；都在礼赞大善大爱、智勇双全的英雄形象，都富有英雄情结。[②] 很明显，尽管在彝族史诗《支格阿龙》与其他史诗的比较研究方面还十分薄弱，但加强对彝族史诗《支格阿龙》深入研究的力度，对中国史诗研究开辟新的视野和新的研究路径具有重要意义。

国外对彝族史诗《支格阿龙》的研究较少，目前只见日本山口八郎先生的《试析支格阿鲁传说的特色》《彝族神话与日本神话的异同》两篇论文里有所论及，且主要谈及史诗主人公支格阿龙的神话英雄事迹及其与日本神话的比较。今后的比较研究，要通过对史诗《支格阿龙》与其他史诗进行多角度、多层面跨文明比较研究之中，进一步鉴证史诗《支格阿龙》与其他史诗的同质性和异质性，以期在多元文化视野及其文化融合的基础上，寻求民族史诗的美学风格和文化品格，为比较文学视野下中国史诗研究提供新的路径和方法。

---

① 肖远平：《彝族"支嘎阿鲁"史诗研究》，人民出版社 2015 年版。
② 李丹：《〈荷马史诗〉〈支格阿鲁〉英雄情结的异同》，《短篇小说（原创版）》2016 年第 8 期。

第七章　彝族挽歌

第一节　彝族挽歌概述

一　彝族与彝族挽歌

彝族主要居住和生活在我国西南的云南、四川、贵州和广西四省区，在越南、缅甸、老挝、泰国等国也有分布。但彝族最为集中的聚居地是大小凉山、哀牢山、六盘山和乌蒙山的凉山彝族自治州、楚雄彝族自治州、红河哈尼族彝族自治州、马边彝族自治县、峨边彝族自治县、石林彝族自治县、漾濞彝族自治县、宁蒗彝族自治县、南涧彝族自治县、景东彝族自治县，峨山彝族自治县、威宁彝族回族苗族自治县、巍山彝族回族自治县、新平彝族傣族自治县、景谷彝族傣族自治县、禄劝彝族苗族自治县、寻甸回族彝族自治县、宁洱哈尼族彝族自治县、普洱哈尼族彝族自治县、江城哈尼族彝族自治县、元江哈尼族彝族傣族自治县等。据 2010 年人口普查统计，彝族人口有 871 万多人。

在历史长河中，彝族人民创造了丰富灿烂的文化艺术，尤其是人生礼仪文化丰富，内涵多样，人生的各个时期都有不同的仪式和仪轨要求，严格来讲，不同阶段的仪式仪轨组成了彝族人的一生。显然，一个人的一生是在特定的人生礼仪中完成特定的使命和责任的，包括出生仪式、换童裙仪式、成人仪式、婚嫁仪式、丧葬仪式、送祖灵回归祖界仪式等，都需要一步步走完，才算完成了一生。所以，彝族人认为，生命是由肉体和灵魂组成的，是物质和精神的结合体，万事万物都有生，都有死，肉体生命的终结是必然的自然现象，而灵魂是永恒的生命，善终则归祖界（上界），反之则变鬼（下界）。彝族的"三魂观"和祖界观是丧葬文化的基础，肉体终结后一魂守焚场，一魂归祖界，一魂居家中，三魂的安宁、舒适和洁净与否，与子孙的兴旺发达紧密相连。祖界是个圣洁而令人无限向往的地方，一般称为"史穆恩哈"的"莫穆濮古"①，《指路经》描述的祖界是"草上结稻穗，蒿上结荞麦，背水装回鱼儿来，放牧牵着麂獐归"的地方，谚语所谓"老辈不脱离，后代不兴美"，认为老辈脱离凡间而去祖界后，可以保护下代，护佑苍生。生命最后回归祖界，是彝族人对生命朴实的认识，"祖界，在祖先灵魂的诸归宿中也是最理想、最高的归宿"②，说明彝族对死亡现象的认识来自灵魂观和祖界观，肉体是生命的一部分，但不是核心，灵魂才是生命的核心和全部。善始善终是生命升华的基础，挽歌就是对生命善始善终者的歌唱，就是对灵魂的赞颂。只有崇高而善始善终的生命才配以神圣而庄严的挽歌。

如何认识、如何界定"挽歌"一词?《康熙字典》解释:挽是《唐韵》无远切《集韵》武远切，音晚。引也。又挽歌。《唐书·建宁王倓传》李泌为挽词，追述倓志，命挽士唱。《崔豹·古今注》薤露蒿里二章，李延年分为二曲，薤露送王公贵人，蒿里送士大夫庶人，使挽枢者歌之，世呼为挽歌。又《韵会》《正韵》无贩切，音万。又《集韵》美辨切，音免。义同。

1980 年商务印书馆出版的《新华字典》解释:挽是拉、牵引、设法使情况好转或恢复原状、追悼死人等意。挽歌是追悼死者的哀歌。

1983 年商务印书馆出版的《四角号码新词典》解释:挽是拉、牵引、设法使情况好转或恢复原状、追悼死人等。古同"晚"，后同"绾"。

2012 年四川出版集团·四川辞书出版社出版的《现代汉语词典》解释:挽是拉、设法使情况好转或恢复原状、向上卷、牵引、哀悼死者、同"绾"等意。

《说文解字》认为引车曰挽;引申之、凡引皆曰挽;《左传》曰:或挽之，或推之;欲无人、得乎;《史记》借为晚字，从车，免声无远切;《十四部》，俗作挽。

《小尔雅·广诂》认为挽，引也。《说文》解释輓为引之也。《广韵》也说輓是輓车也。《左传·襄公十四年》称或輓之，或推之。《史记·刘敬传》认

---

① 史穆恩哈一般翻译为天堂，而莫穆濮古是指天堂里祖先居住的地方。
② 见姊妹彝学研究小组《彝族风俗志》之民间信仰，中央民族学院出版社 1992 年版。

为娄敬脱轮辂。《汉书·韩安国传》则称为转粟转输以为之备。以上记载说明，历史上，对"挽"字的理解和认识是多方面的。

彝族对挽歌的理解也是多方面的，彝族北部方言区把丧葬礼仪称为"死木纳嘎"，把丧葬中的哭丧称为"撮哦"，把丧葬中的安魂曲称为"莫玛"，即《指路歌》，也称为《导路歌》，还有集说唱和舞蹈为一体的"瓦兹嘞"，以及一领众合的"阿古格""策格"等。关于彝文"撮哦"两个字，1997年由四川民族出版社出版的《彝语大词典》解释"撮"为人，"哦"为哭，"撮哦"即哭人，意为哭死人。"撮哦"是彝族丧葬仪式中的重要内容，是对生命的祭奠和歌颂。

二　彝族挽歌与图腾崇拜

1. 彝族的图腾崇拜

事实上，彝族人对生命的认识源自万物有灵，特别是人类社会发展到氏族社会以后，征服自然的能力越来越强，人们的协作性和链接性劳作日益增多和紧密化，相互协作和相互联系的劳动成为社会生产最先进和最活跃的方式。由于劳动联系而形成的血亲关系日益紧密，原始的、松散的社会被打破，形成以血缘为纽带的社会宗族组织。随着社会生产和社会需求的不断发展，宗族社会的各种需要不断推进采摘业和狩猎活动，严密的劳动合作为种植业和养殖业的产生开辟了道路。宗族社会在耕牧经济的推动下成为主要的社会组织方式，进而产生了耕牧文化。

事实上，耕牧文化强化了家族、家支的血缘认同，家族的团队力量既是劳动生产的需要，也是对外征战、开拓疆域，维持家族生存和发展的需要，是人们在探索世界和征服自然的过程中形成的力量。人们相互协作、共同劳作，所取得的规模和效益是当时社会最先进的生产方式，也是社会发展的必然结果。为维护和紧密家族的纽带，逐步形成家族的图腾，家族的图腾神圣不可侵犯，是家族精神力量的象征，也是家族赖以存在的文化基础。所以，彝族人对丧葬礼仪的重视，实际是因为丧葬文明可以充分展示家族的厚重文化，也可以显示家族的强大实力等。从这个意义上讲，彝族挽歌就不再是单一的哭逝者，也不只是简单的乐曲和歌词的结合，而是被赋予了更多的文化内涵和家族的思想。

图腾崇拜是在彝族丧葬礼仪中，彝族挽歌的主要内容和彝族挽歌形成的直接因素。

正如马克思在《摩尔根〈古代社会〉一书摘要》所说："图腾一词表示氏族的标志和符号"，图腾崇拜是人们探索自然和征服自然的过程中将动植物作为氏族的保护神，加以敬仰和膜拜的结果。"在氏族社会，个人还完全消融在群体中，只有靠集体才能生存和发展，于是，人们开始探寻本氏族的起源，图腾崇拜也就应运而生。图腾崇拜是多神崇拜，尤其是动植物的崇拜与血缘观念相结合的产物，是人们幻想超自然的力量与超社会的力量相结合的产物。"① 彝族经籍《人类历史》记载，彝族发展到第三十代"武洛撮"时，有了十二子，其中十一子变成了动物和植物：

> 武洛撮世代，武朱（武洛撮）子十一变了：
> 武朱一乃只，只朱化成妖，岩穴里面住；
> 武朱二乃陀，陀朱化成绿，树枝叶上居；
> 武朱三乃仪，仪朱化成鸣，与飞鸟同居；
> 武朱四乃帝，帝朱化成虎，深山老林居；
> 武朱五乃义，义朱化成猴，玄岩顶上居；
> 武朱六乃朋，朋朱化成熊，与野兽同居；
> 武朱七乃觉，觉朱化成蛇，土穴洞里居；
> 武朱八乃明，明朱化成蛙，水池里面居；
> 武朱九乃通，通朱化成蚱，禾苗庄稼居；
> 武朱十乃替，替朱化成鸡，与家禽同居；
> 武朱十一执，执朱化成犬，与家畜同居。

这是《人类历史》中记载的氏族分化以及图腾崇拜形成的描述。图腾崇拜在形成氏族文化的同时，也形成了家族血亲社会的主要标志。同样，在彝族北部方言区的《勒俄·雪子十二支》中认为，人类和草、木、藤、蛙、蛇、鹰、熊、猴等动植物都源于雪，实为早期的雪图腾崇拜：

---

① 见马学良《彝族文化史》，上海人民出版社 1989 年版，第三章"图腾崇拜"。

远古的时候

天庭掉下一祖灵，

掉在恩界界列山，

变成烈火在燃烧，

九天燃到晚

九夜烧到亮

白天成烟柱

晚上成巨火

天是这样燃，

地是这样燃，

变来又变去，

生出一对哑物来，

矮小又难看，

既不耐风吹，

能否成先人？

不能成先人。

恩体古兹家，

请俄惹杰志，

派对银男和金女，

又派黄云和白云，

去到大地上，

能否成人类？

不能成人类。

变成松身愚蠢人，

初生第一代，只有两尺高。

到了第二代，与人一样高。

到了第三代，松树一样高。

到了第四代，山峰一样高。

五代长齐天，

身长闪

行动慢腾腾

走路摇晃晃，

呼吸气奄奄，

似死又非死，

头上住喜鹊，

腰间住蜜蜂，

鼻孔住着蓬间雀，

腋下住松鼠，

肚脐住着地麻雀，

脚心住蚂蚁，

能否成人类？

还是不能成人类。

地上派岩燕，

去到天上问，

恩体古兹出门，

察看地面然后说：

做了九次黑白醮，

既可成人类。

做了九次黑白醮，

头上喜鹊窝，

卸到树林中；

腰间蜜蜂窝，

卸到岩壁下；

鼻孔蓬间雀

卸到刺丛中；

腋下松鼠窝

卸到土洞中；

肚脐麻雀窝，

卸到地坎上；

膝腋斑鸠窝，

卸到树丛中

脚心蚂蚁巢，

卸到泥土内。

能否成人类？

仍然不能成人类。

此后，

变化变化着，

天上掉下泡桐树。

落在大地上，

升起三股雾，

升到天空去，

降下三场红雪来。

九天化到晚，

九夜化到亮，

为成祖先来融化，

为成人类来融化，

做了九次黑白醮，

结冰来做骨，

下雪来做肉，

吹风来做气，

下雨来做血，

星星做眼睛，

变成雪族的种类。

雪族子孙十二种，

有血的六种，

无血的六种。

无血的六种有：

草为第一种，

分支出去后，

住在草地上，

遍地都是黑头草。

宽叶树为第二种，

柏杨树是雪子。

针叶树为第三种，

住在杉林中。

水筋草是四种，

水筋是雪子。

铁灯草是第五种，

铁灯草是雪子，

住在沼泽边；

藤蔓是六种，

住在树根岩避边。

有血的六种：

蛙为第一种，

派生出三家，

住在水池边，

蛙类的长子，

成为癞蛤蟆，

住在土洞中；

蛙类的次子，

成为红田鸡，

住在溪水边，

蛙类的幺子，

成为绿青蛙，

住在屋檐下。

蛙类繁殖无数量。

蛇为第二种，

蛇类长子分出后，

住在峭岩陡壁下，

成为龙蛇的土司。

蛇类次子分出后，

成为常见的长蛇，

住在阴湿沟谷里；

蛇类幺子分出后，

成为红嘴蛇，

住在沼池水池边；

鹰为第三种。

鹰类长子分出后，

就是天空的神鹰，

成为鸟中的皇帝，

住在白云山；

鸟中的土司，

就是花孔雀，

住在东海边；

鸟中的头目，

就是天空的飞雁，

住在谷绰绰红山；

鹰类次子分出后，

成为普通的鹰类，

它的老大分出后，

成为黑色秃头鹰，

住在杉林里；

它的老二分出后，

成为白色鹞，

终日漫天游。

它的老幺分出后，

成为鹞子，

住在呷洛列鄙。

熊为第四种，

黑熊分三家，

住在深山老林里，

黑熊繁殖无数量

猴为第五种。

猴分为三家，

住在树林与岩上，

猴类繁殖无数量。

人为第六种，

住在世界上。

　　从彝族典籍《人类历史》和《勒俄·雪子十二支》的记载可以看出，彝族的图腾崇拜由来已久，是在探索和认识世界的过程中形成的。

　　竹灵崇拜是彝族社会较为普遍的图腾崇拜。在《洪水与笃慕》中讲，洪水时，笃慕兄妹俩是躲藏在葫芦里飘至悬崖时，被山竹挂住，得免坠崖而获救。从此，彝族人们不仅敬竹、爱竹、奉竹、祭竹，连人死后即以山竹制成灵牌，进行供奉。另外，在《竹爆三兄弟》中也讲，笃慕与天女生下了三个哑巴儿子后，问医于恩体古兹，恩体古兹因女儿逃婚下嫁给笃慕，并将天界的五谷种子偷带到人间而气愤不已，不肯将医治方法告诉笃慕，经过几番较量后，天神恩体古兹与天后私下所说的医治方法被笃慕派到天庭的阿普约雀鸟（即鹡鸰）偷听到，笃慕依照阿普约雀鸟偷听来的方法燃烧爆竹，使三个孩子说出了三种不同的语言，分别形成今天的彝族、汉族和藏族。这也是竹灵崇拜的重要来源之一。彝族崇拜竹子的记载在汉文史书中也有记载，《后汉书·西南夷列传》记载：

> 夜郎者，初有女子浣于遁水，有三节大竹流入足间，闻其中有号声，剖竹视之，得一男儿，归而养之。及长，有才武，自立为夜郎侯，以竹为姓。武帝元鼎六年，平南夷，为牂柯郡，夜郎侯迎降，天子赐其王印绶。后遂杀之。夷獠咸以竹王非血气所生，甚重之，求为立后。牂柯太守吴霸以闻，天子乃封其三子为侯。死，配食其父。今夜郎县有竹王三郎神是也。

近年来，许多研究证明夜郎国是古彝族人建立的，《后汉书·西南夷列传》记载的内容正是彝族祖先由竹而生、由竹而得的传说。至今，彝族北部方言区的彝族人死后仍然请毕摩祭祀求竹，在毕摩特指的地方求得竹子，编制为灵牌进行供奉，称为"玛杜"，直到玛杜毕（即祭送祖灵，也叫"尼姆搓毕"）后，"玛杜"才放到"玛杜则得"，即寄放"玛杜"之地，人生才算修得正果。因此，彝族人尔比（谚语）说："父欠子债娶妻生子，子欠父债送灵归宗。"

在广西隆林、那坡，以及与其比邻的云南宣林等县彝族寨子中留有一块空地，称为"的卡"，"的卡"（空地）中央种上兰竹，平时严加保护，严禁砍伐和损伤。寨子在每年农历四月二十四日都举行祭竹大典。在兰竹丛前，由毕摩作法诵经，继而由跳公（领舞的长老）率领寨子的男女跳舞。男子用左手与女子相牵，以右手握木矛，边跳边将木矛投递给对面的男子，大典历时约三个小时，最后将木矛插于兰竹脚下，将兰竹用新竹栅栏围起来。祭者认为兰竹的旺枯代表着家族的兴衰，所以人们对兰竹进行专门的祭奠，祈求兰竹保佑，使族人兴旺发达。当地人们认为，竹灵与族人有深厚的血缘关系，当寨子的妇女快要分娩时，她的丈夫或兄弟就要砍一根长约两尺的兰竹筒，待孩子生下后，在竹筒里放一些胎衣胎血。然后塞些芭蕉叶子，将竹筒挂到兰竹子上，以示孩子是兰竹的后裔。

贵州威宁龙街镇马街村彝族自称"青彝"。传说，古时候有个耕牧人在岩脚边上避雨，山洪突然爆发，随着山洪水飘来几筒竹子，耕牧人取一筒剖开，内有五个孩子，都被耕牧人收养。五个孩子长大以后，其中的三个孩子：一人务农，子孙繁衍成为白彝；一人铸铁制作铧口，子孙发展为红彝；一人编制竹器，子孙发展为后来的青彝。因为竹子在水中取出时是青色的，所以称为青彝。青彝世代与竹子为伍，练就了高超的编制竹篾技术，以编篾为业。

居住在广西西部的彝族人也认为自己的祖先与竹子有着紧密的联系：在开天辟地的太古时代，有一个蓝竹筒中爆出一个人来，他面似猴类，出世时就会说话，名叫亚搓，住在地穴里，穿的是芭蕉叶子，吃的是野鼠和野果。一天他在麻达坡拣拾野梨子，偶然看见一个貌似猿的猕子，睡在梨树下……两情相投，遂配为夫妻，他们的子孙就是罗罗（彝族）。

竹灵图腾崇拜的故事、传说、神话在彝区十分流行，它们都有一个共同点就是竹子与彝族的起源有着紧密的联系。从南到北，从东到西绵延几千里的大西南彝区，境内高山耸立、峡谷纵横、江河密布，自始祖笃慕在孜孜普卧（今昭通、威宁等地）分封六祖以来（两千多年前），各支系历经漫长的岁月，相互交往虽困难重重，但竹图腾崇拜却保持得如此一致，这绝非偶然，是族群文化发挥着重要的纽带作用，维系着彝族文化的发展。

图腾崇拜是氏族部落社会的重要文化符号，图腾崇拜的不断发展催生了祖先崇拜，以血缘为核心基础的祖先崇拜，重视家族文化，在家族的婚丧嫁娶、典礼、集会、征战等活动中发挥着越来越重要的作用，祖先认同、探讨家族历史、撰修和口承族谱，对万物进行追根溯源，成为彝族挽歌的重要内容。

除竹图腾崇拜外，彝族还有龙图腾崇拜、虎图腾崇拜、熊图腾崇拜、蜘蛛图腾崇拜、雁图腾崇拜、鹰图腾崇拜、山图腾崇拜、水图腾崇拜、树图腾崇拜、岩石图腾崇拜、雷电图腾崇拜、日月图腾崇拜等。龙图腾崇拜在彝区比较普遍，龙在彝族北部方言区称为"鲁"，是从古代的彝语"罗罗"变化而来，如彝语"鲁尼"是具有庄重、端庄、稳重之意，给孩子取名时总冠以"鲁"字，如鲁体、鲁哈、鲁作、鲁谷、鲁嘎、鲁达、鲁帝、鲁格、鲁各等。在《祭龙经》中认为，彝族人祖先去世后就是与龙在一起：从前有个叫鲁肯舍夷的女人，她领着一帮仆人到沙米卧赫的海边去洗彩线。海上出现一对小金龙，伸着颈子游到海岸。女仆们一阵惊叫，"快来打蛇呀！"小金龙说："我不是蛇，我是福禄、他是威荣。"鲁肯舍夷便把小金龙捧在手里，带回来设坛祭奉。杀好马作祭牲，献上美好的粢盛，设上名帛和大小碗，"献食龙不饥，奉饮龙不渴"。鲁肯舍夷虔诚地奉祀龙神，第二年她就生了孩子，名叫阿达德神，长大后在武、乍、糯、恒、布、默、洛、举八家都掌了权，八家都立他为君长。彝族古代自称 lu 或 lo 就是源自对龙的崇拜。在《后汉书·西南夷列传》中记载了古彝族人对龙的图腾崇拜：

> 哀牢夷者，其先有妇人名沙壹，居于牢山。尝捕鱼水中，触沉木若有感，因怀{任女}，十月，产子男十人。反沉木化为龙，出水上。沙壹忽闻龙语曰："若为我生子，今悉何在？"九子见龙惊走，独小子不能去，背龙而坐，龙因舐之。其母鸟语，谓背为九，谓坐为隆，因名子曰九隆。及后长大，诸兄以力隆能为父所舐而黠，遂共推以为王。后牢山下有一夫一妇，复生十女子，九隆兄弟皆娶以为妻，后渐相滋长。种人皆刻画其身，象龙文，衣皆着尾。九隆死，世世相继。乃分置小王，往往邑居，散在溪谷。绝域荒外，山川阻深，生人以来，未尝交通中国。

彝族北部方言区的丧葬礼仪中专门以"瓦子嘞"的说唱形式歌唱英雄支格阿龙，支格阿龙就与龙有着千丝万缕的关系。在典籍《勒俄·支格阿鲁》中记载支格阿龙生于龙年龙月龙日，都与龙相关，他不喝母乳、不吃母亲做的饭、不穿母亲做的衣，被认为是怪物，被弃于龙崖下，喝龙水、吃龙饭、和龙睡，最后成为战天斗地的英雄。此外，支格阿龙的名字在几千年的流传过程中因受方言的影响在不同的地方还有不同的称呼。据不完全统计，贵州有支嘎阿鲁、支嘎阿楼的称法；云南有支格阿龙、支格阿鲁和阿鲁举惹等称谓；四川则有支格阿鲁、赤阔阿鲁和金支格阿鲁等不同称法，这些称谓都与龙相关或相近，是古代彝族人对龙图腾崇拜的进一步升华。

在彝区各地有关龙的谚语也很多，有"龙翻身洪水生"，"龙启程，山崩地裂"，"龙蠕动，雷电闪"等，说明龙文化深刻地影响着华夏各民族。

虎图腾崇拜也是彝族图腾崇拜的重要内容。据古籍记载，对彝族人的"罗罗"称呼，就是指龙和虎，在四川彝语中"鲁诺"是指黑龙之意，"拉诺"是指黑虎之意。"鲁诺"和"拉诺"是从"罗罗"变化而来。"拉"在彝族北部方言区就是指虎，许多人给孩子取名都冠以这一字，如拉惹、拉诺、拉且、拉哈、拉体、拉洛、拉妞等，希望子孙后代像虎一样强壮，寄予后代兴旺发达。明代文献《虎荟》卷三说："罗罗——云南蛮人，呼虎为罗罗，老则化为虎。"古代贵州的彝族人也冠以"罗"字，如罗甸国、罗施鬼国、和卢鹿部、罗罗宣威司等。

在云南彝族史诗《梅葛》中记载，开天辟地时，虎体变化成了天地日月。虎头作天头、虎尾作地尾、虎鼻作天鼻、虎的左眼变成太阳、右眼作了月亮、牙齿作星星、油脂作彩云、虎肚作大海、血为海水、肠子为江河、虎须变阳光、虎心作天胆、虎气变雾气、肋骨作道路、虎皮作地皮、虎硬毛变森林、软毛变草原、细毛作秧苗、虎骨髓变金子、小骨变银子、虎肺变成铜、虎肝变成铁、连贴变成锡、腰子作磨石、虎虱子小的成了猪，大的成了牛、虮子成绵羊、头皮成麻雀……一切都是虎变成。

2. 自然崇拜

天地崇拜是为了祈求天地护佑、人丁安康、五谷丰登、六畜兴旺和消灾避祸而形成。汉文史志道光《云南通光·爨蛮》说："民间皆祭天，为台三级祷。"《大理府志》也记载："腊则宰猪，登山顶以祭天神。"云南弥勒西山彝族也逢腊月祭天神，而云南武定、禄劝等地彝村在山林中建屋供奉天神。云南巍山彝族每逢农历正月初一祭地母。昆明西山彝族在农历二月撒秧时祭田神。

山石崇拜是各彝区因各自的需要而形成。云南峨山彝族是在农历二月第一个属牛日祭石神，目的是求生育。彝族撒尼人认为石神是主宰小孩不受病魔侵扰，祭石神是为了孩子们健康成长。云南西山彝族都建有山神庙，逢农历四月一日杀鸡献祭，祈求山神护佑村寨。泸西县彝族逢农历正月初三祭山，祈求山神庇佑牛羊等家畜。

水火崇拜是彝族图腾崇拜的重要内容。凉山彝族认为火塘是神圣不可亵渎的，三个"锅庄"代表着不同的含义，上为祖先、左为客人、右为主人，不仅禁止女性跨越，还禁止人畜跨踏。过年烧猪毛的火是从火塘取出，火把节的火把所点的火苗也是在火塘中点出。过年三天的火塘不准熄灭。云南泸西县正月初一和六月二十四由家庭主妇在饭前选一块最肥的肉投进火塘燃烧，祈求火神不降火灾、不烧房屋、不伤孩子。永仁县彝族正月初二或初三举村祭火，称为"火神会"。

水崇拜是与龙崇拜相交织。昆明西山彝族一旦立夏之前不下雨，便要去泉水边祭水。弥勒的彝族阿细人逢农历三月进行祭龙。景东太忠彝族农历正月十五日为祭龙节。

无论竹图腾、龙图腾、虎图腾等崇拜，都构成了彝族人对自然的敬畏及对生命的认识和理解，"综合图腾的产生是由于原始社会发展到一定阶段，氏族、部落互相兼并、融合，融合时，就以主要氏族的图腾为基本形态……"① 很显然，图腾镌刻在彝族人的生命历程中，逐步转化成以家族家支为代表的部族葬礼文化，成为部族葬礼文化的重要内容。

3. 祖先崇拜和"吉尔"② 崇拜

祖先崇拜是父权社会的一大特征，是家族或家支等社会组织或社会单位结构赖以存在的基础。"家支是按照父系血缘纽带组成的、内部不通婚的社会集团。"③ 祖先崇拜在彝族北部方言区保存得较为完整，"家支组织是奴隶制社会以前的氏族组织的蜕变，它在凉山彝族社会存在的年代已相当久远，在形式上仍具有原始社会末期父系氏族组织的一些文化特征"④。祖先崇拜是家支组织的具体内容，具有共同的祖先，共同的家支名称，共同的谱系特征。"在图腾崇拜阶段，由于生产力低下，以采集、狩猎为主的生活是极其不稳定的。人们认为动物、植物高人一筹，人受其保护。随着社会生产的发展，认识的进步，人们开始了解了植物下种、出芽、开花、结果的自然过程，掌握了许多动物的

---

① 见马学良《彝族文化史》，上海人民出版社1989年版。

② 吉尔是彝族北部方言区彝语，意为灵魂，把吉尔和库吥结合使用时，库吥就是指运气，吉尔库吥是指灵魂和运气。

③ 姊妹彝学研究小组《彝族风俗志》之社会民俗，中央民族学院出版社1992年版。

④ 见姊妹彝学研究小组《彝族风俗志》之社会民俗，中央民族学院出版社1992年版。

习性，学会了种植、畜牧。此时男子介入了主要的社会经济生产部门，并在其中占据主要地位，成为维系氏族的中间力量。农耕、畜牧是人类驾驭自然的成果，它确立了人的地位，人类终于认识到自己比动物、植物要高出一筹了。于是崇拜的对象从某种图腾渐渐转到自己氏族的祖先身上。"① 这是马学良先生在关于祖先崇拜形成原因中专门阐释的论断。诚然，人们的家族血缘概念日益牢固，家族认同感日益加强，通过更早的始祖认同→代际传族谱，→以若干的远祖→曾祖→祖→父→子→孙→曾孙……家谱形式获得前所未有的血亲感，由此形成家族的概念。父子连名制、姓氏制、家族外婚、同族内婚等制度是祖先崇拜的主要表现形式。

祖先崇拜是以血缘纽带为基础的崇拜，是早期社会劳动生产中形成的社会组织方式，彝族尔比（谚语）强调"猴子靠森林，彝人靠家族"，常在叙家谱、修建房屋、收割、抚养遗孤、解决温饱、婚丧嫁娶、庆典、盟誓、集会等地方体现，表现为崇尚祖先、赞颂祖先，强调家族血缘关系，抱团处理纠纷，彝族谚语说"不许外人伤害自己的儿子，不许外人拐走自己的老婆，不保护一穗谷子，十穗会被割光；不保护一个家人，全家支会被杀光"，是站在家族的角度看待社会问题，"彝族社会强调家支家族血脉的延展，重视血缘群体的世代绵延有序。其物质表现就是系谱"②。家族里的成员日常可以各自劳作、各自生活，一旦遇到重大的事件就迅速相聚在一起，进行商讨、选择最佳的处理方案，特别是遇到丧葬或纠纷时，家族人会迅速聚集，彝族尔比（谚语）讲"兄弟亲人遇到困苦可避开，兄弟亲人遇到丧事则不可避"，丧葬是家族十分重视的事情，不能拒绝和回避，应主动参与其中，否则要遭受家族的谴责。另外，彝族祖先崇拜的观念在家族家支的婚姻方式上表现为同族内婚、等级内婚、家支外婚、姑舅表优先婚，强调血缘纯正性的同时，重视和强调家族与家族间的结盟是由婚姻来全面巩固，称为"兄弟分支越分越远，开婚家族越婚越近"，甚至把祖母辈、母辈、妻辈的家族称为"背后的家族"，是确认自己家支外的强大势力，以达到进一步巩固家族与家族间结盟的目的。因此，彝族丧葬场所就成为家族与家族间展示实力的平台，包括政治、经济、文化都成为

① 见马学良《彝族文化史》，上海人民出版社1989年版，第四章"祖先崇拜"。
② 见姊妹彝学研究小组《彝族风俗志》之民间信仰，中央民族学院出版社1992年版。

展示的内容，其中彝族挽歌就是文化展示的重要内容。家族势力越强大，传统文化展示的内容越丰富，形式就越多样，深受各家族的推崇和赞誉。

人死后会成为什么？是妖魔鬼怪还是其他？祖先崇拜认为人死后会升华成为"吉尔"神灵，能保护生命，护佑苍生，在更高更圣洁的祖界维护家族的荣耀，庇护子孙兴旺发达。而非自然死亡等则容易变成妖魔鬼怪，戕害人间，需要经过极其复杂的毕摩祭颂才能转化为"吉尔"。所以，人死后需要进行专门的教导和教化，即进行"莫玛"① 才能成为"吉尔"，这在《指路经》安魂导魂曲中表现得淋漓尽致。很明显，老死才是善终，善终才能回到祖界，回到祖界才能成为"吉尔"，这是人们朴素而富有逻辑的生命转化和升华形式，"吉尔"就是祖先升华后，具有神奇力量的灵魂。毕摩所谓的"吉尔坐在他该坐的座位上，库吹站在他该站的位置上"，就是祈求吉神和财神能稳定和牢固地护佑家族，甚至源源不断地保护生灵。对"吉尔"的崇拜是形成挽歌的又一重要思想基础，隆重的葬礼是专门为老人去世时举办的，彝族挽歌就是葬礼中对生命转化为神灵的祭奠、歌唱和赞颂，实际上就是对生命成功转化为"吉尔"的歌颂。

三 彝族挽歌的起源与发展

彝族挽歌的历史源远流长，《西南彝志》所载的"歌师"制度表明了远在两千年前就有彝族挽歌的说唱者。《华阳国志·南中志》载"夷人大种曰昆，小种曰叟……夷中有桀黠能言议屈服种人者，谓之耆老，便为主。议论好譬喻物，谓之夷经"。昆、叟都是彝人的祖先，文中"耆老"，即"歌咏法言之长老"，就是能说会道的"挽歌"叙说者。唐代樊绰《蛮书》："此等部落，皆东爨乌蛮也……大部落则有大鬼主，百家二百家小部落，亦有小鬼主。一切信使鬼巫，用相制服。"另据《斯都呐嘎》② 记载，葬礼源于天界。天界葬礼习俗：远古的时候世木嗯哈（即天界），使热舍热（即神仙）们，为天上"木至颠乃"（一个神人）妈办葬礼时，打洪诺勒诺（一头神牛名）来招待"斯尔斯乃"（即掌管疾病神）和"木尔木瑟"（即掌管山水神）时，白云当裙来，

---

① 莫玛是彝族北部方言区彝语。莫是指尸体，玛是指教导、教育，意为教化尸体，即为死者指路。
② 见吉各子呷编《斯都呐嘎》，四川民族出版社 2015 年版。

彩云当裤来，披起乌云来，跟随冰雹来大办葬礼。

（一）挽歌在中原典籍中的记载和形成

我国关于挽歌的记载和文献丰富且呈多样性。三国时期西蜀学者谯周以为挽歌出于汉初田横之门人。《世说新语·任诞》刘孝标注引《谯子法训》：有丧而歌者，或曰："彼为乐丧也，有不可乎？"谯子曰："《书》云'四海遏密八音。'何乐丧之有！"曰："今丧有挽歌者，何以哉？"谯子曰："周闻之，盖高帝召齐田横，至于尸乡亭，自刎奉首。从者挽至于宫，不敢哭而不胜哀，故为歌以寄哀音。彼则一时之为也。邻有丧，舂不相，引挽人衔枚，孰乐丧者邪？"紧接着，刘孝标又说："按《庄子》曰：'绋讴所生，必于斥苦。'司马彪注曰：'绋，引柩索也。斥，疏缓也。苦，用力也。引绋所以有讴歌者，为人有用力不齐，故促急之也。'《春秋左氏传》曰：'鲁哀公会吴伐齐，其将公孙夏命歌《虞殡》。'杜预曰：'《虞殡》，送葬歌，示必死也。'《史记·绛侯世家》曰：'周勃以吹箫乐丧。'然则挽歌之来久矣，非始起于田横也。然谯氏引礼之文，颇有明据，非固陋者所能详闻。疑以传疑，以俟通博。"东晋学者干宝认为：

> 挽歌者，丧家之乐；执绋者，相和之声也。挽歌辞有《薤露》《蒿里》二章，汉田横门人作。横自杀，门人伤之，悲歌。言人如薤上露，易晞灭，亦谓人死精魂归于蒿里，故有二章。[1]

在《左传·哀公十一年》记载："将战，公孙夏命其徒歌《虞殡》。"[2]

在《晋书》卷二《礼志中》记载："汉魏故事，大丧及大臣之丧，执绋者挽歌。新礼以为挽歌出于汉武帝役人之劳歌，声哀切，遂以为送终之礼。虽音曲摧怆，非经典所制，违礼设衔枚之义。方在号慕，不宜以歌为名，除不挽歌。"

西晋著名谱学家挚虞认为："挽歌因倡和而为摧怆之声，衔枚所以全哀，此亦以感众。虽非经典所载，是历代故事。《诗》称'君子作歌，惟以告哀'，

---

① 见《搜神记》卷一六。
② 西晋时，杜预注释认为：《虞殡》是送葬歌曲，示必死。

以歌为名，亦无所嫌。宜定新礼如旧。"诏从之。①

《搜神记》所说的《薤露》，最早见于《宋玉对楚王问》："其为《阳阿》《薤露》，国中属而和者数百人。"

以上记载说明，远在春秋战国时期，挽歌就已经产生。挽歌并非某个人的创造，而是来自民间的劳动之歌。

在俞曲园释《荀子·成相篇》记载：

> 盖古人于劳役之事，必为歌讴以相劝勉，亦举大木者呼邪许之比，其乐曲即谓之相。"请成相"者，请成此曲也。

挽歌自然也属于"劳役之歌"，悼亡之悲与劳役之苦在挽歌的调子中合为一体，使其比一般的劝勉性的劳动歌更为凄凉。

《宋书》卷五一《刘道规传》：

> 及长沙太妃檀氏、临川太妃曹氏后薨，祭皆给銮辂九旒，黄屋左纛，辒辌车，挽歌一部，前后部羽葆、鼓吹，虎贲班剑百人。

可见挽歌是当时规定的一种丧葬礼仪，且已相沿成俗了。

在汉代，挽歌是乐府的重要组成部分。《文心雕龙·乐府》记载：

> 至于轩歧鼓吹，汉世铙挽，虽戎丧殊事，而并总入乐府……"铙"是铙歌，属军戎之乐；"挽"是挽歌，乃丧葬之乐。

挽歌进入乐府，西晋·崔豹《古今注》卷中《音乐第三》记载：《薤露》《蒿里》，并丧歌也，出田横门人。横自杀，门人伤之，为作悲歌，言人命如薤上露，易晞灭也。亦谓人死，魂魄归于蒿里，故用二章。其一曰："薤上朝露何易晞，露晞明朝更复落，人死一去何时归！"其二曰："蒿里谁家地？聚敛魂魄无贤愚。鬼伯一何相催促，人命不得少踟蹰。"至孝武时，李延年乃分

---

① 见《晋书》卷二十志第十。

二章为二曲。《薤露》送王公贵人,《蒿里》送士大夫庶人,使挽柩者歌之,世亦呼为挽歌。亦谓之长短歌。言人寿命长短定分,不可妄求也。李延年为西汉乐府协律都尉,武帝时代的著名艺术家。他"性知音,善歌舞","每为新声变曲,闻者莫不感动"。① 经他改造后纳入乐府的《薤露》《蒿里》,即属于"新声变曲"。对这两个乐府诗题,后世作家如曹操、曹植等人,并有拟作②,借以表现新的生活内容。

另外,在《后汉书》卷六一《周举传》记载:

> (永和)六年三月上巳日,(大将军梁)商大会宾客,燕于洛水,举时称疾不往。商与亲昵酣饮极欢,及酒阑倡罢,继以《露》之歌,坐中闻者,皆为掩涕。太守张种时亦在焉,会还,以事告举。举叹曰:"此所谓哀乐失时,非其所也。殃将及乎!"

挽歌,经过文人的加工和提炼,渐渐形成典籍,人们在不同的场合进行专门的歌唱。到了魏晋南北朝时期,这一风尚大涨,成为文人墨客的一种风尚:张湛好于斋前种松柏;时袁山松出游,每好令左右作挽歌。时人谓"张屋下陈尸,袁道上行殡"……张驎酒后,挽歌甚苦。桓车骑曰:"卿非田横门人,何乃顿尔至致?"③

挽歌的演唱者不仅需精通各种经文还要精通音乐,在《世说新语·任诞》四三刘孝标注引《续晋阳秋》:

> 袁山松善音乐。北人旧歌有《行路难曲》,辞颇疏质。山松好之,乃为文其章句,婉其节制。每因酒酣,从而歌之,听者莫不流涕。初,羊昙善唱乐,桓伊能挽歌,及山松以《行路难》继之。时人谓之"三绝"。说明羊昙、桓伊、袁山松等都是当时演唱挽歌的高手。

---

① 见《汉书》卷九七上《外戚传·孝武皇后》。
② 见《乐府诗集》卷二七《相和歌辞二》。
③ 见《世说新语·任诞》四三。

在《宋书·范晔传》中也记载：

> 晔与司徒左西属王深宿广渊许，夜中酣饮，开北牖听挽歌为乐。义康大怒，左迁晔宣城太守。……少好学，博涉经史，善为文章，能隶书，晓音律。……善弹琵琶，能为新声……

春秋战国时期，挽歌已经产生。《左传·昭公三十年》："先君有所助执绋矣。"杜预注："绋，挽索也。"又《礼记·曲礼上》："助葬必执绋。"郑玄注："引车索。"挽歌由牵引灵车的人边行边唱。歌手分列于灵车两旁。汉魏以后，唱挽歌成为朝廷规定的丧葬礼俗之一，《风俗通义佚文·服妖》：灵帝时，京师宾婚嘉会，皆作魁挽歌，酒酣之后，续以挽歌。魁，丧家之乐；挽歌，执绋相偶和之者。"绋"是牵引灵柩的绳索，又名引车索。与此同时，挽歌开始冲破送死悼亡的樊篱，有了更广的应用范围，许多士林名流耽爱挽歌。至六朝时代，唱挽歌成为一时风尚，许多名士借此显示其蔑视礼法、潇洒不羁的风度。挽歌独特的悲哀情调和凄丽的美学风格表达了士人以悲为美的美学观念，也是他们独具风神的生存哲学的诗意显现。

魏晋时期，陆机《庶人挽歌辞》记载：

> 死生各异方，昭非神色袭。
> 贵贱礼有差，外相盛已集。
> 魂衣何盈盈，旐旟何习习。
> 父母拊棺号，兄弟扶筵泣。
> 灵轜动（左车右葛）轇，龙首矫崔嵬。
> 挽歌挟毂唱，嘈嘈一何悲。
> 浮云中容与，飘风不能回。
> 渊鱼仰失梁，征鸟俯坠飞。
> 念彼平生时，延宾陟此帏。
> 宾阶有邻迹，我降无登辉。

《陆机集·陆机集补遗》中的歌手通常是从贵族子弟中选拔出来的优秀少年，称为"挽郎"。"挽郎"，又称"挽僮"。

唐朝时，唐高祖李渊下令编修，欧阳询等主编的《艺文类聚》卷一六引晋人左棻《万年公主诔》："挽僮齐唱，悲音激摧。"

古代中原地区挽歌还要由专门的人员来演唱，《宋书》卷一五《礼志二》："有司又奏依旧选公卿以下六品子弟六十人为挽郎。"做挽郎的人必须具备两个条件：

第一，名声嘉美，英俊可爱。《世说新语·纰漏》四：

　　任育长年少时，甚有令名。武帝崩，选百二十挽郎，一时之秀彦，育长亦在其中。王安丰选女婿，从挽郎搜其胜者，且择取四人，任犹在其中。童少时，神明可爱，时人谓育长影亦好。

第二，博通诸艺，富于才情。《魏书》卷七一《裴叔业传》附《柳远传》：

　　……字季云。性粗疏无拘检，时人谓之"柳癫"。好弹琴，耽酒，时有文咏。为肃宗挽郎。……

因此，为皇室贵族或高官显宦当挽郎，这在中古社会是一件很值得夸耀的事。

（二）挽歌与彝族丧葬习俗

彝族挽歌的使用有严格的规定和要求，只能在丧葬礼仪中出现，不得在其他场合中使用。彝族挽歌离不开丧葬礼仪，没有彝族丧葬习俗就没有彝族挽歌。《斯都呐嘎》认为人间葬俗起源：人间丧葬习俗起于"木尔惹底"妈，彝族远古期的挽歌是神神（神）支木传，阿普啊撒接；阿普啊撒传，乌则斯惹（神仙）接；乌则斯惹传，印则斯惹接；印则斯惹传，吴沙斯惹接；吴沙斯惹传，乌木（皇帝）基罗接；乌木基罗传，乌木基都接；乌木基都传，蜀宗蜀波（汉人或一种民族）接；蜀宗蜀波传，列文（土司）罗撒接；列文罗撒传，"桌桌啊伍哈苏"（世间百姓）接。

这样彝族挽歌演说习俗也从天到地、从神仙到人类、从皇帝到贵族、从贵族到平民，自上而下，代代相传了下来。

彝族的丧葬习俗丰富，类型多样，历史悠久。据记载有树葬、陶器葬、岩石葬、水葬、棺木土葬、火葬等。"明清以前彝族社会普遍盛行的传统葬式是火葬，迄今大小凉山彝区仍沿行；而滇、黔、桂其它彝区在明末清初受汉族影响已改为棺木土葬，但仍保留了本民族的丧俗。"① 其中，树葬传说主要流传在云南地区。"在汉代，诸葛亮在世的那个年代，彝族大将孟获的妾死了。孟获让属下用锦缎裹尸，葬之在青松树丫上。人们围在树下唱歌、跳舞，悼念这位美丽的妾。"唱歌、跳舞疑为今天的挽歌。

陶器葬，云南路南彝族撒尼支系历史上曾实行过这种葬法，又称为"直葬"，即人死后，用六尺高的陶罐，将死者站直放入，埋在土里，垒成坟堆。当地认为是祖先传下来的，人是站着走的，也要站着死，头顶青天，脚踏大地，活着如此，死了也如此。

岩葬、水葬等，据巴莫姊妹彝学研究小组在《彝族风俗志》"丧葬礼仪"中认为，凉山彝族古时也实行岩葬、水葬，一般由毕摩查经推算后才确定岩葬、水葬。云南富民县彝族把骨灰装入陶罐后再放入岩洞里，灵牌也设在岩洞里。

火葬，彝族火葬习俗由来已久，《吕氏春秋·义尚》篇说："氐羌之民，其虏也，不有其系累，而忧其死不焚也"；《太平御览》引《庄子·逸篇》载："羌人死，焚而扬其灰"。彝族源于氐羌的学说，是21世纪学术界比较一致的观点，在死后火葬的习俗也十分相似。另外，元大德年间李京《云南指略》诸夷风俗条说："罗罗即乌蛮也，酋长死，以虎豹皮裹尸而焚，葬其骨于山，非骨肉莫知其处。……自顺元、曲靖、乌蒙、乌撒、越巂皆此类也。"还有《景泰云南图经志》卷二罗雄州说："州多罗夷，死无棺，其贵者用虎豹皮，贱者用牛羊皮裹其尸，以竹箦异于野焚之，会亲友，杀牲祭享，异其骨而不收，酋长及富者，则令婢看守，长者二三月，幼者月余而止，藏其骨，非亲人莫知其处。其罗罗散居各处者，其俗亦同，非特此州然也。"嘉靖《贵州通志》载"焚于野，掷散其骸"；《越巂厅志·夷俗志》载："丧葬不用棺椁，

---

① 详见巴莫姊妹彝学研究小组《彝族风俗志》，中央民族学院出版社1992年版。

以火焚化。"《西昌县志·夷族志》也记载火葬后"收骨殖于瓮，命忠实年老娃子数人，负瓮荷锄入深山崖洞密埋之，不令人知，预防冤家盗掘也"。说明彝族火葬习俗是比较古老的丧葬方式。明清以来，云南、贵州、广西的彝族虽然已经改为土葬，但凉山的彝族则一直保持着火葬的方式。

土葬，滇、黔、桂及凉山边缘地区的彝族在明清时期以后逐渐以棺木土葬代替了传统的火葬。彝文献《彝族六祖迁徙典籍选编》载："生时见土冷，死时欲得土，十锄向土挖，破土葬尸体，埋坟高耸耸，埋葬切勿焚。"说明古彝族人曾经以土葬方式埋葬，后才改为火葬。"在鲁瓦以后，生时见火避，死时须火化。"① 在滇黔桂地区的彝族是明清以后才改为土葬。贵州彝族土葬后，仍然在挖好的圹穴里，先堆放九层芦苇或柴火，其上放一个老鸹窠，然后点火焚烧。烧毕，把灰烬推平在圹穴底部，再放棺木埋葬。实际是火葬与土葬同时进行。凉山彝族一般在两种情况下实施土葬：一种是未满月即夭折的婴儿，用一小木匣装殓，同时做一"丫"字形尸架，寻一棵野果树下，挖一个坑将装尸木匣朝东竖立，并将"丫"字形焚化，象征火葬，再掩埋木匣。另一种是麻风病人死后也需土葬。

（三）彝族挽歌的形成和发展

彝族挽歌是丧葬时专门唱，或说，或咏，或诵的仪式歌典。成书于北宋时期的《太平寰宇记》卷十八《嶲州》载："木耳夷死，积薪烧之，烟正则大杀牛羊相贺以作乐，若遇风烟旁散，乃大悲哭。"按照目前彝区火葬习俗特点，书中的某些描述可能有误，其一，并不是烧人的烟火正才杀牛羊相贺，实为祭奠亡灵；其次，也不是烟火散才悲哭，应该是悲伤和失去亲人的痛苦使人悲哭。书中所记的"悲哭"，应该就是今天的彝族挽歌。在交通和信息交流都不发达的年代，《太平寰宇记》卷十八《嶲州》留下这样的记载已实属不易。

关于挽歌的起源除汉文献有记载外，还有彝文献，主要有《勒俄·公》的死亡起源说、有《梅葛》的丧葬起源说、有"额毕斯乌的《斯穆安甘》死亡来源"说、有天降毕摩说、有普兹楠兹说、有武洛撮发现说、有策格兹逼迫说、有毕摩斗法假借蜜蜂说、有灾难恐惧说等，众说纷纭，莫衷一是。然而，没有死亡就没有哀伤，没有丧葬就没有哀伤，没有哀伤也就没有挽歌。在

---

① 参见《彝族六祖迁徙典籍选编》。

彝族民间广为流传着《人为什么死亡》的传说，据说这是彝族丧葬挽歌和祭奠等习俗的来源：

远古时期，人只有生没有死，直到人们爱慕死亡，天帝才开始让人死亡的。因为没有死亡，人到了老年便十分苦恼。一次，人们以青松搭青棚，到远山抬回一只死虎，放在青棚里，设灵堂大肆作祭，羡慕死亡的可贵。天神察知人间大肆集会，便派乌鸦来人间侦察，乌鸦刚飞进青棚，还没有观察清楚就被人们撵了出去。回到天庭，向天神回复道："世间人心烦恼，不能到他们近前窥察究竟，远看似乎在设灵堂为人祭，近看又像用虎尸在作祭。"

后来人们在森林里又发现一个死去的猴子尸体，就把猴子尸体抬进青棚，并设灵堂大肆作祭。天神察知人间大肆集会，就派苍蝇下凡察看，当苍蝇嗡嗡嗡嗡飞进青棚，人们便厌恶苍蝇生蛆肮脏，把它也驱赶出去。苍蝇也没能近前查看清楚，回报天神："世间人心烦恼，不能到他们近前窥察究竟，远看似乎在设灵堂为人祭，近看又像用猴尸在作祭。"

不久，人们又在水滨发现一只死鸟，于是他们又把死鸟尸体带进青棚设置灵堂作祭。天神察知人间又大肆集会，便派蚂蚁去人间察看，蚂蚁身体娇小，可以不声不响，悄悄地爬进青棚仔细察看个究竟，回报天神："世界人心烦恼，确实是用一只鸟尸体在作祭。"天神听后，心中大怒，以为人类太不识趣，居然厌恶生，羡慕死亡，索性就让人类死亡吧，于是就传令一只阿巴巴鸟（鸟名）到人间来宣布天神的旨意："黄牙齿的死，白头的死。"天神的意思是让人们自然的老死，不幸的是阿巴巴鸟飞到人间记错了旨意，误传旨意："黄牙齿的死，白头的死，年青的死，幼小的死。"自此以后，世上老年人要死，青年要死，小孩也要死。天神查知阿巴巴鸟说错了话，误传了旨意，顺手在它的嘴上扭了一下，从此阿巴巴鸟的嘴变成了弯曲的嘴，人间也因为它误传旨意，无论老中青和年幼的都有了死亡，死后还须设灵堂作祭，进行隆重的纪念和祭奠。

另外，在四川省凉山州喜德县米市镇还流传着一个关于人为什么死亡，蛇为什么蜕皮的故事：

> 远古时期，万事万物正在形成，天帝恩体古兹让人和蛇选择生死，人抢先选择了长生不老，但需要蜕皮换新。在蜕皮时，人经受不了疼痛的折磨和煎熬，最终没能蜕皮，只好选择了死亡。而蛇，坚持了下来，可以蜕皮换新，永葆青春。①

在贵州《乌萨彝族礼俗典籍》中用大量的篇幅记载了生死的起源，其中"生育礼仪·会生不会死"篇中记载：

> 远古的时候，不论是什么，只会生，不会死，
> 实勺咪律②时，到了有一天，
> 他动脑，心中想，人不死，地上容不下。
> 树不倒，阴森不亮丽。
> 无论是哪样，要能生会死，才会有发展。
> 现在这模样，人来不像人，人都像动物。
> 生鼠牙，猴脸相，无法来统管。
> 你抓我，我踢你，这样怎么行？
> 若这样下去，世上的万物，全都不发展。
> 实勺咪律呢，默默想，去天庭，要病药，找死药。
> 实勺咪律他，有天早起来，整装去天庭，找病药，要死药。
> 到了天庭上，连连施礼仪，祈求又央告。
> 恒呢策举祖③，恒摩努娄凑④，恒友阿买嗫⑤，三神座天庭。
> 阿买嗫问道：

---

① 本则故事由四川省喜德县米市镇俄木阿来讲述。
② 实勺咪律，远古彝族人名。
③ 恒呢策举祖，掌管万物的天帝。
④ 恒摩努娄凑，天神名。
⑤ 恒友阿买嗫，天神名。

"实勺咪律，你有什么事？你来做哪样？你道明，我们听。"

实勺咪律他，轻轻把话讲：

"娄扑①有一事，何去又何来？从头到末尾，禀告天神听。

人间人不死，地坝装不下，我来要病种，我来找死种。"

三神听明白，恒吡策举祖，笑了笑，接口道：

"娄扑的事情，一天两天里，你也讲不完。"

实勺咪律说：

"只不过，我不讲，你们就不晓，是件什么事？

我来说分明，三神请听清。

空中之飞鸟，地下的走兽，

会动的，会爬的，

全部的生命，要会生，要会死。

会生不会死，娄扑不昌盛。"

策举祖接道：

"正如你所说，我们也想过，娄扑难发展，

只不过，我来问问话，实勺咪律，你是怎么想？"

实勺咪律答：

"我想说真话，真假难分清，自己不明白。

内心所想事，世间的万物，会生不会死，

娄扑容不下，三神好听清，是否有道理？"

策举祖说道：

"想繁荣，不可能。"

阿买嗫插言：

"实勺咪律，别多言，心里怎么想，你就怎么说。

实勺咪律，咋想就咋说，通通往外讲。"

三神听明白，共同来商量。

议好后，阿买嗫代言：

"实勺咪律，你听好，我来传旨意。

———————————————

① 娄扑，指人间。

我们三位神，管天地人间，三神都在此。

你来找病种，你来找死种，想法很不错，

我们商议过，你所想，你所说，有道理，我们已应允。

只不过，可别听错了。

话要说分明，天庭事，分头管，

各部有职责，死种和病种，

我们不直管，分部管，是皮吾兔①管，

我们三位神，话不再多说，

自己去，找皮吾兔，他会做安排。"

《乌萨彝族礼俗典籍》的"生育礼仪·会生不会死"篇，以通俗易懂的方式，记载了远古世代，一个突发奇想的实勺咪律，找死种、找病种的故事，寄托了人们对长生不老的愿望和不病不死的生命想象。从另外一个角度，探索了人类对生命的理解和认识方式。

《乌萨彝族礼俗典籍》的"生育礼仪·找死种病种"篇记载：

实勺咪律他，边走边在想。去天庭恒底，找皮吾兔摩。

到了恒底处，实勺咪律，从头来到尾，传知皮吾兔。

皮吾兔摩，相信咪律言，死种三角六，病种四斗六，交咪律带回。

实勺咪律谢，伸手接过来，满脸笑颜开。

盈盈地说道："感谢皮吾兔！"

边讲回头走，转回得歹②处。

实勺咪律，撒病种一把，

从那时候起，展翅会飞的，病的病，死的死。

到代兔博卧③，实勺咪律他，病种和死种，全部都撒了。

从此人世间，会病又会死。

---

① 皮吾兔，天神，管死种、病种的神。
② 得歹，地名，指天上的云庭。
③ 代兔博卧，地名，指今点苍山一带。

　　　实勺糯摩①地，糯摩七大坝，

　　　全部都害病，完全倒下去，全都死光了。

　　　实勺咪律呢，一下慌了神。

　　　不知咋个办，没有路可想，

　　　躲藏到山中，传说是这样。

　　无疑，死种和病种的到来给人世间造成了极大的伤害，几乎给人类带来灭顶之灾，实勺咪律也未曾想到会带来如此巨大的杀伤力。值得探讨的是，这个一心找病种死种的人，一旦找到病种和死种，把灾难播撒到人间，看到人们相继死光后，无法面对残酷的现实，在愧疚和自责中躲藏到山林里去了。实际是对自己行为所造成的灾难感到震惊和羞愧。这是从另一个层面来探讨人死去，给周围的人们，包括亲人、朋友、邻居等所带来的巨大痛苦，这是人情所不可避免的，是人的心理上的创伤形成痛苦，而失去亲人的痛苦形成了挽歌和哀乐。这与《礼乐》的认识是一致的，即"凡音之起，由人心生也。人心之动，物使之然也。感于物而动，故形于声。声相应，故生变；变成方，谓之音；比音而乐之，及干戚羽旄，谓之乐"。这是人们对生命意义的初步认识和音乐产生方式"感于物而动，故形于声"的朴实认识和深刻了解。

　　《乌萨彝族礼俗典籍》的"生育礼仪·会生会死"篇记载：

　　　那以后，娄扑间，

　　　不管是哪样，

　　　会生长，会有病，会死去，

　　　到始买猜②时，从始买猜起，

　　　始买猜一代，买猜遮二代，遮头楼三代，

　　　头楼撮四代，撮聂怒五代，怒舍补六代，

　　　补迪堵七代，迪堵苟八代，苟阿于九代，于雀友十代。

---

　　① 实勺糯摩，地名，指实勺居住的地方，无确指，待考。糯摩，是人名，后演化为地名。

　　② 始买猜，人名，远古实勺世代有较大影响力的人物。

买猜到十代，出实举苦姆①，出实摩哄吜②，

出实布奢则③，出实苟阿楼④，为君臣师匠。

他四人，共商议，四人互相学，四个相交流。

苦姆说："哄吜行，奢则记，阿楼做。"

四位都说道："像远古一样，会生不会死，真的也不好，

祖先始买猜，确实很出众。

各样都起始，什么都兴下，万事和万物，会生又会死。

像古时，只会生，不会死，拿什么来吃，找哪样来穿。

土地不会种，吃的又无食，穿的也无衣。

像野兽，不会建房屋，居住无着落。

住岩洞，坐树上，穿树皮，吃野果，话也不会说。

牙像老鼠牙，面像猴子脸。经常互攻击，确实也不好。"

实奢则说道："说句真实话，人不死，地难容，

树不倒，不亮丽，

如像现在好，不管是万物，

既会生，又会死，

小的生，老来死，爷爷死，孙子生，这样才最妙。

上代走了，下代来。一代接一代，代代往下传。

日月也会死，星云也会死，红岩也会死，

山石也会死，草木也会死，海水也会死，

万物都会死，万物都会生。

不会死是假，生死互交替，如日出日落。

傍晚日西下，早晨日又出，要会出会落，昼夜分得清。

这样做，才能分阴阳。

我再说一句，没人间吾弥⑤，天地不圆满。

---

① 实举苦姆，人名，远古实勺世代的君王。
② 实摩哄吜，人名，远古实勺世代的大臣。
③ 实布奢则，人名，远古实勺世代的毕摩。
④ 实苟阿楼，人名，远古实勺世代的工匠。
⑤ 吾弥，指日月星云天五地。

要有阴和阳，天地才圆满。

以人喻，分五阴六阳。

以天喻，分春夏秋冬，这样才圆满。

不能缺一样，若是有差缺，万物不圆满。"

　　该篇是古彝人对世界、对生命的看法，人们认为只有神力可以控制世界和创造奇迹，极具神话传说性，特别是关于不死的生命，再到有生有死的生命，自然更替，十分神奇。生死显然不是神所能左右，也不是任何人所能控制，但人们乐此不疲，积极地探索未知世界，希望克服一切艰难险阻，拓展生命的空间，抚慰现实的种种困难及遭遇，以解释未知的世界和自然现象。所以，"生育礼仪·会生会死"篇中也不乏科学的观点，论述了生命的更替，就是日常所说的"长江后浪推前浪，一代更比一代强"，还有"旧的不去，新的不来"的新旧轮替的一些看法。在彝族北部方言区对生命的认识也有"老辈不去，后代不美"的说法，就是对生死的一种直观的看法，认为老一辈已完成了生命的使命和责任，应该由年轻人来承担更多的社会责任，开拓创新，积极推动社会的进步和发展。彝族北部方言区的教育经《玛牧》，对人生的各个阶段进行了具体划分，对老年人的行为也作了阶段性的划分和要求，七十岁以后就是老年人，认为"七十话不讲，八十病不治"，就是说人到七十岁以后开始糊涂，说的话也不再清晰，而到了八十岁以后，人体的机能下降，肌体步入老化，这是自然规律，不用强求。有的地方还进一步演变为"七十不养鸡，八十不让路"，甚至说"老石不长草，老人不生（储）钱"，就是说生老病死，是生命的必然历程，是谁都不能强求、谁都无法违背的自然规律。所以，人到老就应该颐养天年，享受天伦之乐，不用再去拼命挣钱，其他人对此也应该予以尊重和理解，不能嫌弃老人无钱财而责难老人，应善待老人和赡养老人。

　　在"梅葛·丧葬"篇中也认为生死是天王撒下来的，会让的能活下来，不会让的就要死亡。"梅葛·丧葬"用大量的篇幅和朴实的唯物主义观点，以精辟的语句论述了万物都会死，没有不死的生命：

天王撒下活种子，天王撒下死种子。

活的种子筛一角，死的种子筛三筛。
活的种子撒一把，死的种子撒三把。
死种撒出去，会让的就能活世上，不会让的就死亡。
六月七月间，死种撒到白云上，死种撒到黑云上，
白云黑云都会让。

八月九月间死种撒到月亮上，月亮也会让。
十冬腊月天，死种撒到星星上，星星也会让。
正二三月春天来，死种撒到节令上，节令也会让。
死种撒地上，大地不会让，地会裂成缝。
死种撒到山头上，山也不会让，山会塌下来。
死种撒到岩石上，岩石不会让，岩石会裂开。

死种撒到树头上，树也不会让，
树子会死亡：撒到橡树头上，橡树就死了；
撒到柏枝头上，柏树就死了；
撒到赤松树上，赤松树也死了；
撒到梧桐树上，梧桐树也死了；
撒到柳树上，柳树也死了；
撒到马缨花树上，马缨花树也死了；
撒到橄榄树上，橄榄树也死了；
撒到花椒树上，花椒树也死了；
撒到竹子上，竹子会枯死。
地上树木都撒遍，地上树木都会死。
没有撒不到的树，没有不会死的树。

死种撒到草头上，草不会让，草会死亡。
撒到地面草尖上，地面草会枯黄。
撒到芦苇上，芦苇会枯死；

撒到山草上，山草就会死；

撒到艾草上，艾草会枯死；

撒到黄麻上，黄麻就会死；

地上的草都撒遍，地上的草都会死。

没有撒不到的草，没有不会死的草。

死种撒到百兽头上，百兽不会让，百兽会死亡。

撒到兔子头顶上，兔子会被石头打死；

撒到老虎头顶上，老虎会钻进猎人的陷阱里死掉；

撒到野猪头顶上，野猪会被猎人打死；

撒到獐子麂子头顶上，獐子麂子会跑进猎人的网里；

撒到狐狸的头顶上，狐狸会跑进猎人的陷阱里；

撒到大熊小熊的头顶上，大熊小熊会跳进陷阱里；

百兽都撒遍，百兽都会死，

没有撒不到的兽，没有不会死的兽。

死种撒到百鸟头顶上，百鸟不会让，百鸟会死亡。

撒到凤凰头顶上，凤凰飞进网里死；

撒到大雁头顶上，大雁在高山顶上死；

撒到野鸡头顶上，野鸡踩到扣子死；

撒到啄木鸟头顶上，啄木鸟折断脖子死；

撒到画眉头顶上，画眉也会死；

撒到杂雀头顶上，杂雀都会死。

百鸟都撒遍，百鸟都会死。

春天布谷鸟、河中洗衣鸟都撒到了，

没有撒不到的鸟，没有不会死的鸟。

死种撒到百虫头顶上，百虫不会让，百虫都会死。

撒到大马蜂头顶上，大马蜂在风雪中冻死；

撒到蚂蚱头顶上，蚂蚱会被火烧死；

撒到苍蝇蚊子头顶上，苍蝇蚊子会被毒药毒死；

撒到蚯蚓头顶上，蚯蚓会被锄头挖死。

百虫都撒遍，百虫都会死。

没有撒不到的虫，没有不会死的虫。

死种撒到鱼儿头顶上，鱼儿不会让，鱼儿会死亡。

撒到鱼儿头顶上，鱼儿跳进渔网死；

撒到石蚌头顶上，石蚌也会跳进网里死；

鱼儿都撒遍，鱼儿都会死。

没有撒不到的鱼，没有不会死的鱼。

死种撒到家畜头顶上，家畜不会让，家畜会死亡。

撒到黄牛头顶上，黄牛犁地会累死；

撒到肥猪头顶上，肥猪过年要杀死；

撒到绵羊头顶上，绵羊悬崖上跌死；

家畜都撒遍，家畜都会死。

没有撒不到的家畜，没有不会死的家畜。

四月撒死种，八月会死完。

鸟兽鱼虫都撒遍，鸟兽鱼虫都会死。

撒也撒完了，死也死完了。

没有撒不到的东西，没有不会死的东西。

早晨太阳出，晚上太阳落，太阳会出也会落，

人和太阳一个样，会生也会死。

高山长树木，发出嫩芽绿又旺，长出叶来也很稳。

只说高山树木不落叶，哪知九月叶会黄，风吹黄叶叶就落，

人死就像落叶样，到老时候也会死。

灶洞烧火要有风，没风烧火火褪色，没风烧火火会灭；
人死就像火会灭，到老时候也会死。

田头梨子树，二月开花长叶子，三月四月会结果，
五月六果子稳，七月八月果子熟，籽饱果熟就掉下，
人死就像果子掉，到老时候就会死。

世人都会死，
一百岁会死，三十岁会死，几岁也会死，生下地的娃娃也会死，
男人会死，女人会死，
皇帝会死，小吏也会死，穷人会死，富人也会死。

死种撒到病人头顶上，病人不会让，就会得病死。
阿爹生了病，要找不死药，
找到昆明去，找到禄丰去，找到大理去，找到白井去，
又到姚安找，又到牟定找，
医痛的药倒有，医死的药没有。
没有办法了，只好背爹去躲病。
背到哪里躲？
背到大山上，松树根边躲，
只说松树万古不会死，哪知松树也会死！
松树咋个死？
打柴人来劈明子，劈开松树当火把，
松树被劈死，还是躲不脱。

山上躲不脱，背去大箐里，锥栗树根边躲，哪知锥栗树也会死，
锥栗树咋个死？雨水漕树心，风刮腰断死，还是躲不脱。

大箐多不脱，背去山岩边，石岩低下躲。

只说石岩下雨不会死，日晒不会炸，哪知石岩也会死，

石岩咋个死，石岩崩裂死，还是躲不脱。

石岩躲不脱，背回家里去，柜子里头躲。

只说柜子里头不进风，日晒不着，雨打不着，

哪知柜子也会死，柜子咋个死？

蛀虫来蛀死，还是躲不脱。

吃药吃不好，躲病躲不掉，阿爹死掉了。

高山石头最稳当，七月下雨也会垮，

石头垮了滚下箐，滚到箐底不回头。

阿爹像石头滚下箐，阿爹救不活，阿爹死掉了！

水在秧田里面很稳当，坝头泥裂不会垮，种田人来翻埂子，

只见水浪滚出去，不见水浪折回来。

阿爹也像水浪滚出去，阿爹救不活，阿爹死掉了。

　　"梅葛·丧葬"篇从各种细微的观察出发，力求用准确的方式解答死亡的问题，特别是疾病和死亡怎么来？古人从朴实的自然现象出发，从"天王撒下死种子，活的种子筛一角，死的种子筛三筛，活的种子撒一把，死的种子撒三把，死种撒出去，会让的就能活世上，不会让的就死亡"。认为死亡是天王派下的，而且从会让的不死，不会让的就要死，解释了为什么没有全部死，为什么有的死去，有的还在世等问题。从宇宙到太空，从天空到大地，从高山峡谷到大江大河，从巨石到泥土，从大型生物到昆虫，进行了全面细致的论述，得出了生老病死的自然规律，是不可违背的。在抢救"阿爹"的过程中，想尽各种办法，背着"阿爹"到处躲藏，躲避病魔、躲避死神，进行力所能及的抗争，但"阿爹"不能违背自然规律，依然死去。"梅葛"由娃娃梅葛、青年梅葛、老年梅葛组成，也分为"赤梅葛"和"辅梅葛"。"辅梅葛"是婚嫁中使用传唱的婚嫁类歌乐，而"赤梅葛"就是丧葬类歌乐。"梅葛·丧葬"中

的"赤梅葛"以其独特的视角和丰富的想象，形成了滇北地区彝族人基本的挽歌形式。如《果子落了》：

果子落了（赤梅葛）

1=♭G 3/8
♩=60　慢速忧伤地

大姚县昙华彝族（俚颇）民歌
俄木沙马打谱

《果子落了》是"赤梅葛"中的歌乐，实际就是丧葬的挽歌，其后续的歌词继续唱道："六月的锥栗果已经变黄色，他已经熟透了，该掉落了，就像菌子一样腐烂，就像锥栗果一样炸裂。"歌曲从自然现象出发，以"菌子"和"锥栗子"等为例，说明了肉体的衰亡是生命的必然结果，以"赤梅葛"即挽歌的形式对生命看法进行了生动的演绎。这种歌乐就是由小一辈的悼念老一辈的时候专门唱的歌乐。

另外《悲调》也是丧葬挽歌：

悲调（阿戳查）

1=D 3/8
♩=40　悲伤地

大姚县三台彝族俚颇民歌
俄木沙马打谱

这首挽歌从字面上看"您这个阿妈啊，在今晚啊像枯叶枯落了"，虽然年老而死去，像"枯叶一样枯落了"，但还是让人无法接受，失去母亲意味着失去最温暖的怀抱，从而发出"我们怎么过啊"的惨痛声，进而形成"不知怎么想?"即发出今后怎么办，怎么过呀的叫声。这就是挽歌的产生，也是挽歌的运用。

《心像酸多依》也是彝族僳頗人的挽歌：

心 像 酸 多 依 （赤梅葛）

后面的歌词继续唱道："我阿妈今天去世了，虽然今天这日子会过去，可是我们儿女们心像酸多衣一样酸，像绿斑鸠鸟一样孤独。"

《阿波你去吧》是彝族僳頗人的"指路歌"：

阿 波 你 去 吧 （赤梅葛）

此曲系晚辈祝愿亡灵回到祖宗发源地所唱的挽歌。说明"指路歌"是广大彝族所认同的一种挽歌形式之一。

关于挽歌的起源，在彝族北部方言区有两则毕摩斗法说：

　　一则是大毕摩"黑毕史祖和体毕乍穆"毕法之争[1]说；一则是阿苏拉则和莫尔笃惹斗法说。"黑毕史祖和体毕乍穆"争斗的故事在彝族地区家喻户晓，流传甚广。两大毕摩围绕毕法即"如何作毕和用什么作毕"进行争论。争斗过程中，体毕乍穆的毕法改革受到大众欢迎，成功在人间实施。黑毕史祖的毕法，因为过于奢侈和铺张浪费而落败，这使其恼怒异常，最终用剧毒把体毕乍穆毒死，体毕乍穆在临死前布下复仇大计，要求秘不发丧，等仇人黑毕史祖也被毒死后，才发丧。同时，在争火葬场的位置（上位）的过程中体毕乍穆定下先烧死狗，等仇人黑毕史祖火葬后，才火葬自己的计谋。最终，体毕乍穆的计谋成功实施，在毕的争论中完胜对手。彝族习惯中的发丧，不是单纯地发出死讯，而是要众亲友号啕大哭，专门哭唱和完成一系列的丧葬仪轨，实际就是挽歌的全面实施。这则作毕争论的传说，记载了远古丧葬中挽歌的许多信息。

　　另一则毕摩斗法是在大毕摩阿苏拉则和莫尔笃惹之间进行的。大毕摩阿苏拉则在游毕路上遇到莫尔笃惹，莫尔笃惹也是一等一的作毕高手。一番寒暄后，两大作毕高手开始在路边争论起来，两人都很自负，各说各的本领强，各说各的技法高，暗地里攀比较起劲来。阿苏拉则便说："你的本领一定很高超，区区的作毕难不倒你，只要你把对面的山峰用咒语毕倒（念垮）下来，我就能用咒语把它毕（念咒）回原样（还原）。"

　　莫尔笃惹十分高傲地回道："还是请您先来，您毕倒了山峰，我再来让它还原。"

　　于是，阿苏拉则面对着山峰，在地面插上柳枝[2]，开始作毕，念咒语，不一会儿，对面的山峰随着阿苏拉则的咒语缓缓倒下。莫尔笃惹大惊，急忙在地面插上柳枝，对着倒下的山峰作毕，念起咒语来。在莫尔笃惹的咒语声中，山峰缓缓地立了起来，成功把山峰还原了。阿苏拉则觉得十分奇怪，世界上应该只有自己的法术才能使山峰还原，怎么这个年轻人也会呢？年轻的莫尔笃惹也觉得十分奇怪，世上只有自己的师傅会，这毕摩怎么也会呢？莫尔笃惹心生嫉

---

① 参见阿牛木支、王显晖主编《凉山州非物质文化遗产名录丛书》第四辑《彝族毕摩音乐》，中国社会科学出版社 2018 年版。

② 毕摩作毕时插在其前面的"神枝"称为"箍"，"箍初"是插神枝，"箍"实为山上的一种野柳枝，彝人称为"义伙"，毕摩祭祀时都要用。据传，洪水时天庭派下来的毕摩不小心把经书弄坏，后来的毕摩只好用"箍"等来替代弄坏的经书。

炉，当阿苏拉则跨上骏马时，在其身后念道："你死时，你的马死在最前面，马鞍在中间，你死（尸）在最后边。"

阿苏拉则听了很恼火，也念道："你死的时候，你的披毡在最前面，你的烟斗在中间，你死（尸）在最后。"

两人的咒语都应验了，阿苏拉则是从马背上跌下来死的，死时，果然马死在最前，鞍在中间，人在最后。莫尔笃惹是在风雪中被巨大的飞石打死，死时，果然是披毡在最前面，烟斗在中间，人死（尸）在最后。

其实，莫尔笃惹幼小的时候，曾随阿苏拉则学过作毕技法，是阿苏拉则的徒弟，所有本领都是从阿苏拉则处学来，所念的经文、毕法、咒语都和阿苏拉则的一样。但因为两人分别的太久，相见已经不相识，最后导致了悲剧的发生。

阿苏拉则和莫尔笃惹都是人们非常敬仰的大毕摩，最后却相残而死。人们难以接受这残酷的现实，痛心疾首，于是大声哀悼，甚至号啕大哭，成为今天的挽歌。

关于阿苏拉则之死还有另外一则传说，说阿苏拉则之死与一个小猪倌有关。内容大致和上面的情节差不多。两人相互诅咒后，阿苏拉则是马死在最前，鞍在中间，人在最后死去。小猪倌是猪死在最前，吆猪的竹竿在中间，小孩死在最后。说明小猪倌也是一位神乎其神的天才毕摩，可惜早早殒命。

另据四川省凉山彝族自治州宁南县有关资料显示，彝族挽歌来源于古代"阿支兹莫"家有老人高寿仙逝，其姻亲"阿什"家三爷子拉着高大而肥壮的牛、羊等祭奠物，组织了庞大的队伍，以唱、跳等形式前去隆重吊唁。由此开创了老人仙逝时大兴彝族挽歌的先河。[①] 其目的是护送死者灵魂上天认祖归宗，介绍死者生平，安慰众亲戚好友。它以高腔唱法和原生态式的舞蹈和精炼的歌词深受广大彝族人民的喜爱而流传至今。

彝族挽歌由来已久，是肉体生命终结、灵魂回归祖界的赞歌。彝族挽歌的起源，不仅是彝族人民对生命的认识不断提升和发展的结果，也是在漫长的社会生活中形成，是彝族人民对生命历程进行总结和发展的结果，彝族挽歌形成和发展的基本脉络与彝族人民的社会生活紧密相连。

---

① 这一说法是否是挽歌的开始，是否属实待考。

四　彝族挽歌的分布区域

彝族挽歌广泛分布于我国彝区各地。按照彝族方言的划分，彝族挽歌具体分为六大区域，有近 900 多万人口直接或间接地使用彝族挽歌。

（一）彝族北部方言区挽歌分布区域

彝族北部方言区挽歌以凉山州为代表，涉及 40 多个县市，300 多万人口直接或间接使用彝族挽歌。彝族北部方言区彝族人自称"诺苏"，彝族北部方言区的彝族挽歌主要分布于四川和云南两省，东至云南的永善、巧家，南至云南的禄劝、永仁、剑川，西至四川木里，北至四川汉源、泸定。具体分布于凉山彝族自治州 17 个县市，雅安地区的汉源县、石棉县，甘孜藏族自治州的九龙县、泸定县，乐山市的马边彝族自治县、峨边彝族自治县、金口河区，宜宾市的平山县、古蔺县、叙永县，攀枝花市的米易县、盐边县，云南丽江市的华坪县、永胜县、宁蒗彝族自治县，迪庆州的香格里拉县，怒江傈僳族自治州的兰坪县，大理州的剑川县，昭通地区的巧家县、永善县，楚雄彝族自治州的永仁县、元谋县、禄劝县等。

彝族北部方言区彝族挽歌还分为北部和南部两个次方言区。北部次方言区彝族挽歌包括圣乍、义诺和田坝三个土语区域，圣乍彝族挽歌主要分布在四川省的喜德县、越西县、昭觉县、甘洛县、金阳县、雷波县、西昌市、德昌县、盐源县、盐边县、木里县、石棉县、九龙县、泸定县，以及云南省的华坪县、永胜县、宁蒗彝族自治县、丽江市、香格里拉县、兰坪县、剑川县、永善县、巧家县等。义诺彝族挽歌主要分布于四川省的美姑县、雷波县、马边彝族自治县、峨边彝族自治县、金口河区及甘洛县的部分地区。田坝土语挽歌主要分布在甘洛县、越西县以及峨边彝族自治县的部分地区。彝族北部方言区南部次方言挽歌包括所地和阿都两个土语区，主要分布在布拖县、普格县、宁南县、德昌县、会理县、会东县、米易县、盐边县等。

四川省宁南县是彝族北部方言区和南部次方言彝族挽歌的代表，位于凉山州东南部，北距西昌 129 公里，南临金沙江与云南省隔江相望，距昆明市 400 公里，辖 6 个镇，19 个乡级行政区，面积 1666.6 平方公里，总人口 17.1231 万人，共有 9 个民族在县域居住，其中少数民族主要以彝族、布依族为主。分布在县城四周山区乡镇，彝族占据了8个半民族乡，保留着古老而优秀的民风民俗。宁南彝族挽歌是集音乐、舞蹈、语言和文学于一身的彝族丧葬歌舞艺术，是宁南县彝族人民办丧事活动中必不可少的重要内容，也是宁南县彝族人民世代相传的非物质文化遗产。

（二）彝族南部方言区挽歌分布区域

彝族南部方言区挽歌以石屏为主要代表，涉及40多个县市，约有200万人直接或间接使用。彝族南部方言彝族人自称"尼苏普"，他称"花腰""尼苏"等。彝族南部方言区挽歌分布于云南省的建水、元阳、红河、金平、石平、蒙自、绿春、个旧、屏边、通海、玉溪、新平、华宁、昆明、易门、双柏、河西、江川、元川、元江、墨江、普洱、思茅、江城等县市。

（三）彝族东部方言区挽歌分布区域

彝族东部方言区挽歌以云南寻甸、禄劝和贵州威宁为代表，涉及40余个县市。东部方言区的彝族人自称尼苏普、聂苏普、纳苏普、果普、阿勒普等。分布于贵州省的毕节、大定、赫章、威宁、水城、黔西、织金、纳雍、金沙、安顺、盘曲、清镇、兴仁、星隆、普安，云南省的楚雄、昭通、曲靖、镇雄、永善、鲁甸、彝良、会泽、巧家、威信、泸西、师宗、寻甸、嵩明、富源、罗平、禄劝、武定、元谋、禄丰、安定、永仁、昆明市郊区的一部分，以及四川省凉山彝族自治州的会理等部分地区和广西隆林，约100万人直接和间接使用彝族挽歌。

东部方言区彝族挽歌还分为黔西次方言、滇东北次方言和盘县次方言彝族挽歌。有水西、乌撒、蒙部、乌蒙、红彝、甘彝、黑彝、葛扑、昆安9个土语彝族挽歌，以及黔西、毕节、大定、威宁、赫章、恨可、盘北、盘南8个次土语彝族挽歌。

黔西北次方言区彝族人自称"尼苏普"和"聂苏普"，黔西北次方言区彝族挽歌主要分布在贵州省的毕节、大定、黔西、水城、赫章、威宁、织金、纳雍及金沙的部分地区，安顺的清镇和云南省昭通地区的昭通、镇雄、鲁甸、永善的一部分，彝良、会泽、威信、曲靖地区，榕岭的部分地区，以及四川省古蔺的一部分。

滇东北次方言区彝族人自称"纳苏普"和"果普"，滇东北次方言区彝族挽歌主要分布在云南楚雄彝族自治州的禄劝、武定、元谋、安宁、禄丰、永仁、盐兴，曲靖地区的师宗、寻甸、罗平、罗次、富源、嵩明，红河哈尼族彝族自治州的蒙自、弥勒、泸西，昭通地区的会泽，昆明市郊少部分，四川省会理县的部分。

盘县次方言区彝族人自称"诺苏普"，盘县次方言区彝族挽歌主要分布在贵州省安顺的盘县、晴隆、兴仁、善安、毕节地区的水城以及云南省曲靖地区的罗平、富源等地。

（四）彝族西部方言区挽歌分布区域

彝族西部方言区挽歌主要以滇西的巍山彝族回族自治县为主，涉及20多个县市。彝族西部方言区彝族人自称"剌罗普""弥撒普"等，他称"土族""土家""聚化"等。彝族西部方言区挽歌主要分布于云南大理白族自治州的巍山、弥渡、永健、漾濞、凤仪、永平、祥云、下关，临沧地区的云县、临沧、凤庆、双江、沧源，普洱市的果东、景谷、镇源、普洱，德宏傣族景颇族自治州的保山、冒宁，楚雄彝族自治州的南华等县市，有近60万人口在直接或间接使用彝族挽歌。

（五）彝族中部方言区挽歌分布区域

彝族中部方言区挽歌以大姚为主要代表，涉及10多个县市，约50万人口直接或间接使用彝族挽歌。彝族中部方言区的彝人自称"栗扑""剌罗扑""倮罗扑"，他称"倮倮扑""里扑"。彝族中部方言区挽歌主要分布于云南楚雄、禄丰、罗次、元谋、永仁、盐丰、大姚、禄劝、武定、姚安、祥云等县市。

（六）彝族东南部方言区挽歌分布区域

彝族东南部方言区挽歌以路南和弥勒为主，涉及20多个县市。彝族东南部方言区有三个彝族支系，自称"尼普""阿西普"和"阿则普"等，他称"撒尼""阿细""阿哲"等。彝族东南部方言区挽歌分布于云南省路南、弥勒、泸西、宜良、丘北、陆良、华宁、开元、建水以及广西的那坡等县市，约有50万人直接或间接使用彝族挽歌。撒尼主要居住在昆明市的路南（圭山区），阿细主要居住在弥勒西山，阿哲主要居住在弥勒五山、巡检、江边等乡镇。

五　彝族挽歌传承人的存续状况

随着全球化全面深入和我国市场经济深入发展以及城镇化建设的影响，彝族相对封闭的山寨村落文化被迅速打破，彝族年轻人不再故步自封，而是急速地融入世界经济和文化圈，彝族传统文化的传承面临着各种困难。彝族挽歌也不例外，深受世界文化潮流影响，挽歌传承人存续总体趋势是逐年减少，挽歌内容也随之衰弱和日益枯竭。20 世纪，四川彝区说唱挽歌的民间艺人还较多，不仅能充分地完成各项丧葬的议程，还掌握着比较翔实和全面的挽歌内容。但到了 21 世纪之初，四川彝区说唱挽歌的民间艺人急剧锐减。据调查，在城镇里工作或户籍在城镇里的彝族人，掌握的挽歌内容和形式相对片面，有的方面还极少。出现了几个年龄段的特点：

第一种，年龄在四十岁以下的群体，几乎不会彝族挽歌的说唱，撮哦（以哭丧、吊唁亡灵的习俗）则大多都不会。

第二种，年龄在四十岁到五十岁的群体，了解彝族挽歌的说唱，但掌握的不多。

第三种，年龄在五十岁以上到六十岁的群体，基本掌握彝族挽歌，多能演绎和说唱彝族挽歌。

第四种，年龄在六十岁到七十岁以上的群体，基本掌握彝族挽歌，能充分的演绎和掌握彝族挽歌。

贾司拉核在其著作《凉山彝族丧葬歌谣》"前言"中写道："随着全球化趋势的加强和现代化进程的加快，凉山彝族所在地区的非物质文化遗产受到了越来越多的冲击，大量的非物质文化遗产正在不断消失，许多传统技艺濒临消亡，加之年轻人大量外出打工，人口流动性增强，部分彝族民众的传统文化观念淡化，参加传统文化活动的积极性下降，使用彝语交流的范围逐渐缩小，一些非物质文化遗产项目的传承人先后去世。"[1] 彝族挽歌传承人的危机不仅因为传承人的流失和现代社会生活方式的冲击，还因为彝族丧葬挽歌自身的特殊性。

---

[1]　见贾司拉核主编《凉山彝族丧葬歌谣》，云南民族出版社 2014 年版。

彝族是个相信万物有灵的民族，担心自己不当的言行会被神灵听到或察觉而招来横祸，正所谓"叫野鸡野鸡就来，叫鸡鸡就来"①。彝族人民在日常生活中十分忌讳提及丧葬挽歌，反对在安居乐业、幸福安康的时候谈论"丧葬挽歌"的内容，反对在日常生活里学唱丧葬挽歌。四川彝区家屋里著名的"嘎库"即火塘②是人们学习传统文化、传播经典的场所，从儿童歌谣、儿童游戏到彝族传统知识文化都可以在这里展开，成人们相互交流、相互教习，也可供孩子们模仿和学习，但彝族丧葬挽歌绝对不能在火塘边进行。所有在火塘边教习的传统文化中，唯独不包括彝族丧葬挽歌。

彝族丧葬挽歌只能在丧葬祭奠的场合展演，演绎者一般由前来奔丧的各家支组成，以"撮哦""策格""阿古格""瓦子嘞""莫玛"③等形式展开，学习者可以凭借记忆进行模仿和速记，但一般不会获得太多，只能等到下一次机会（即老人去世）继续学习。丧葬祭奠场合就是唯一的学习场所和唯一学习的机会。

其实，挽歌习俗在我国历史十分悠久，据《晋书·礼志》中记载："汉魏故事，天丧及大臣之丧，执绋者挽歌。新礼以为挽歌，出于汉武帝之弟，歌声哀切，遂以为途径之礼。"后来，也有人自作挽歌，晋朝陶渊明就有挽歌流传于世。这种对亡灵哀悼的挽歌、挽联、挽词，不仅停留在"天丧""大臣丧"及名人学者之家，也不只停留在执绋者专司其职，而在寻常百姓家中，众人齐唱哀歌的形式也广为流传。《三国演义》里诸葛亮就是哭祭的高手，其祭文如下：

> 呜呼公谨，不幸夭亡！修短故天，人非不伤？我君实爱，酹酒一觞；君其有灵，享我蒸尝！吊君幼学，以交伯符，尚义疏财，让舍以居。吊君弱冠，际会风云；定建霸业，割据江南。吊君壮力，远镇巴丘；景升怀虑，讨虏无忧。吊君丰度，佳配小桥；汉相之婿，不愧当朝。吊君气概，

---

① 彝族北部方言区谚语，与汉族的"说曹操，曹操就到"相似。

② 嘎库是彝族北部方言区彝语，就是指火塘。一般由三个锅庄和一个小塘组成烧火的地方，就是"嘎库"。以前没有电视电影的时候，到夜晚人们就要围着火塘相互交流，相互探讨，也成为孩子们学习传统文化的地方。

③ 撮哦、策格、阿古格、瓦子嘞、莫玛都是彝族丧葬挽歌的主要内容和形式，由死者的本家族、舅家、亲家等展演。

主不纳质；始不垂翅，终能奋翼。吊君鄱阳，蒋干来说；府皆纳舌，事主终济。吊君弘才，文武筹略；迤迤小子，心寒胆落。昭君凛凛，公独谔谔；音恶。张昭欲降曹，独周瑜不肯耳。火攻破敌，挽强为弱。想君当年，雄姿英发；哭君早逝，俯地流血。忠义之心，英灵之气；命终三纪，名垂百世。哀君情切，愁肠千结；惟我肝胆，悲无断绝！昊天昏暗，三军怆然；主已哀泣，更皆泪涟。亮也不才，丐计求谋，助吴拒曹，辅汉安刘。掎角之援，首尾相俦，若存若亡，何虑何忧？呜呼公谨！生死永别！朴守其真，冥冥寂灭。魂如有灵，以鉴我心：从此天下，再无知音！呜呼痛哉！尚享。

《三国演义》继续描述：

> 孔明祭毕，伏地而哭，泪如涌泉，哀恸不已。三军众将皆自言曰："人尽道公谨与孔明不睦，观此祭奠之情，人皆虚言也。"鲁肃见孔明如此悲切，亦为伤感，自思曰："乃公谨量窄，自取死耳。"因此再三敬劝孔明。

足见诸葛亮不仅是个政治家，还是一个说唱挽歌的高手。

彝族挽歌就是经过毕摩和民间艺人的不断加工，逐渐在社会生活中形成的丧葬仪礼和固定的丧葬文学艺术形式。四川彝区的挽歌大多是即兴之作，但即兴能力形成的前提是具有良好的彝族文化功底，能熟练掌握《勒俄》《玛牧》《尔比尔吉》《指路经》等各种典籍，方能成为出口成章、信手拈来、口若悬河的彝族民间说唱高手，包括挽歌的说唱也是如此。

四川省凉山彝族自治州雷波县、美姑县、金阳县、昭觉县、越西县、甘洛县、喜德县、布拖县、普格县、宁南县、冕宁县、盐源县、德昌县、会东县、会理县、西昌市、木里县17个县市的彝族丧葬礼仪中，挽歌的使用较为频繁，说明彝族挽歌的传承和保存还相对完整。

另外，在四川省乐山市的马边彝族自治县、峨边彝族自治县、金口河区，四川省攀枝花市的米易县、盐边县，四川省雅安市的石棉县、汉源县，四川省甘孜藏族自治州的九龙县和泸定县，四川省泸州市叙永县、古蔺县，四川省宜宾市的屏山县等也有彝族挽歌的使用。

在四川省凉山彝族自治州普格县，彝族挽歌县级传承人有吉各色尔和阿尾色主两位，谱系如下：

吉各色尔的传唱谱系：

比补—比脸—尺惹—尔丁—俄则—吉各—呷体—尔聂—支你—米哈—米则—尔哈—吉各色尔，共传唱 13 代。

阿尾色主传唱谱系：

吉克—阿要—则博—阿日—阿牛—吉海—阿找—比虎—瓦哈—都歪—海聪—色主，共传唱 12 代。

在四川省凉山彝族自治州宁南县，彝族挽歌县级传承人有勒古三且、贾斯阿牛、勒古木日、贾斯拉乃、贾斯阿鲁、勒古吉聪 6 人，但传唱谱系不详：

勒古三且　77 岁　宁南骑骡沟乡人　务农

贾斯阿牛　70 岁　宁南跑马乡　务农

勒古木日　65 岁　宁南骑骡沟乡　务农

贾斯拉乃　60 岁　宁南县城　民俗文化专家

贾斯阿鲁　49 岁　宁南跑马乡　务农

勒古吉聪　40 岁　宁南骑骡沟乡　务农

很明显，四川省凉山彝族自治州的彝族挽歌传承人年龄结构偏大，大都在四五十岁以上，户籍、生活和工作城镇化严重，民间技艺的濒危速度加快，挽歌的传承可能性越来越弱。近三四十年来，随着社会经济的发展，彝族人的思想观念发生着深刻的变化，古老的丧葬文化习俗渐渐瓦解，丧葬文化氛围日渐没落。挽歌演绎者日渐稀少，出现严重的挽歌人才危机，亟待保护传承。

第二节　彝族挽歌的形式及内容

一　四川彝族挽歌的形式及内容

在四川，彝族挽歌的形式和内容多种多样，根据不同方言土语及风格特征等特点，挽歌可分为圣乍派、所地派、义诺派等。其中，圣乍派主要分布在喜德、昭觉、越西、甘洛、冕宁、西昌、盐源、石棉、九龙、泸定、汉源等县市。所地派主要分布在凉山彝族自治州的普格、布拖、宁南、金阳、德昌、会东和会理等县。义诺派主要分布在美姑、雷波、马边、峨边、金口河等县市区。彝族丧葬礼仪主要分为"备丧""威兹""撮哦""阿古""瓦子嘞""莫玛"（指路、训导）、招魂等形式和内容。

第一步　备丧

老人病重后按照其生辰八字进行推算，预测"库特"①，即预测死亡的日子。库特遵循三三制原则，分为四组：

属兔、属羊、属猪的为一组，认为这三个属相的人一般容易在属兔、属羊、属猪的日子里死去；

属牛、属蛇、属鸡的为一组，认为这三个属相的人一般容易在属牛、属蛇、属鸡的日子里死去；

属狗、属马、属虎的为一组，认为这三个属相的人一般容易在属狗、属马、属虎的日子里死去；

属猴、属龙、属鼠的为一组，认为这三个属相的人一般容易在属猴、属龙、属鼠日子里死去。

如果老人病情好转，则认为已经度过危险期，近期不用担心老人的身体，甚至认为经历大难后会长寿。如果老人病情加重，则要准备后事。死者去世后，先给亡者净身、理发，穿戴寿衣（寿衣彝语称为斯木觉卡）。寿衣分里外两层，里面为白色，外面为黑色、蓝色或青色，禁穿红、黄、花等色彩艳丽的服饰。男穿新衣裤、新披毡、头戴新头帕、脚缠新裹腿；女穿新衣裙、新毡衣、戴新的荷叶帽；趁着尸体，还未僵硬时，为其理遗容。先将死者的嘴闭紧，眼睛合上，并在死者脸上盖一张方锦帕。双脚卷曲，手成半握拳状，交叉于胸前，显得慈祥、凝重而端庄。手里放钱币、鸡蛋或小羊肉块，希望死者在祖界有钱花，有东西吃。在死者嘴里放一小银珠（彝语称为克喔），希望死者成为护佑神（彝语称为吉尔），护佑苍生。为什么让死者口含金银珠子？据著名学者张纯德、朱琚元、白兴发合著的《彝文古籍与西南边疆历史》载："关

---

① 库特是彝族北部方言区彝语，库是年岁，特是合适或适合。库特可以用在丧葬、祭祀或婚嫁中，如，男女属相般配也叫库特；为病人选择祭祀日子也找库特的毕摩和日子等。

于阿卜笃慕的死后，他死的时候不知死了多少年，还有余气，最后用金银给他含口钱，他才断气，真正死去。"楚雄哀牢彝文译本《阿卜笃慕书》记载："他死的那天，儿女哭泣泣，有了含口钱，他才离人间，人死心不死，他死的那天，头朝东方去，身体向西方，手朝北方去，脚朝南方去。头皮变成天，两个大眼珠，变成日和月，牙齿变成星星，呼气变成风雨，脑髓变成云雾，耳朵变成神仙，头发变成森林，胡子变成粮食，汗毛变成青草，心脏变成土，骨头变成石头，肚子变成大海，大肠变成大江，小肠变成小河，双乳头变成山，脚趾和手指变成山岭，魂到阴间后，尸体留人间。"四川彝区老人死后口含金银珠子的习俗是否就这样传承下来，尚无确证，待考。

穿戴好寿衣后，要做抬架，抬架用两根碗口粗的松木做架子，称为"丫"，架子间再横着绑上瓦板子①，女的七级（七根），男的九级（九根），再铺垫上若干的棉被垫子和羊毛毡子，然后让死者躺卧其上，男的左侧卧，意为便于右手拔刀射箭；女的右侧卧，意为便于女的左手捻线织布，最后盖上黑色的羊毛毡子。盖上的羊毛毡子也十分讲究，男的下方垫九层，即一件羊毛毡子领口的九层，其余盖在身上；女的下方垫七层，其余盖在身上。最后，在遗体上再盖上一张两米左右的白布。然后把死者安放在堂屋里，抬架头部靠墙，尾部朝外，正对着门口。高一米左右，并用竹席围拢，竹席上还要裹上毯子等。在死者双脚一侧摆放一铧口和一根竹竿，竹竿用以敲击铧口。同时，宰杀一只公羊，彝语称为"果垓确哟咯"，即死者断气时必杀的一只公羊。

现代的灵堂还要挂上死者的遗像和其他装饰物品，有条件的还要供上金银钱币等财宝和香烟美酒等，称为"供笃"。逝者的子女还要出面邀请一位护灵人，彝语称为"丘莫"，负责守护、祭供亡灵和火化亡灵。

根据逝者的生辰八字、命宫、意愿和逝者子女的生辰八字、命宫等情况，测算和选择火葬场地和火化时间。火化在有些地方称为"幕毕"，幕是指天，毕是指给，直译为给天，意为回到天堂。有些地方也称为"撮色"，撮为人，色指拿，直译为拿人，意为抬走或拿、走人，即上山火葬。

---

① 瓦板子，四川彝区过去用木板盖的房屋，称为"丕宜"，即板屋，汉语翻译为"瓦板"，大多是杉木和松木板。

火化时间按照彝族的历法，一般在死者去世后的三天或三天以上，依据逝者的属相和命宫确定火化日。火化日的前一天就是迎宾日，称为"撮兹"。

火化日的选择与年岁"塔博"神、属相日等多方面推算。"兔、羊、猪"的可以在兔、羊、猪日火葬，但依据命宫和"塔博"来定；"牛、蛇、鸡"的属相依据命宫和"塔波"，可以在牛、蛇、鸡日火葬；"狗、马、虎"的属相依据命宫和"塔博"，可以在狗、马、虎日火葬；"猴、龙、鼠"的属相依据命宫和"塔博"可以在猴、龙、鼠日火葬。彝族北部方言区的所地、圣乍土语区猪日、鸡日、羊日较少火化。有部分家族也依据自己的习惯而定火葬日。义诺土语区猪日则无所谓。凶死，则不严格选择时日，按照一般程序加以安葬即可。

在彝族北部方言区，每个家族都有自己的焚场，称为"撮漆福"，即火葬地。如果是凶死的，火葬地一般选在路下方或在河边，以便于凶鬼被水冲走，不再来荼毒生灵，祸害人间。凶死者火葬前，还要举行"毕日嘎开"①，防止凶死鬼再来人间肆虐。

第二步　议丧葬事宜

商讨会在家支或家族内举行，商讨的内容为测算生辰八字，确定火化的时间，丧葬的规模和体量，葬礼的各注意事项和负责人，要邀请的舅家、亲家和家支等。商讨完毕，鸣炮和大声痛哭，以传递丧事信息给周围邻居或附近亲友。

第三步　祭奠

1. 迎宾（威兹）

彝语说"坐着听见坐着就启程，站着听见站着就启程"，"亲戚再疏远，听见哭声就要来"，就是指听见噩耗后要迅速赶到。另外，还说"家支的贫困可避，家支的死不可避"，说明对丧葬礼仪的重视。丧葬迎宾一般在火葬的前一天举行，所有"吾萨"，即儿女亲家都要聚集本家支中能文能武的、能掐会算的、唱古颂今的、能说会道的、能舞会蹈的、威武雄壮的、能哭能唱的亲友等组成大型的奔丧队伍前来祭奠。奔丧队伍除了赶着牛羊、抬着美酒、背着五

---

① 毕日嘎开，是彝族北部方言区彝语，"毕日"即意为凶死鬼，"嘎"意为路，"开"意为砍，即砍断凶死鬼的路，不再来戕害生命。

谷杂粮外，还要做"卜册布哦"① 参加隆重的丧葬典礼。奔丧队伍到死者村子附近时就要鸣枪致哀，主方也要鸣枪回应。奔丧的领头者由几十个武士打扮的小伙子组成，他们穿着铠甲，手执宝剑、长矛，跳着威武轻盈的步伐，"嗬、嗬，让开、让开，快让开，骏马要路过；让开、让开，快让开，英雄要路过；让开、让开，快让开，某某家要路过"，显得十分强大而威武雄壮，基本的说唱节奏如下：

$$x - | x\ \underline{0.\,x} | x\,x\ x\,x | x\,x\ x\,0 | x\,x\ x\,x | x\,0\,0 | x - | x\ \underline{0.\,x} | x\,x\ x\,x | x\,x\ x\,0 |$$

$$x\,x\ x\,x | x\,0\,0 | x - | x\ \underline{0.\,x} | x\,x\ x\,x | x\,x\ x\,0 | x\,x\ x\,x | x\,0\,0 :\|$$

主人家也要成立专门的迎宾队伍进行迎接，"嗬，嗬，让开、让开，快让开，我们这一家，不只一家亲？不只和一家比？谁是我亲戚，谁是我对手，强的和我比，弱的藏身后；我们这一家，跟着雄鹰翱翔过苍穹；我们这一家，跟着豺狼虎豹享用过各种美味佳肴；我们这一家，跟着水獭游历过江河；我们这一家，跟着骏马达勒阿鬃游历过世界；我们这一家，与美女布阿诗嘎薇不相上下……老树在悬崖，昼在夜消失；老牛住牛圈，夜在昼消失。今天我家老人已辞世，就像竹笋一样脱了皮，就像发黄的菜叶脱落了，将回祖界护佑苍生，将随祖先去擀毡，将随祖妣去织布"。

$$x - x\ \underline{0.\,x} | x\,x\ x\,x\ x\,0\ \underline{0.\,x} | x\,x\ x\,x\ x\,0\ \underline{0.\,x} | x\,x\ x\,x\ x\,0\ \underline{0.\,x} |$$

$$x\,x\ x\,x\ x\,0\ \underline{0.\,x} | x\,x\ x\,x\ x\,0\ \underline{0.\,x} | x\,x\ x\,x\ x\,0\ \underline{0.\,x} | x\,x\ x\,x\ x\,0\,0 :\|$$

$$x - x\ \underline{0.\,x} | x\,x\ x\,x\ x\,0.\,\underline{x} | x\,x\ x\,x\ x\,x | x\,x\ x\,x\ x\,0\,0 | x - x\ \underline{0.\,x} | x\,x\ x\,x\ x\,0.\,\underline{x} |$$

$$x\,x\ x\,x\ x\,x\ x\,x | x\,x\ x\,x\ x\,0\,0 :\|$$

----

① 卜册布哦，是彝族北部方言区彝语，相当于彩旗队，披上各色绸缎披风、蓑衣，扛着各式彩旗，手执刀剑，唱词以炫耀家族历史、万物起源等为内容。一领众合，边舞边唱，一般由二三十个青壮年人组成，队形为蛇形迂回，以示人多势众。

一番富有节奏的自夸语后，话锋一转，对前来奔丧的亲戚进行宽慰："尊贵的亲家啊，辛苦你们了，一听到噩耗，你们耕地犁地来不及卸犁头①，是割断牵引的牛皮绳赶来；尊贵的亲家们啊，辛苦你们了，一听到噩耗，你们来不及做饭带干粮，袋子装满燕麦颗粒就赶来②；尊贵的亲家们啊，辛苦你们了，一听到噩耗，骑马来不及卸下马鞍，你们割断马鞍绳就赶来……"幽默风趣且富有情趣。

2. 瓦兹嘞③

所地阿都土语区则称为"博兹嘞"。瓦兹嘞是丧葬中以说唱和舞蹈相结合，以演说万物起源等为内容的歌舞。所地阿都④地区的丧葬迎宾活动中也伴有"博兹嘞"，形式是由死者家族和其姻亲家族各组织一支庞大的"博兹嘞"演唱队伍，"博兹嘞"队伍身着盛装、身披各种锦缎披风，由一个手持彩旗或孔雀翎的男子带领，每人手握不同的兵器，一般为宝剑、刀、枪、木棍等，唱、跳结合，变化队形，其意是为奔丧的人们开路。"据说这种仪式是为纪念和赞颂战死沙场的英雄而演变和沿袭下来的，随着社会的发展、时代的变迁，这种仪式成了主人家迎接前来吊唁逝者的客人的一种迎宾舞。"⑤四川凉山的所地土语区的"博兹嘞"与义诺、圣乍的瓦兹嘞有所不同，不同点就是在迎宾的过程也称为"博兹嘞"，圣乍土语区则称为"撮兹"，即接待来宾。但晚上在灵堂前开展的"瓦兹嘞"则基本相似，各队伍都可以组队参加比赛，每一支队伍都由两个人组成，一个为主唱，另一位跟随伴唱，称为"则"。

瓦兹嘞的场面宏大，内容丰富，谈天说地，无所不包，主要有：

（1）谦让，试探；（2）炫耀自己，打压对手；（3）说唱万物谱系；

---

① 卸犁头，即来不及卸下犁头，犁头也称为犁杖、犁铧、木犁等，是犁地的工具。
② 古时燕麦做的炒面是彝族人最喜欢带的干粮，装满燕麦颗粒就赶来的意思是来不及加工燕麦就赶来。
③ 瓦兹嘞是彝族北部方言区称法，所地区则称为博兹嘞，二者内容相似，方法相同。
④ 普格、布拖、宁南等地称为所地地区，过去由阿都兹莫管辖的地区则称为阿都地区。
⑤ 见贾司拉核主编《凉山彝族丧葬歌谣》云南民族出版社2014年版，第二章"王子嘞"。

（4）说丧葬；（5）说创世纪；（6）说谱系。谦让，试探，是彝族在"瓦兹嘞"时的开场白，良好的开场白，往往从介绍家族开始，既能说明家族辉煌的历史，也能彰显不卑不亢的家族文化。谦让，试探的"瓦兹嘞"总是从"嘀……嘀！"的两拍重音中开始，以示观者注意：

> 嘀嘀儿是瓦兹高手，
> 嘀嘀父是瓦兹高手，
> 嘀嘀母是嘞兹高手，
> 远古的时候，
> 祖先创瓦兹，
> 祖妣开嘞兹，
> 今天学着来瓦兹，
> 学识浅薄显一显，
> 只为开场挑个头，
> 有识之士切莫笑。

炫耀自己，试探对手，是瓦兹嘞开场的一部分，目的是震慑对手和相互摸底试探：

> 让开请让开，瓦兹要来过，瓦兹要来说；
> 穷"卧"①者快让，杵杖穷"卧"让，拐杖断了也要让；
> 让开请让开，瓦兹要来过，瓦兹要来说；
> 穷"萨"②快让开，穷"萨"披蓑衣，蓑衣着火也要让；

这段是用"弱"和"穷"来打压对手，在气势上压倒对方，在战术上采取主动，使对手尚未进入角色时就被打蒙，难以招架。紧接着在姿态行为上攻

---

① 穷"卧"，指贫穷的亲家，这里是讽刺客人来时不让路的人。"卧"与"萨"一般要结合使用，即"卧萨"，除了本姓家族以外的其他家族都可以称为"卧萨"。

② 穷"萨"，这里是讽刺穷酸且不讲礼仪的人。

击对手，但用语高超，形容贴切，使对手敢怒而不敢言：

> 迟缓者快让，迟缓背着荞子也要让；
> 轻浮者快让，轻浮背着树叶也要让；
> 爱显摆的快让，显摆吹笛者快让；
> 爱炫耀者快让，炫耀弹口弦者快让；
> 站着者快让，站像似菜园桩子者快让；
> 菜园独桩被拔掉，整个菜园都遭殃；
> 园桩垮塌无遮挡，休怪拔桩者；
> 打桩匠师易找到，打桩徒弟难找到，
> 打桩斧头易找到，打桩木头难找到，
> 辛苦工匠师徒们，麻烦打桩师徒讨人嫌，
> 麻烦辛苦被厌恶，麻烦辛苦被咒骂。

"瓦兹嘞"在奔丧队伍尚未到灵堂前时，可以情景交融，临场创作，借题展开，即兴发挥，如向村子里沿路坐着围观的观众说道：

> 坐着的请让开，似扎荞般高的快让，
> 扎荞移旁边，扎荞不要被我们碰上，
> 扎荞被碰荞粒要掉光，荞粒撒一地，
> 荞粒撒地无收成，荞秆易扎好，
> 荞粒难收回；
> 姑娘和妇女们，就要被麻烦，
> 麻烦辛苦讨人嫌，麻烦辛苦被厌恶，
> 麻烦辛苦被咒骂。

"瓦兹嘞"既有玩笑性、表演性和可看性，又有伦理道德等说理性，也可以即兴向围观者、坐卧不安或睡卧者展开"瓦兹嘞"：

睡着的要让啊，睡着像畜生，

畜生我不跨，跨了不吉利，

不吉的换掉，不换就中邪，

中邪可不管，到了明后天，

需要请毕摩，毕摩被麻烦，

麻烦辛苦讨人嫌，麻烦辛苦被厌恶，

麻烦辛苦被咒骂。

"瓦兹嘞"既是语言艺术，也是表演艺术，是彝族说唱艺术的经典。"瓦兹嘞"可以用各种修辞手法进行演绎，嬉笑怒骂皆成文章：

密密麻麻的人群，黑压压的人群，

似花白喜鹊的人们，似花白玉米的人们，

花斑大的长蛇，花颈的知了，

花腿的青蛙，花胸的熊猫，

坐着站着的，睡着卧着的，

在此相聚的人们，让开快让开，

丧葬用的牛会抵人，参加葬礼的骏马会踢人，

小伙路过的地方，谨防刀剑误伤人。

王者出行时，臣民莫挡道，

匠毕出行时，丧事疾病莫挡道，

金雕飞翔时，雁雀莫挡道，

挡道要被伤；

虎豹出没时，牛羊莫挡道，

挡道要被伤；

水獭出游日，鱼儿莫挡道，

挡道要被伤。

用各种动物形象来比喻，还炫耀自己的金银首饰和佩剑，以此来赢得家族

的荣耀，下面这段是炫耀自己的金银首饰：

> 妈妈儿子瓦兹嘞，
> 瓦兹要来舞，瓦兹要来跳，
> 强势亲家路过的地方，
> 强势姻亲路过的地方，
> 头戴金冠来，金冠闪金光，
> 防金光炙烤人，比日光更烈，
> 日光烤人时，打伞防阳光，
> 金光烤人时，打伞防不了；
> 金子烤人时，比火焰更烈，
> 火焰烤人时，可以往后退，
> 金子烤人时，后退也白搭。

在炫耀自己的佩剑和宝刀时，不仅用高亢雄壮而富有节奏的声音，还用轻盈如锦鸡小跳步似的舞蹈动作展开：

> 腰上佩宝剑，宝剑伤人时，
> 比黑牯牛还强，黑牯牛伤人，可用棍子打开牛；
> 宝剑要伤人，棍子挡不了。
> 脚下有刀口，刀口黑森森，
> 利刀伤人时，比马牙还强，
> 马牙伤人时，往后跑就避开，
> 刀口伤人时，往后躲不脱。

"瓦兹嘞"时，常常夸自己的本事外，把自己比喻得无比高大，炫耀自己强健高大的体魄和魁梧矫健的身躯，把自己的手比喻为坚硬的锤子，把自己的膝盖比喻为铁钻，把自己的胸廓肚子比喻为坝子，把自己的后背比喻为深不见底的悬崖：

手臂似锤子，打谁谁就倒，

小腿似牛脚，走路石翻飞，

耳朵圆而大，用来打听人，

眼睛闪闪亮，观看四周人。

"瓦兹嘞"既属于表演艺术，也属于文学艺术，有的内容夸耀得离谱，却又十分优美，反正说的都是"我"及家族最厉害：

出征我勇敢，出场我女美，

赛马我最快，出战我长矛，

出力我最大，办事我德古。

在夸自己头部和脖子时，采用了更离奇的语言：

探头脖颈长，头抵特口地，

松树我撞倒，杉树我劈开

杉枝砍来烧，取回松脂点，

德布学我点，自古点松明，

现代依然点。

在夸自己双脚和双手时，采用了无比夸张的语言：

伸脚脚杆长，脚蹬金沙江，

江水被蹬断，大小鱼儿跳，

多少被捉吃。

我家没吃前，

德布不敢吃，德舍不敢吃，

我家吃了后，德布跟着吃，德舍跟着吃。

伸手手臂长，伸到西昌城，

城门四根柱，被我断一根，

里面的绸缎多，取出穿身上，

我家没穿前，德布不敢穿，德舍不敢穿，

我家穿了后，德布跟着穿，德舍跟着穿。

古时怎么穿，现在怎么穿。

"瓦兹嘞"在说唱万物起源时，内容往往由开天辟地、天地起源等构成，像雷电起源、云起源、火起源、水起源、木起源、地起源、铁起源、庄稼源等都成为最重要的内容。如雷电起源：

在那远古时，开天辟地时，

砍下四牛骨，撒下四地方，

跳到天空里，站在穹顶上，

站在白云上，又从白云起，

一代站古尔①，一代古尔起

左站吹史②上，右从吹史起，

左站吹研③上，又从吹研起，

站古尔波解④，古尔波解起，

站喳喳界嵘⑤，喳喳界嵘起，

站玛卜菲奎⑥，玛卜菲奎起，

站在白云下，白云下面起，

站在黑云下，黑云下面起，

来到苍穹上，抬头顶着天，

伸脚抵大地，抬头望天空

天空轰隆响，伸脚蹬大地，

---

① 古尔，缥缈的云烟。
② 吹史，金黄色的云雾。
③ 吹研，散开的云雾。
④ 古尔波解，像山峰一样的云雾。
⑤ 喳喳界嵘，天地之交界处。
⑥ 玛卜菲奎，喳喳界嵘长满金竹的地方。

山崩又地裂，朝着太远看

太阳黑沉沉，伸手折树头，

树头被折断，张嘴啃悬崖，

悬崖速垮塌。

阿尔①出生前，天上雷公狂，

朝着山头劈，朝着鸿沟劈，

白闪闪地劈，金晃晃地劈，

轰隆隆地打，胆战心惊劈，

吼声震天打，鬼哭狼嚎劈

震耳欲聋打，冒着烟来劈，

打红髻公龙，劈黄腹母龙，

阿尔逞强后，冬夏要分清，

晴天雨天别，冬季三个月，

身藏在大地，阳春三月天，

藏在乌云里，响雷是它引，

虽说常响雷，不再随便打，

不再随便劈，全是阿尔功。

"瓦兹嘞"在说丧葬时用短促或急促的节奏外，还用铿锵有力的语气，专门诉说死亡的起因，病毒的起源和死神的降临。万物有生就有死，这是生命的规律：

人类之王死，皇帝大人死，

禽类之王死，舒尼维嘞②死，

蹄类之王死，嘞乌史色③死，

山神之王死，神鹿也要死，

---

① 阿尔，即支格阿龙，传说是支格阿龙收拾了雷公，使得雷电不再猖狂，祸害人间。

② 指孔雀。

③ 指大象。

云雾雨神死，硕诺玛嘎①死，

土地之神死，黄脸野猪死，

庄稼之王死，老熊跌落死。

……

这段话也在"撮哦"（哭丧）时用，曲调如下：

生 命 都 要 死

1=♭B 4/4

四川普格县民歌
俄木沙马整理

"瓦兹嘞"在说《创世纪》时，以《勒俄·创世纪》为主要内容，既有丰富的语言节奏，又有高低起伏的语言声调，形成深邃而悠远，充满历史性的说

---

① 指龙王。

唱画卷:

> 天地未开前，出世四个神，东方出世的是汝惹古达，西方出生的是书惹尔达，北方出生的是斯惹帝尼，南方出生的是阿俄书卜。天帝恩体古兹派出德卜阿尔，站在土尔山，招来四神仙，并请来匠神格莫阿尔一起商量开天地事宜。九天商到黑，九夜商到亮……匠神格莫阿尔打出四铜叉，交给四神仙，汝惹古达开东方，似亮又非亮，风从东方吹；书惹尔达开西方，似明又非明，风从西方出；斯惹帝尼开北方，似亮又非亮，水从这里流；阿俄书卜开南方，似明又非明，流水这里出……

《勒俄》是彝族北部方言区的重要经典，既有鲜明的神话传说色彩，又有无限的神奇遐想，文化知识性极强，是彝族"瓦兹嘞"说唱中较为重要的内容，人们用以衡量一个人的知识和文化结构，丧葬中的"瓦兹嘞"比的是知识视野和对远古历史的掌握程度，以显示家族深厚的文化底蕴。

"瓦兹嘞"在说古侯、曲尼谱系时以大量的篇幅论述了古侯和曲尼的管辖地域和彝族北部方言区中土司土目及各大家族的族源，其中的地名是考古的重要资料。

3. 哭丧

彝语为"撮哦"，撮是指人，哦是指哭。"撮哦"既是指哭人，或哭死人。"撮哦"是奔丧队伍必哭唱的祭奠亡灵的挽歌，歌词往往以哭唱者与死者的亲戚关系和辈分关系来确定。

哭唱的结构严谨、庄重，不得乱套。第一步是确定称谓。唱词的开始部分是确定辈分和称呼，如死者是爷爷辈，哭唱的称谓就为"阿普"；死者是奶奶辈，哭唱的称谓就为"阿嫲"；死者是舅舅辈，哭唱的称谓就为"哦尼"，大舅就称为"哦依"，二舅就称为"哦革"，小舅就称为"哦牛"或"哦几"等；死者是父辈，哭唱的称谓就为"阿达"；死者是母姨辈，哭唱的称谓就为"阿莫"；死者为舅舅家的儿子辈，哭唱的称谓就为"哦尼惹"；死者是舅舅家的表姐辈，哭唱的称谓就为"阿惹妞"等。四川等彝族北部方言区哭丧的称谓是依据亲属关系加以界定。姨婶姑舅辈以"阿莫"（妈妈）相称，如果母亲还健在，哭姨婶时可以在"阿莫"后面添上平时的称谓，如"阿莫莫各""阿莫玛嘎""阿莫莫基"等，舅舅辈也称为"阿莫"，以示母亲般尊重。叔伯辈称谓一般为"阿达"（爸爸），如父亲还健在，就在"阿达"之后加上平时的称谓，如阿达阿果、阿达阿嘎等。

第二步是即兴选择唱词。先是噩耗传来时的惊愕、痛苦、哀怨以及自己对眼前残酷现实的不相信：

> 啊莫哦，阿莫啊，可恨的妖魔鬼怪，夺走了母亲的生命，早上听说母亲还在赶着鸡鸭鹅，怎么说走就走了？
>
> 啊莫哦，阿莫啊，可恨的妖魔鬼怪，夺走了母亲的生命，中午听说母亲还在门前织布，怎么说走就走了？
>
> 啊莫哦，阿莫啊，可恨的妖魔鬼怪，夺走了母亲的生命，下午听说母亲还为猪牛羊喂食，怎么说走就走了？
>
> 啊莫哦，阿莫啊，可恨的妖魔鬼怪，夺走了母亲的生命，晚上听说母亲还在为儿孙讲故事，怎么说走就走了？

各地的唱词大同小异，往往依据哭唱者的彝族文化功底和记忆来加以取舍，彝文献《玛牧》《勒俄》、克智、尔比尔吉等都可以成为哭唱的内容。"撮哦"哭唱用词贴切，唱功深厚，唱词立意深远，感人肺腑，内容多样而丰富。在音乐上则变化较大，依据地区"撮哦"音乐特点和个人的音乐习惯、能力以及经历来确定，表达极度的悲痛和哀怨：

> 是竹子一样脱了皮？是菜叶脱落了外叶？愿您变成林中一知了，您叫我能听；愿您变成深山相思鸟，您吟我能听；愿您变成山间一布谷鸟，您叫我能听，女儿泪流会陪您。
>
> 小鸡没妈妈，可拿树叶当妈妈；雏鹰没妈妈，可拿天空作妈妈；獐鹿没妈妈，可拿森林作妈妈；蜜蜂没妈妈，可拿悬崖作妈妈；女儿只有妈妈您，谁也不会成妈妈，寒冬三月里，您缝补的褂子最温暖，春后三月里，您做的加草荞粑最甘甜。

　　小鸡想妈妈，草丛里乱串，呼噜呼噜叫不停；小猪想妈妈，沿着小路奔，叽唤叽唤叫不停；羊羔想妈妈，像滚石一样，咻咻叫不停。

曲谱如下：

撮　哦

1=D　4/4

四川喜德县民歌
俄木沙马搜集整理

这是一首女儿哭妈妈的歌，歌中唱道：

　　阿莫，阿莫，是竹笋皮一样剥落了吗？是菜叶脱落了外叶吗？回来相见一次已不能，想吃想喝再也不能回来吃一口。您站过坐过的地方，将长满蒿草；你走过路过的地方将成为豺狼虎豹的路。父亲的教导像铁钉一样牢固，妈妈的谆谆教诲像白纸黑字一样铭记，从今以后不懂的不会的向谁询问？阿莫呀阿莫，随着先祖去擀毡吧，阿莫呀阿莫，跟着祖媲去纺织吧。

　　从今以后，阴阳相隔两茫茫，别人有妈妈，我则是孤儿；从今以后，别人喊妈妈，我到哪里喊？

哭丧是挽歌中受到广泛重视的环节，有回忆、有亲情、有思念、有教诲。彝族北部方言区义诺土语区①还有一种《伙罗多》，也属于哭丧挽歌的一种。

伙　罗　多

四川雷波彝族民歌
俄木沙马打谱

1=B　2/4　3/4

中速稍快

（彝文歌谱，略）

"撮哦"是彝族丧葬文化中特色浓郁、感情真挚、艺术性极强的经典哭唱，哭唱者要同时完成即兴创作歌词、即兴创作音乐、即兴歌唱、及时痛哭、深情表达情感等复杂的内容，体现对肉体生命②无限尊重的同时，还寄托了对死者的无限哀思，并为灵魂生命的安息致以崇高的敬意，希望逝去的灵魂生命在遥远的史穆恩哈里的莫穆普古③继续护佑苍生，使生命得以完美的结束。

4. 阿古格、策格

"阿古格"也称为"阿古合"，主要流行于彝族北部方言区。黔西北和滇

---

① 义诺土语区在四川主要包括凉山州的美姑县、雷波县，乐山市的马边彝族自治县、峨边彝族自治县和金口河区等。

② 彝区认为生命由肉体和灵魂构成。肉体生命终结后，灵魂的生命将回到莫穆普古。

③ 彝族北部方言区把天堂称为史穆恩哈，天堂里祖先居住的地方称为莫穆普古。

东北的"肯合"和"恳合呗"也属于在老人葬礼中使用的音乐,形式与阿古格基本相似。"阿古格"在规模上可多可少,一般不设上限,以 7 人、9 人、11 人、13 人、15 人、17 人、19 人、21 人等奇数居多,下限不少于 7 人。在圣乍土语区"阿古格"一般属于丧葬礼仪中女性专门表演的曲目,而"策格"则属于男性专门表演的曲目。"阿古格"的表演者有些地方以女性为主要表演者,有些地方则以男性为主要表演者。男女混合表演的"阿古格"则极少见。在所地土语区,"阿古格","一般只有男性表演"①。圣乍有部分地区则认为"阿古"是女性表演的丧葬歌谣,"策格"男性表演的丧葬挽歌,二者在性别上有着严格的区分和本质的区别。

女性表演的"阿古格"和男性表演的"策格"在表演上采取一领众合和定点晃动的舞蹈动作。领唱者一般为熟练掌握彝族文化历史且谙熟丧葬礼仪等知识的长者或毕摩等担任。"阿古格"与西方的"安魂曲"有些相似,内容从听到噩耗后的惊愕和悲痛,追忆亡者的生平事迹,对亡者进行悼念和告慰,让灵魂安息等。"阿古格"表现出对死亡的淡定、豁达态度和朴素的唯物观:

> 死也别抱怨,病也别抱怨,可有不死物,没有不死物。兽类大象最大,大象照样死,鸟类鹏鸟大,鹏鸟照样死。人类皇帝大,皇帝照样死。

有的"阿古格"是在追寻生命的历程:

> 万物有生就有死,没有不死的生命。天上的太阳也会死,黑夜来临他就死。天上的月亮也会死,白天来临他就会死。天上的星星也会死,乌云来临他就死。

用形象生动的日常所见来讲述高深莫测的哲理和生命现象,对亡灵进行抚慰,为亡灵指路,希望回到祖界成为护佑苍生的神灵。

---

① 见贾司拉核主编《凉山彝族丧葬歌谣》,云南民族出版社 2014 年版,第十九章"扯格"第一节唱阿古注释。

阿　古

1=F ¾
中速

四川喜德县彝族民歌
俄木沙马打谱

（曲谱）

“策格”是悼念活动中以《指路经》为主要内容的重要仪式。在云南、贵州和广西彝区称为“指路歌”“指路经歌”“导路歌”“教路歌”“开路歌”等，由“毕摩”（云贵有称呗玛、布摩等）咏唱。彝族北部方言区的“策格”仪式，一般由男性组成，女性不能参与，人数由7人，或9人，或11人，或13人，或15人等奇数组成，队形呈横排，领唱者居中，彼此搭肩，依次排列，领唱者可手持铜铃按照节拍摇铃伴奏，领唱一句众人即重复应唱，边唱边舞。舞蹈动作有左右晃步、前进后退、屈腰抬腿等组合动作。“策格”仪式是在灵堂里，面对遗体举行，步幅动作虽然阳刚性十足，但一直在原地跳动，不会离开遗体太远。“策格”仪式在各地表现和表演的形式有所不同，但在内容上比较一致。川滇黔桂的彝族认为，都是分支于共同的祖先阿普笃慕，是“六祖”① 分支时迁往各地，所以“指路经”的任务是对死者的灵魂进行训导，从所居住的地方出发，寻着祖先迁徙的脚步，返回先祖的发祥地“鸠图牧谷”

---

① 即阿普笃慕的六个儿子穆雅库、穆雅且、穆雅热、穆雅卧、穆克克、穆齐齐，后发展为著名的武、乍、糯、恒、布、默六部，分别移居于西南各地。

中的"兹兹普卧"①，在那里回到"祖界"，完成一生。

例《策格》②，

策 格

四川喜德县民歌
俄木沙马打谱

1=♯C 2/4

♩=78 稍慢

在《策格》中唱道："上天有三条路，一条是黑色的路，黑色的路是魔鬼走的路，您生不走它，死也不走它；一条是黄色的路，黄色的路是病魔走的路，您生不走它，死也不走它；一条是白色的路，白路是您先祖走的路，白路是您的祖媲走的路，您生也走它，死也要走它。"

曾令士先生认为凉山"策格"的演唱内容和形式也常与"阿古合"串在一起。云南、贵州有的地方由歌师演唱，有的仅由"毕摩"主持演唱。"贵州彝族的'悬合呗'由4人手执铃镗边跳边唱的丧事歌舞，也称为跳脚。它与凉山彝族的《策格》均为隆重，气氛浓烈，歌声铃声混合着众人投足踏步声，在沉寂的夜空中高昂低回，犹存哀壮沉凝的古风古韵。"③从演唱内容可以看出，记录了彝人对生命朴素的看法，以及对生命历程和生命意义的基本认识，

---

① 鸠图牧谷和兹兹普卧，都是彝族古地名，大多数学者认为在今天云南的昭通和贵州的威宁一带。是否属实，待考。

② 选自《中国民间歌曲集成》四川卷（四），详见202页，喜德县的这曲《策格》是由巴莫尔特记谱，1986年印。

③ 参见《中国凉山彝族民歌》（上卷）曾令士撰写的《我国彝族传统音乐综述》，2012年印。

告诫和训导人们要善始善终，只有善始，即要做善事、积善德才能善终，才能成为"吉尔"①，善终的"吉尔"才能回到祖界继续护佑苍生。

5.《指路经》

《指路经》是彝族挽歌中的重要内容，称为"恩嘎玛"或"莫玛"。在彝族北部方言区彝语中"恩"是所地阿都土语，指尸体，"嘎"是指路；"莫"是圣乍土语，也是指尸体，引申为逝者或死者。"玛"的发音和意思都一样，是指教或导之意。无论是"恩嘎玛"还是"莫玛"都指为逝者训导或指路，让逝者的灵魂回到祖界。一般是在翌日晨举行。

例《指路经·死之源》节选，

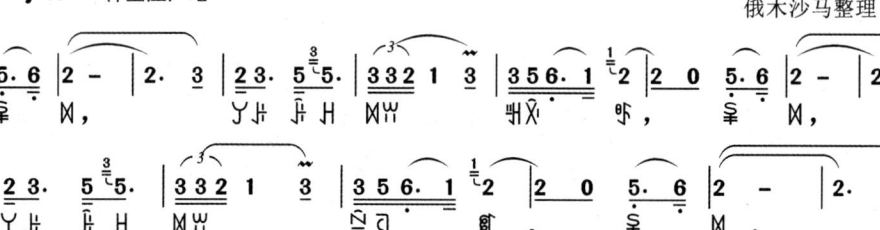

《指路经·死之源》"嘎吥"一词中"嘎"意为路，"吥"是指吟诵或歌唱，"嘎吥"意即"路颂""路吟""路歌""路啊"或"路唱"，"路歌"一词反反复复使用，并以"吥吥"作衬词，"路啊，有丧事的人家啊，不要为死

───────────

①　护佑神。

者而伤悲；路啊，没有不死的生命；路啊，枯草断节死；路啊，老蕨鸡掉叶死；路啊，老树枯朽死；路啊，老石剥离死；路啊，老牛脱角死；路啊，老马瞪眼死；路啊，老山羊脚断死；路啊，老人白首死"。通过仔细的观察和认真的分析，从草木、蕨鸡、石头、动物到人类没有不死的生命，得出了有生既有死，有死既有生的生命哲学和理想，生命（肉体）的死去是自然现象，生命（灵魂）的升华是生命转换的必然结果，这是对生命由衷的歌唱和深情的抚慰。在《指路经·万物皆生死》中依然以博大的胸怀和宽阔的视野唱道："路啊，天上的太阳也会死，夜晚它就要死；路啊，天上的月亮也会死，白天它就要死……"

指 路 经

（《万物皆生死》一领 众合）

1=G 2/4 4/4

♩=87　深邃地

四川普格县特兹乡彝族民歌
曲比尔杰演唱
俄木沙马搜集整理

（乐谱）

《喀吉思》即《指路经》，是云南路南彝族自治县毕摩金国库珍藏的一部彝文典籍，1981 年由罗希吾戈和马海木呷翻译整理成汉文，再由四川省语委依据汉文翻译成规范彝文。《喀吉思》是彝族毕摩给死者送魂时念诵的经文。将死者的灵魂从生前的住地，沿着一定的路线，逐站指向古代彝族的发祥地，与彝族的先祖们汇聚。内容分为《追忆》《归去》《招魂》《尾声》四个部分。

《凉山彝族丧葬歌谣》（贾司拉核著）的第十三章"指路"分为遇凶兆、得病、乌鸦叫、找理找阿古、死神病源降、训导死者、说白话、赞死者、望死后变好、可恨的死神十个小节，详细地记录了"指路"的各项内容。说明《指路经》不仅由训导和指路构成，还有其他的相关内容。《指路经》是彝族宗教音乐的重要组成部分，也是祖先崇拜的核心内容。其内容广泛，既有地理学上的意义，也有考古学上的意义，深刻地记录了彝族的迁徙历史。

四川省凉山彝族自治州宁南县已经整理出的《指路经》共六万五千多字，以音译、彝文、汉意等形式，从主人家、后家（女儿家）、亲家、悼词等不同角度，对《指路经》进行了详细的记录，"前言"写道：

> 《指路经》是一部彝族原始宗教典籍，各地的彝族都有自己的版本。但彝族都是同源同流，内容可能有别，格式也会有所变更，作用却都是一样。主要是在丧舞的时候，由祭司念诵，目的是"指引"亡灵回归祖界。
>
> 从阿都《指路经》的内容上看大都以五言、七言或多言，再配以抑扬顿挫的音调。每句的起调低沉有力，中部高亢洪亮，音节与音节之间高低滑落自然，句尾如同高山流水般铿锵有力，自然收尾。在祭司的领唱下，七人或九人的单数年轻人学唱。悲悲戚戚之声，凄凄惨惨戚戚之调，令人听后肝肠寸断。
>
> 从阿都《指路经》的形式上看分为三种：女子去世后，后家唱调；自己家里人去世后主家唱调；亲家的人去世后的亲家调；从阿都《指路经》的格式上看，三种调的格式大同小异，称呼上根据调别的不同有出入，内容上即兴添减而已。即先是炫耀自己家支的伟大，后是对十二种不吉利因素的谩骂；其次是对死者的惋惜；再次是把死者的灵魂送到目的地"石木格哈"；最后是把那些学唱的年轻人的灵魂招回来。

其中，宁南县《指路经》主人家部分（原文，节选）如下：

彝族《阿都指路经》主人家部分

第一部分

惹镇都哲

璃乃哏起哏阿起！　　ꀕꑓ　　我们不想跳啊！

璃乃神圣我拉哏；　　ꀕꑓ　　想到鬼神就跳；

璃乃哦起哦阿起！　　ꀕꑓ　　我们不想唱啊！

神圣我拉哦；　　ꀕꑓ　　想到鬼神就唱；

璃乃基起基阿起！　　ꀕꑓ　　我们不想叫啊！

神圣我拉基。　　ꀕꑓ。　　想到鬼神就叫。

璃乃驶哈依困乃茫硬，　　ꀕꑓ，　　我们不是房后的梁柱，

次五则力力，　　ꀕꑓ，　　它的责任在于整齐，

力乃则的潮嘿午；　　ꀕꑓ；　　我们整齐地站在了这里；

璃乃老脓法补乃麻硬，　　ꀕꑓ，　　我们不是深沟里的野雉，

次五拆之到，　　ꀕꑓ，　　它责任在于齐唱，

璃乃至地潮嘿五；　　ꀕꑓ；　　我们整齐地在这里哀唱；

璃乃笼波属补乃麻硬，　　ꀕꑓ，　　我们不是地角边的野鸡，

次五走志到，　　ꀕꑓ，　　它责任在于齐歌，

璃乃至地潮嘿五；　　ꀕꑓ；　　我们整齐地在这里哀歌；

璃乃地土仔纠乃麻硬，　　ꀕꑓ，　　我们不是草原里的云雀，

次五张志到，　　ꀕꑓ，　　它责任在于蹦跳，

璃乃至地潮嘿五；　　ꀕꑓ；　　我们整齐地在这里哀跳；

　　在云南、贵州和广西彝区也称为"导路歌""开路歌""引路歌""教路歌""指路歌"等不同的称法，但内容和意义基本相似，都是为亡灵安魂指路。但《指路经》的音乐却千差万别，各地都有不同且独特的表达方式。

　　丧葬中，《指路经》的完成意味着逝者进入了送葬的程序。

第四步　送葬

　　送葬分为招魂、起灵和火化三部分。招魂是送葬中的重要内容，毕摩为死者的亲属——招魂，以防止其灵魂跟随老人而去。招魂时，毕摩用野生麦冬草

（彝语称为"日日"草）对死者念道："生时您的亲人，死时不再是您亲人，送是要送您，跟是不跟您走，是竹笋一样皮子脱落，是菜叶一样发黄就剥离。死后不要变成山林里的豺狼虎豹来抓吃羊群，这样您的子孙会与您为敌，将您驱赶；死后不要变成蓝天上的老鹰来抓吃鸡，这样您的子孙会与您为敌，将您驱赶；从此以后您要安居于那边，永远不再回来！此去也不要把后人的灵魂带走。愿您灵魂成为护佑苍生的吉尔，走在您前面的人，您要伸手拉回来；走在您身后的人，您要用脚蹬回来。"然后将逝者亲属的灵魂一一招回。招魂毕，众人大哭唱，同时鸣炮起灵，向天地发出信号，由女儿家或侄女家负责抬灵上山，众人簇拥，大声哀哭，抬到火葬场火葬，丧葬礼仪毕，挽歌的演唱也随之结束。

二 云南彝族挽歌的形式及内容

在云南楚雄彝族自治州，彝族罗罗支系的经典《蜜郭》①即《梅葛》就专门分为"老年蜜郭""青年蜜郭""娃娃蜜郭"。"早先是以开天辟地、洪水淹天、婚嫁、祈神仰祖等为主要演唱内容，且多是德高望重的老人主唱。"②"老年蜜郭"又称为正腔和家蜜郭，主要演唱古老传说、族史、农事等，其中的"毕摩调"就包含有吊唁亡灵唱的歌。楚雄市彝族人唱的"麻蜜"也是《梅葛》的不同称谓，其中的"麻"就是"老"之意，意为老人唱的歌。"毕摩调"《给最好的吃》唱道："李氏老人家，生前您是有名望的人，一天吃三餐，一天喝三餐，今早日出时，您回来吃一餐吧。"这一曲是在"憋玛"即毕摩在祭祀活动里"作嘛"③时演唱，实为挽歌的一种。另外，在"毕摩调"《不好了》中也唱道"李氏老人家，老爹啊哎您今晚似夕阳落山了。老爹哎，您眼睡耳莫睡，您要睡呀，就睡在锣旁，您要睡就睡铃铛旁（波欸）……"这也是在殡葬亡灵时，由毕摩为亡灵唱的歌，以此慰藉死者的家属。

在禄丰县高峰乡彝族格苏支系的《哭祖宗》也唱"啊，今天早上我去山上

---

① 《蜜郭》即《梅葛》，"蜜"是指嘴或口，"郭"指回、转。"蜜郭"是指将古老或过去的事物借歌者的嘴唱回来。姚安、楚雄、牟定、禄丰等大多数彝族人认为发音应为"蜜郭"，少数地区认为应该为"蜜郭枯""蜜欸""梭"等，姚安县马游坪乡一处称为"麦郭"。

② 见国际文化出版公司出版的《楚雄州民间歌曲集成》128页"彝族罗罗支系歌种简介"。

③ 即彝族北部方言区所说的"戳扎"，给亡人"献吃"。

找去找来，找祖竹①，啊就这样到处找。您隔我们九座山，您隔我们九条河，这些天睡不好，三天三夜想着您，您的儿子像斑鸠蹲在水井边想着您……"

彝族俚颇支系也把《蜜郭》"辅蜜郭"和"赤蜜郭"，其中的"赤蜜郭"就是为亡灵唱的挽歌。少数地区将传统的"祭祀调"也纳入其"赤蜜郭"中，是在悲伤时唱的歌，有追忆亡灵生前功德的，有以歌者对亡灵寄托哀思为内容的，有以悼念亡灵为内容的，有以诉说惆怅心理为内容的，有以祭神驱鬼为内容的，有以充满悲伤为内容的，等等。

云南楚雄彝族自治州武定县发窝乡"挪耶"② 歌就是在重大的丧葬或祭祀时演唱，"挪耶"《开天辟地》中就唱道"男天神文纳，女地神撒黑，他们那时候，天地像浑水，天地分不清。天亮是鼠年，天亮的那一天，大地不平坦，牛年底才平，地平那一天，大山长出来，深箐也形成，世上没有人，属虎的那年，属虎的那日，生出小男孩……""挪耶"是彝族纳苏支系专门演唱《创世纪》的传统歌曲，可以演唱万物起源，开天辟地，演唱人类史、民族史、家族史、祈福卦卜等。"挪耶"中《纳苏的道理》也唱道"好、好、好啊，好为什么好，好、好、好啊，在很古以前，天不亮，亮了不会黑，天上没有云，人无房屋住，鸡无栖歇处，蚂蚁没有洞……"这是叙述开天辟地时大地陷入一片苍茫荒凉的境地。在"挪耶"《鸡卦调》中唱道"哎撒哎撒，很古（哎哎）的时候，（哎）很古的我不会讲，（哎）我把近代说，乙车贝卡他③住在房上边，别的不生长，单生长三棵树，三颗黑松树上，歇着一条龙……"在"挪耶"《祈求福禄调》中唱"好好好（啦），皇帝大门前长着福禄树（哎）。福树自己生，福树自己长，福树禄树上，歇着福禄鸟，福树禄树下出着福禄水……"充满了想象。在"挪耶"《献酒》中也以十分独特的想象唱道："主人大门前，什么都不长，只长金银树，金树银树下，什么都不摆，只摆金银碗，金碗银碗里，装着金银水，什么都不献，敬献给祖父。""挪耶"《联亲调》中唱的是"银生在江边，金生在江边，银子不知金，金子不知银，把它合起来，放在戥子称，戥子④称过后，银也认识金，金也认识银……媒人联亲后，舅也知道

---

① 彝族格苏人信仰死者灵魂会依附于某种植物上，祖竹就是其中之一。
② 挪耶是彝族纳苏支系彝语，挪为听，耶为善、好的史，意为听族史或家族史歌曲。
③ 传说中的人物。
④ 戥子是一种小型的秤，用来称金、银、药品等分量小的东西。

婿，婿也知道舅，女也知道男，男也知道女"。这是专门演唱婚嫁起源的歌，也是天地万物的起源一部分，也是在老人去世的丧葬仪式中由毕摩演唱。

在云南楚雄彝族自治州元谋县小凉山乡的彝族诺苏支系唱的"勒哦雅嗬"① 也在丧葬等仪式中演唱，属于挽歌的重要内容。"阿鲁己惹的出生"中唱的是"今晚上濮嬷长女，濮嬷您从金沙江边迁徙来的，在巫麻土生土长的，距今远古的年代，您是约诗天地的女儿。那年有一天，濮嬷在外织布，坐在房前织。天空飞雄鹰，鹰影投地面。鹰落一滴血，沾您头帕上，您也不理睬。又落一滴血，沾在您发辫上，您仍不理睬，再落一滴血，沾您披毡上，您还不理睬，最后一滴血，渗到您的裙裤里。您身沾了四滴鹰血，请毕摩来占卜。经书记载着，濮嬷大女儿，神孕怀九年，九年又九月，要生一仙子……九年又九月，果生一仙子……"《阿鲁己惹》是当地著名的叙事长歌，共五千余句唱词，全曲包括"阿鲁己惹的出生""找父亲""射九日""改造天地"和"娶妻生子"等。"集中反映了古代彝民之氏族社会母系至父系时期的社会斗争和民俗，兼糅神话其间，被称为彝族远古英雄史歌代表作。"② 当地彝族支系诺苏人认为"勒"是指听，"哦"是指古史，"雅嗬"是唱的调，"勒哦雅嗬"意为古史的歌。《阿鲁己惹》经许多歌手和毕摩的艺术雕琢，将绝大多数唱歌润饰为五字韵句，并在词头句尾镶嵌"喊""嗨""啊麦""啊额""唔唛"等虚词演唱。"歌词旋律以 Do、Re、Mi 为骨干，强调切分音，形成叙事歌体，歌腔古朴。通常由毕摩或长者主唱，听众尾随跟唱（唯妇女不唱）。诺苏人谓此为'嘞嘞'③，直译为'牛追'，义紧紧追随领歌者演唱，一般在年节期间或殡葬场合歌唱，亦偶逢族人集会时由长者教唱，无伴奏。在祀祭活动中，尊为经文并由毕摩演唱，同时摇动手铃或钞铃子（马脖铃）伴歌。"④

三 贵州彝族挽歌的形式及内容

贵州彝区的丧事挽歌大多称"合"。"相似于汉族的孝歌。内容多为悼念

---

① "勒哦雅嗬"，勒哦是指四川云南等彝族地区流传的经典《勒俄》，雅嗬是彝族北部方言彝语，其中"雅"是指高唱，"嗬"是指吟诵唱；"勒哦雅嗬"就是"勒俄"的歌唱。

② 见国际文化出版公司出版的《楚雄州民间歌曲集成》第253页关于"阿鲁己惹的出生"说明。

③ 笔者以为这也是四川宁南县、普格县和布拖县所地土语区在火把节等节庆时唱的"嘞嘞"，如《妈妈的女儿》等在火把节时也称为"嘞嘞"。但无确考，待查证。

④ 见国际文化出版公司出版的《楚雄州民间歌曲集成》第301页彝族诺苏支系歌种简介。

死者，亦有训世、历史知识等。"① 贵州的彝族挽歌在形式上比较独特，但演
唱的群体不再大众化，丧葬礼仪挽歌主要由慕施②演唱，以独唱、对唱为主。
曲调深邃、古朴，多属于说唱性。一般是一个乐句多次反复，重词句的严谨，
而非乐句的结构，情绪也比较低沉。歌词往往深入浅出，形成深刻的大道理。
如贵州赫章的彝族挽歌《树倒树不哭》：

树 倒 树 不 哭

1=B　4/8　6/8
中速

贵州赫章彝族民歌
俄木沙马打谱

（曲谱）

树倒　　树不哭，　树倒（哦 哦）鸟来　哭。　树还　未 倒 时

不见（哦 哦）鸟来　哭。

歌曲继续唱道：

> 　　一年来三次，随便来都行，树倒了以后，三年来一次，也没有住处。
> 岩倒岩不哭，岩倒（哦哦）兽来哭。岩还未倒时，不见兽来哭，一年来
> 三次，随便来都行，岩倒了以后，三年来一次，也没有住处。舅死舅不
> 哭，舅死（哦哦）外甥来哭，舅还未死时，不见（哦哦）外甥来哭。一
> 年来三次，随便来都行，舅死了以后，三年来一次，也没有住处。

　　歌曲以浅显易懂的逻辑从树倒树不哭中与鸟儿相联系，从岩倒岩不哭中与
野兽相联系，从舅死舅不哭中与外甥相互联系起来。歌曲从朴素的唯物主义认
识出发，以辩证唯物主义的观点，将万事万物联系起来，加以解释，形成了彝

---

① 见张中笑、罗廷华主编《贵州少数民族音乐》，贵州民族出版社 1997 年版，第七篇 "彝族音乐"。
② 即毕摩。

人朴实的哲学思想。歌曲短小，以 mi do la 三个音的节奏和音高变化形成曲调，mi do la 三个音比较稳定而相互成为支架音，形成 la 调式同时，以深入浅出的方式讲述万事万物相互联系的大道理。

　　贵州的彝族挽歌中还有丧事歌舞，称为"恳合呗"或跳脚，也有铃铛舞。"也有刻沤、刻纪俩，或搓曲撵老鸹等不同称谓"[1]，一般都是老人去世时跳。歌舞人数通常为双数，歌舞者一人手执白色帕子，一手执马铃铛，边歌边舞，继而唱停，仅随马铃铛的统一摇晃节奏而舞蹈。舞蹈质朴刚劲，不少动作技巧性很强，有如民间杂技。曲调仅一两个乐句的反复使用，内容是对死者的悼念。如《何鲁薄[2]母倮》：

何 鲁 薄 母 倮

1=A　3/4　　　　　　　　　　　　　　　　贵州赫章彝族民歌
♩=60　慢速深情地　　　　　　　　　　　　　俄木沙马打谱

何鲁 山顶 上 没有 的都 有。有一 窝野 鸡，老鹰 围着 转，

不停 围着 转。母鸡 被抓 走，丢下 小野 鸡，天天 都在 叫，

天天 都在 啼，可怜啊 可 怜！

歌词的后续部分：

　　　　何鲁山腰上，有一窝小猪，老虎不停地围着小猪转。母猪被抓去，丢下了小猪，天天在哪里，唧唧唧地叫，实在是可怜啊。何鲁山脚下，有一户人家。阎王不停地围着他家转，老人被抓去，丢下孩子们，天天哭哀哀，实在真可怜。

　　《何鲁薄母倮》从山顶到山脚一层一层的叙唱，将情绪层层推进，是一首

---

① 见张中笑、罗廷华主编《贵州少数民族音乐》，贵州民族出版社 1997 年版，第七篇"彝族音乐"。
② 即乌蒙山。

经典的彝族挽歌。

四 广西彝族挽歌的形式及内容

广西彝族丧葬挽歌中最著名的有《哭丧调》《嘱魂歌》《铜鼓歌》和《开路歌》。《开路经》"在历史进程中将那坡彝族自强不息、团结友善、乐观向上的精神特质全面吸纳，又以庄谐统一的故事性内容，文白相生的表现手法和音乐性的展演形式实践着对百姓艺术性的引导和教化……《开路经》实现了慰藉亡灵、教化世人、凝聚族群等文化功能，诠释着那坡彝族追求乐生的美学品质"。《开路经》是彝族丧葬仪式上腊摩①为死者念诵的一种经书，是以经籍为载体的彝族文学作品。根据广西那坡县达腊彝寨腊摩诵词整理而成的《那坡彝族开路经》即《开路经》"集天文、地理、历史、文学、艺术为一体，内容包罗万象，是百科知识，是研究彝族古代社会风貌、习俗、历史和先民哲学观念、思想意识及其宗教信仰的重要资料，也是一部反映彝族古代社会生活的史诗"。训导死者阴阳相隔，人鬼殊途，希望在腊摩《开路经》的疏导下，返回祖先故地。此外，还有葫芦笙歌舞和各种荡气回肠、千回百转的挽歌，缅怀死者的丰功伟绩和显赫的家室渊源等。

第三节 彝族挽歌的特征

一 具有深厚的家族文化艺术性

挽歌以哭唱、颂唱、吟诵、说唱等不同方式在彝族地区流传，具有广泛的群众性、民俗性、宗教性和文化性。

1. 彝族挽歌是彝族口述文化艺术的沉淀和结晶。它用词经典、词汇丰富，内容广博，涉及天文、历法、地理、历史、哲学、宗教、艺术等各学科，是重要的口述文学艺术资源。

2. 彝族挽歌展示了彝族人独特的说唱艺术。将各种素材恰如其分地加以运用，工整的五言或七言句，形成优美的诗句，精准的修辞手法和技巧，自然

---

① 即毕摩。

流畅，往复叠加使用，丝毫不显累赘与矛盾，使精美的说唱艺术得到充分的加强，形成诗意浓、情感实、思想强、表演真的民间口头文化艺术。

3. 彝族挽歌不仅用朴素的唯物主义观点阐释生命，也用辩证的唯物主义观点解释生老病死的生命现象，表现了彝族人对生命和世间万物的朴素认识。

4. 彝族挽歌是音乐艺术的经典，不仅具有深刻的艺术性，也具有丰富的文学性。

5. 彝族挽歌以家族为单位，一般由逝者的家族组织，逝者的儿女亲家为主要参与者，逝者的舅家（母亲家族）和妻家也要参与，是为哀悼、吊唁死者，并抚慰死者亲属。在开展的一系列祭奠活动中，"瓦兹嘞""阿古格""策格"等挽歌又具有趣味性、观赏性和知识性，在各方势力的参与下，各方斗智斗勇，尽显各家族的文化底蕴，加强了家族间的相互了解，增进了家族间的友谊，使各家族的文化加以融合，进一步推动了彝族文化艺术的建设和发展。挽歌是彝族社会文化的集中体现，高度的家族血缘性是彝族丧葬文化的重要特征，从这个意义上讲，彝族挽歌还具有十分宝贵的社会人类学研究价值。

二　演述的时间性和场合性

彝族挽歌演述场地具有特殊的时间性和场合性。大多数彝族挽歌只在老年人去世的场合和时间里使用，其他非丧葬的场合和时间里禁止使用。在演绎和使用彝族挽歌时，严格按照丧葬仪式的要求进行，不能颠倒使用。使丧葬典礼的规模隆重而盛大，从而彰显了对生命（逝者）的高度尊重。

三　唱法的多样性

在演唱方法上使用了哭唱法、颂唱法、吟诵法和说唱法，使挽歌的表现手法丰富而多样化，特别在"瓦兹嘞""阿古格""策格"等仪式中，还沿用了表现力丰富的歌舞一体法，深刻地阐述了生命的价值和意义。

第四节　彝族挽歌的价值

一　民间文学艺术价值

彝族挽歌具有浓郁的地方民族特色，是彝族民间口头文学艺术的典型代表。挽歌运用了大量的比喻、拟人、夸张、排比、对偶、反复、设问、反问等修辞手法，其语言精练、用语精辟、用词恰当、内容丰富、反应机智，是彝族民间文学艺术和语言艺术相互融合的经典。

丧葬礼仪中的"撮哦""克智""瓦兹勒""阿古""策格""莫玛""招魂"等是彝族挽歌文化的精髓，深刻地表现了彝族人的哲学观、生命观、价值观和社会观。彝族挽歌步骤分明、结构严谨、逻辑严密。如丧事"克智"的开场白就包括"让开呀让开""久闻我大名""死的种类""死神兹兹妮扎""死神从天降"等。丧事"克智"在起源篇章中主要有铁源、宝剑源、长矛源、鱼源、盖尸布、公羊源、小花黑头雀源、水源、开天辟地、古侯谱系、曲尼谱系等。丧事"克智"在事物源流篇中有玉米源、荞子源、燕麦源、土豆源、祭牛源、猎狗源、雷电源、铠甲源等。在"策格"中有尽孝、上天的三条路、降灾、驱灾祸、祈盼等。

二　深厚的学术价值

挽歌是彝族传统文化的重要组成部分，涉及彝族人的道德、精神、信仰、天文历法等层面，既有开天辟地的创始史诗，也有民族起源的学术理论，具有历史学、人类学、民族学和民俗学等研究价值。据彝文文献《勒俄特依》记载，苍天降下神灵果籽落于下界，经过三年九世后，终于长成了杉树巨人，可是一直似人非人，似树非树，不能成人类始祖。直到阿居阿丛时代，山神得知必请毕摩祛除白、花、黑三秽后举行祭祀猪胛卜才能成为人祖，于是先后派遣豪猪、白兔、野鸡和蜘蛛作为使者去上界敬请额比毕摩，经过多次请求后，额比毕摩才同意下界作毕，额比毕摩在屋后竹林中砍回三根神竹竿，做成神签、法笠、法扇，送给额阿孜三祖孙带着一部叫《斯穆安甘》的经书来到了地界，为杉树巨人祛除了三色秽后举行了祭祀猪胛卜后，地界才有了雪族十二支，其中一支便成了人类的始祖。彝族挽歌忠实地记录了远古丧葬文化的形成和发展，是探究彝族历史学、人类学、民族学的重要资源。

彝族挽歌集中体现了彝族人处世、孝道、劳动生产、社会生活等各方面，是彝族人价值趋向的具体表现，也是彝族民俗学艺术的经典演述。"阿古格""策格""瓦兹勒""莫玛"等挽歌以不同的形式和内容，记载了彝族的民俗。"瓦兹勒"的演述往往是从各种"博帕"（四川彝语，意为源流、起源）开始。如在雪子十二支中唱道：

> 远古的时候，天上掉下一祖灵，掉在恩杰杰列山，变火在燃烧，九天烧到晚，九夜烧到亮，白天成烟柱，夜晚成巨光，天是这样燃，地是这样燃，变来又变去，生出一哑物，矮小又难看，既不耐风吹，能否成先人？不能成先人。恩体古兹家，请俄惹结志，派银男金女，派黄云白云，去到大地上，能否成人类？不能成人类。变成松身人，初生第一代，只有两尺高。到了第二代，与人一样高。到了第三代，松树一样高。到了第四代，山峰一样高。五代长齐天，身长摇闪闪，行动慢腾腾，走路摇晃晃，呼吸气奄奄，似死又非死，头上有喜鹊，腰间住蜜蜂，鼻孔住着蓬间雀，腋下住松鼠，脐住地麻雀，脚心住蚂蚁，能否成人类？不能成人类。地上派岩燕，去到天上问，恩体古兹出门看，察看地后说：做九次黑白醮，既可成人类。做九次黑白醮，头上喜鹊窝，卸到树林中；腰间蜜蜂窝，卸到岩壁下；鼻孔蓬间雀，卸到刺丛中；腋下松鼠窝，卸到土洞中；脐上麻雀窝，卸到地坎上；膝腋斑鸠窝，卸到树丛中，脚心蚂蚁巢，卸到泥土内。能否成人类？不能成人类。此后，变化变化着，掉下泡桐树，落在大地上，升起三股雾，升到天空去，降三场红雪。九天化到晚，九夜化到亮，为成祖先来融化，为成人类来融化，做了九次黑白醮，结冰来做骨，下雪来做肉，吹风来做气，下雨来做血，星星做眼睛，变成雪族的种类。雪族子孙十二种，有血的六种，无血的六种。

经典以高亢的语调和 $\underline{\times}\ \times.\ \underline{\times}\ \times.\ \times\ |\ \underline{\times}\ \times.\ \underline{\times}\ \times.\ \times\ |$ 等一字一音的节奏进行。以两个切分音符节奏即前十六分音符，后附点八分音符，再缀一个四

分音符的节奏为主，使五言句的前四言在切分音上，形成激烈的冲突；后一字落在四分音符上，激烈冲突的节奏在瞬间得到解决，说唱形成了强烈的动荡感和稳定感相融合，可看可听性得到加强。

物与物的关系是什么？他们是如何产生？如何形成？又是如何联系？《勒俄》关于生物之链是这样唱述的：

　　远古时候，下面大地上，住着德布阿尔家，德布阿尔啊，请求阿俄暑布仙，建造地上物。阿俄暑布啊，头戴珍珠帽，骑上阿敏马，携带花皮书，腰系双尖剑，身背乌突盒，脚穿酷娄靴，来到吕敏山脚下。地上不长树，去到天上取，取来三种树，栽在地面上，树木长成林，荒山有了杉木树。杉树林中无动物，引来鹿子放林中，林内亮堂堂，鹿子玩得乐，从此林中有动物。地上没有草，阿俄暑布啊，去到天上取。取来三种草，载在地面上，草长一片青，荒坝成草原。草原无动物，引来云雀放其间，草原亮堂堂，云雀歌声扬。云雀无食粮，捉对小蚱蜢，专作云雀粮，从此草原有动物。地上无流水，阿俄暑布啊，去到天上取。取来三条江，放到地面上，流水绕四方，凿石开水道，江水滚滚流。水中无动物，引来水獭放河中，河水浪花溅，水獭上下游。水獭无食粮，引对鱼儿来，专作水獭的食粮，从此水中有动物。地上无石头，阿俄暑布啊，去到天上取。取来三堆石，放到地面上，石头布满九片山，巨石之乡是山岩。岩上无动物，引来岩蜂放岩中，岩壁亮堂堂，岩蜂叫嗡嗡。岩蜂无食粮，引对苍蝇来，专作岩蜂的食粮，从此岩上有动物。

从中形象生动地介绍了万物间的联系。

另外，《指路经》是彝族人的迁徙史，包括了地理学、历史学、人类学、民俗等各项内容，是彝族人在长期的迁徙和耕牧等劳动生活中形成的经典。如《指路经》中描绘的祖界是"草上结稻穗，蒿上长荞麦，背水装回鱼儿来，放牧牵着獐麂归"，是一片美丽丰饶的理想乐土。祖界，是彝族人灵魂归宿中最理想、最崇高的归宿，是彝族人梦寐以求的理想乐园，也是人们前仆后继、为之奋斗的目标。因此，《指路经》的行为标准和道德标准是衡量彝人生命的重要标杆，即要善始善终，做到不坏、不凶、不恶、不盗、不娼、不妓、不傻、不杀等，使彝族人的生命有序的运动和存在，形成了多姿多彩的民俗风情。

三　具有生动的远古文化研究价值

挽歌融思想性、民族性和社会性为一体，解释了生命的普遍现象和特征，是研究彝族文化的重要抓手。在演述"支格阿龙"中唱道：

> 毕摩动身起，来到主人家，念了生育经，蒲莫列衣啊，早晨起白雾，午后生阿龙。支格阿龙啊，生后第一夜，不肯吃母乳；生后第二夜，不肯同母睡；生后第三夜，不肯穿衣服。以为是个恶魔胎，被母抛到岩下去。山岩本是龙住处，阿龙懂龙语，自称"我也是条龙"，饿时吃龙饭，渴时喝龙乳，冷时穿龙衣。支格阿龙啊，生也龙日生，年庚也属龙，阴阳逢时也是在龙方，名也叫阿龙。阿龙长到一岁时，跟着牧童放猪玩，竹片做弯弓，草秆做箭弩；长到两岁时，跟着牧人放羊玩，扳起竹弓走在后；长到三岁时，跟着游人去旅行，扳起木弓走在后，用剑知剑法，长到四岁、五岁时后，用弓知箭法；找寻天界到天涯，找寻地界到地角。支格阿龙啊，扳着四张神仙弓，搭着四支神仙箭，穿着四套神铠甲，带着四只神猎犬，骑着四匹神仙马。要去丈量天，要去测量地，东西两方交叉射，两箭齐中久拖木姑；南北两方交叉射，仍然射中久拖木姑。若是不相信，至今还有箭痕在。

这是远古人类从各种角度对世界的朴素认识，重要的是记录了远古时代人们的生活方式，既有母系时代的生活画卷，也有群婚时代人们的精神风貌。彝族挽歌的内容丰富多样，形式和层次规范，其研究价值不言而喻。

四　音乐价值

首先是哭唱，即兴的把对逝者的惋惜、怀念和赞颂以哭的形式唱出来，形成声乐中独特的哭唱法。哭唱法是彝族音乐情绪表达中即兴性最强，情绪表现最强烈的一种。彝族北部方言区丧葬中的哭唱称为"撮哦"是哭人之意，将哭唱中的音拉长，填上祭奠亡灵的歌词，就成了感人肺腑的音乐。"撮哦"音乐就是缅怀亡灵，陈诉失亲之痛。"家族再遥远，听到哭声就赶来"，规模庞大人数众多的家族来奔丧时，所有人都哭唱自己的调，一百人有一百个声部，两百人有两百个声部，形成规模空前的、自然的多声部哭唱。"撮哦"大多以"啊莫"或"啊吙"等为开头，音调可以根据个人的嗓音能力（高低）来哭唱，旋律先拉得很长，然后急转为歌词意义的哭唱，缅怀亡灵。歌词以哭唱者自身的文化底蕴为基础即兴编创。从音乐学的角度，"撮哦"就是音乐在丧葬活动中的运用。但彝区的人们并没有将"撮哦"归类为音乐，只认为是丧葬文化的一部分。

其次，"瓦兹嘞""策格""阿古格"都是为祭奠、悼念和告慰亡灵的活动，但表演的形式和内容独具特色。如"瓦兹嘞"是所有来奔丧家族均可参与的项目，以比赛典籍、经典、见识等为内容，表演以两人为组合，一人领，一人跟，并辅以激烈的舞步进行表演。家族间为一决高下，难解难分，最后由德高望重的主持者确认参加比赛的获奖者进行奖励。"阿古格"主要由女性原地左右晃动演唱，演唱以一领众合式进行，内容以安魂性为主。"策格"主要由男性演唱，演唱内容主要为《指路经》等。云贵川桂在丧葬活动中使用音乐有许多共性。在《指路经》歌唱中，云南、贵州称指路歌或指路经歌，由毕摩（云贵称贝马、布摩）诵唱……川、滇、黔、桂的彝族人认为，都是从共同祖先发祥地六祖分支时迁往各地……云南、贵州有的地方由歌师演唱，有的仅由毕摩主持演唱。贵州的喀红呗由四人手执铃铛边唱边跳丧事歌舞，也称跳脚，它与凉山彝族的《策格》同出一辙，均将投足踏步声、歌声和铃声混合表现，既有生活的，也有宗教的；既有意识形态的，也有自然形态的，既有人文社科的，也有自然科学的，说明彝族音乐已融入社会生活的各个方面，在丧葬仪式中音乐的使用更为全面和丰富，这是深刻认识和理解音乐功能的必然结果。

另外，在彝族丧葬仪式中的音乐以《创世纪》①为主要内容，既丰富了丧葬音乐艺术的多样性，也为彝族古典文化的传承、发展，发挥了音乐艺术应有

---

① 彝族《创世纪》目前已经发现的有《西南彝志》《勒俄》《彝族源流》《梅葛》《查姆》《阿细的先基》《铜鼓王》七大经典。

的作用。如《创世纪·勒俄》用形象、生动和丰富的想象，传唱神奇的自然现象，分别为《天地演变史》《雷电史》《雪子十二支》《猴氏的家谱》《开天辟地》《阿俄暑布》《支格阿龙》《呼日唤月》《射日射月》《喊独日独月出》等。

同样，流传于云南楚雄州双柏县，红河州的石屏、建水、元阳和玉溪地区的新平以及峨山等地的另一部彝族《创世纪·梅葛》也是丧葬仪式经常使用的音乐经典。在《梅葛·天地起源》中唱道："远古的时候，世上只有一团混沌不清的雾露，分不出白天黑夜，也分不出天地，时昏是暗多变幻，时清时浊年复年。众神之王涅侬倮佐颇召集众神商议，要安排日月星辰，要铸就宇宙山川，要造天造地。龙王罗阿玛在太空种了一棵梭罗树，树上开白花，这就是月亮；神王的长子撒赛萨若埃在一千重天上种了一棵梭罗树，树上开红花，这就是太阳；神王的次子涅侬撒萨歇在太空撒上星辰……"

在楚雄州的姚安、大姚、盐丰等地流行着另外一部彝族《创世纪·查姆·人类的起源》传唱道：格兹①"撒下三把雪，落地变成三代人"，第一代人是"独脚人"，"只有一尺二寸长"，他们以泥沙当饭菜，只是怕晒太阳，这代人被太阳晒死了。第二代人有一丈三尺长，树叶做衣裤，吃山林野果，住老山洞。这时天上出现九个日月，这代人又被太阳晒死了。格兹天神便决意錾日月，他"左手拿錾，右手拿锤"，把多余的八个日月除掉了，又撒下第三把雪，变成第三代人。这一代是竖眼人，两只眼睛朝上生。这时格兹天神又撒下苦荞、谷子和麦子，让人们学会耕作与栽培；天上老龙还教会了人们取火。但由于这代人"心不好""不种田""不拔草"，"一天到晚，吃饭睡觉，睡觉吃饭"。于是格兹天神决心发洪水，"把第三代人换一换"。《查姆》从人类朴实的认识观出发，对宇宙万物的形成进行大胆的猜想和探索，丰富了彝族文化艺术的内容和形式。

云南省弥勒县西山一带的《阿细的先基》，以固定的"先基调"传唱而得名，在关于人类起源中唱道："古时的人类经历了蚂蚁瞎子人、蚂蚱直眼人、蟋蟀横眼人和筷子横眼睛四代人。"古人以聪明才智对宇宙万物进行大胆的猜想和探索，为人类文化，特别是音乐艺术的多样性开创了道路。远古时期各种

---

① 主管万物的天神，四川彝区称为恩体古兹。

自然事件和想象的产物在群落中传唱和盛行,音乐成为说唱的主要载体和表现方式,说唱艺术逐渐形成,并成为这一时期的主要艺术形态。正如《诗经·大序》所说:"诗者,志之所之也,在心为志,发言为诗。情动于中而行于言,言之不足,故嗟叹之,嗟叹之不足故咏歌之,咏歌之不足,手之舞之,足之蹈之也。"经过长期的劳动生产实践和探索,彝族的许多乐器,像巴乌、马布、葫芦笙和克兴杜尔等吹奏工具,逐步成为丧葬礼仪中使用的乐器,极大地丰富了丧葬文化艺术的表现形式。

在贵州,彝族典籍《西南彝志》(原名《哎哺啥额》)中对天地的描述充满奇异而美妙的想象:

> 天如翅下垂,天象鹰来开,
> 天如覆在顶上,地如盖在底下。
> 日出白晃晃,月出金灿灿。
> 日出如穿白衣,月出如系黄带。

彝族挽歌深受彝族毕摩、苏尼文化的影响。因方言差异,云贵川桂彝区对巫师有毕摩、苏尼、布摩、白摩、白玛、摩师、溪婆等各种称谓,丧葬活动都由毕摩、苏尼来完成,二者在使用音乐的形式上十分相似,即在作法中大量运用不同的声音来表现其通神的能力,以此彰显非凡的虞神能力,从而树立更高的威望和地位。据记载,彝族远古历史上就出现了密阿叠、俄毕斯乌、威勒丘布、黑比史祖、体毕乍木、阿杜尔普等著名的大毕摩,他们充分地运用说唱来完成各种占卜、祭祀、治病、招魂和祭祖,逐渐形成丰富的宗教音乐。著名的典籍《阿细的先基》就是由毕摩传唱下来的经典:

> 最古的阿洛在属虎的那年安的太阳;最古的纳巴在属兔的那年安的月亮;最古的阿耐在属龙的那年安的星星;最古的涅姐在属蛇的那年安的云彩。但是太阳还不亮,月亮还不亮,星星还不明,云彩还不平,是金龙男神与金龙女神、银龙男神与银龙女神、铜龙男神与铜龙女神、锡龙男神与锡龙女神把太阳、月亮、星星洗亮后,又将云彩洗平的。而高山和平坝是

金姑娘用金棍擀、金小伙用金板锄、金钉耙挖出来的；人呢？人也是由男神阿热与女神阿咪用黄泥和白泥造成的，男神阿热，女神阿咪，他们来造人。要想造人嘛，山就要分雌雄，树就要分雌雄，石头就要分雌雄，草就要分雌雄。不分出雌雄来，就不能造人，尖山是雄山，团山是雌山；山腰的麻栗树是雄树，山脚下的竺树是雌树；路上的尖石头是雄石，路下的扁石是雌石；山顶的红草是雄草，山腰下的黄草是雌草。万物分雌雄，男神阿热与女神阿咪造出的人也分男女。

《阿细的先基》音乐与人们对世界万物的认识相结合，是音乐和毕摩、苏尼的经典相互交织，相互融合的结果。

彝族挽歌继承了彝族的传统文化精髓。在丧葬活动中穿插了远古时期的各种文化信息，用乐逗、乐汇、乐句、乐段等音乐形式加以传唱，既丰富了丧葬文化，又传承了优秀的彝族文化。诚然，句式音乐成为挽歌的主要表现手法，记录和传唱经典，"在野蛮社会的低级阶段，人类的高级属性开始发展起来……在宗教领域里发生了自然崇拜和关于人格化的神灵，以及关于大主宰的模糊概念，原始诗歌的创作……所有这些都是属于这一时期的……想象，这一作用于人类发展如此之大的功能，开始于此时产生的神话、传奇和传说等未记载的文学，而业已给予人类带来了强有力的影响"[1]。在记载人类生产劳动生活文化的同时，句式音乐还承担了丧葬礼仪和宗教文化的传承任务。彝族挽歌的演述方式句式保持始终，这与彝族音乐的句式型结构特点完全吻合，说明彝族挽歌是以句式音乐为基础的，在"撮哦""阿古格""策格""瓦兹嘞"的音乐中，句式音乐结构尤为显著。

总之，彝族挽歌与各种典籍相互融合，将音乐与语言、思维、典籍等紧密结合起来，准确表达了人们的喜怒哀乐等情绪，成为特色浓郁的彝族文化。然而，由于其特殊的文化演绎特点以及特殊的时间和场合性，给彝族挽歌的传承、发展带来极大的考验与困难，需要大力研究的同时，还需要加大力度开展保护、传承和发展的工作，使彝族挽歌继续在大西南传唱。

---

① 卡尔·马克思：《摩尔根〈古代社会〉一书摘要》，人民出版社 1965 年版。

参 考 文 献

[1] 阿旺钦饶：《木里政教史》，四川人民出版社 1993 年版。

[2] 道光《盐源县志》《盐源史志资料》。

[3] 冯元蔚整理：《勒俄特依》，四川民族出版社 2000 年版。

[4] （汉）司马迁：《史记》卷五《五帝记》，卷一百一十六《西南蛮列传》卷一百一十七《司马相如列传》。

[5] 李达珠：《达巴文化——摩梭人的生命哲学》，四川民族出版社 2015 年版。

[6] 李达珠、李耕冬：《最后的母系部落》，四川民族出版社 1996 年版。

[7] 林惠祥：《文化人类学》，商务印书馆 2011 年版。

[8] 卢占雄：《支格阿鲁》，四川民族出版社 1987 年版。

[9] 路易斯·亨利·摩尔根：《古代社会》，商务印书馆 1971 年版。

[10] 洛边木果、肖远平等：《支格阿鲁：彝族英雄史诗》，民族出版社 2018 年版。

[11] 洛边木果：《中国彝族支格阿鲁文化研究》，中国戏剧出版社 2008 年版。

[12] 《川滇边政资料辑要》，民国二十八年（1939）编。

[13] 《木里藏族自治县志》编纂委员会编：《木里藏族自治县志》，四川人民出版社 1995 年版。

[14] （清）叶如桐修、刘必苏、朱庭珍纂：《永北直隶厅志》。

[15] 曲木伍各：《支格阿龙故事选编》，四川民族出版社 2009 年版。

[16] 沙马打各、阿牛木支主编：《支格阿龙》，四川民族出版社 2008 年版。

[17] 韦安多主编：《凉山彝族文化艺术研究》，四川民族出版社 2004 年版。

［18］香根·边玛仁青、翁依偏初、扎西邓珠：《木里藏传佛教》，中国文史出版社 2013 年版。

［19］盐源县地方志办公室编：《泸沽湖记忆》，内部资料，2011 年。

［20］政协木里藏族自治县委员会文史资料委员会编：《木里文史》第五辑，内部资料，1996 年版。

［21］傈僳族简史编写组：《傈僳族简史》，云南民族出版社 1983 年版。

［22］贾银忠：《中国少数民族非物质文化遗产教程》，民族出版社 2008 年版。

［23］隆荫培、徐尔充、欧建平：《舞蹈知识手册》，上海音乐出版社 1994 年版。

［24］纪兰慰、邱久荣：《中国少数民族舞蹈史》，中央民族大学出版社 1998 年版。

后　记

凉山非物质文化遗产资源丰富，底蕴厚重，具有较高的历史传承价值、审美艺术价值、科学认知价值、社会和谐价值。凉山坚持"保护为主、抢救第一、合理利用、传承发展"的非物质文化遗产保护方针，贯彻执行好国家关于保护非物质文化遗产的普查制度、传承人制度和名录制度，深入挖掘和保护了一批鲜为人知且弥足珍贵的非物质文化遗产，申报了一批国家、省、州、县（市）级非物质文化遗产代表性项目名录，但我们在非物质文化遗产的理论研究、完整保护和合理利用等方面还有许多缺憾，特别是了解认识和保护力度还远远不够，为此，陆续编写出版一套《凉山州非物质文化遗产名录丛书》，不仅是凉山州"非遗"保护的生动实践和有益尝试，而且有望成为文化遗产保护的制度性工作安排。

《凉山州非物质文化遗产名录丛书》是在凉山州文化广电新闻出版局精心组织和策划下实施的，于2014年12月确定了编委会成员，并力求全面、客观、详尽地介绍各级"非遗"的历史文化背景、主要内容、基本特征和核心价值及其传承与保护的情况，做到资料性和学术性相统一，通俗性和可读性相统一，图文并茂地向广大读者推出非物质文化遗产精品图书。

本书作为《凉山州非物质文化遗产名录丛书》第五辑，所收录的"泸沽湖摩梭人母系氏族习俗""木里藏历年""彝族杆杆酒酿造技艺""傈僳族嘎且且撒勒舞""《勒俄特依》""支格阿龙""彝族挽歌"七项省级非物质文化遗产都具有突出的代表性和广泛的认可度，今后我们还将凉山州的其余各级"非遗"汇编成册，陆续推出系列丛书。其目的是保留非物质文化遗产的完整性和真实性，促进非物质文化遗产的存续、传播与发展，并能真正起到存史藏志的作用。

　　本书是团队合作和集体智慧的结晶。由阿牛木支、马燕春提出编著思路和制定撰写大纲，并对全书内容进行统稿。其中第一章由李达珠编写，第二章由鲁绒日丁编写，第三章由米伍作编写，第四章由汤娟编写，第五章由吉则利布编写，第六章由阿牛木支编写，第七章由俄木沙马编写，书前的摄影作品由吉则利布、苗杰、刘仁勇、次尔扎西提供，他们还多次参与了全书撰写思路的研讨，提出了诸多建设性意见。本书的撰写过程中，在前期各项目申报文本的基础上，参考和汲取了相关文献资料和研究成果的同时，结合实地调查资料作了补充完善。在这里，我们对四川省文化厅、凉山州政府的关怀、指导，中国社会科学出版社的积极支持以及众多朋友的悉心帮助，一并深表谢忱！

　　全书虽然力求准确和全面，但编写者文风不一，加之囿于时间和水平，在具体内容编写中仍有疏漏与不当之处，谨祈读者批评指正。

编写者

2019 年 6 月 30 日